T0299099

أضـــواء
في النحو والصرف

الـمؤلف
بـديـع علي محمد عوض الله

٢٠١١

دار يافا العلمية للنشر والتوزيع

415

عوض الله، بديع علي محمد

أضواء في النحو والصرف /بديع علي محمد عوض الله._عمان: دار

يافا العلمية للنشر والتوزيع ، 2010

(   ) ص

ر.إ : 2010/3/931

الواصفات : /قواعد اللغة//اللغة العربية/

● تم إعداد بيانات الفهرسة الأولية من قبل دائرة المكتبة الوطنية

جميع الحقوق محفوظة ويمنع طبع أو تصوير الكتاب أو إعادة نشره
بأي وسيلة إلا بإذن خطي من الناشر وكل من يخالف ذلك يعرض نفسه
للمساءلة القانونية

الطبعة الأولى ، 2011

دار يــــافــــا العلمية للنشر والتوزيع

الأردن – عمان – تلفاكس 4778770 6 00962

ص.ب 520651 عمان 11152 الأردن

E-mail: dar_yafa @yahoo.com

إهـداء

إلى كلّ مَن أحبّ لغة القرآن الكريـم

إلى كلّ مَن كان همّه الحفاظ عليهـا

إلى كلّ مَن أحبّ تعلّمها أو تعليمها

إلى كلّ مَن علّمني حرفــــاً

بديع عوض الـله

تــقــديــم

بقلم: **يوسف عطا الطريفي**

اللغة العربية هي لغة العرب والمسلمين، وهذه لغة ستبقى حية إلى يوم الدين وقد شرفها الله سبحانه وتعالى بأ ن جعلها لغة القرآن الكريم، وأسبغ عليها أنه حفظها إلى يوم الدين، فعلت منزلتها وارتفع شأنها، ومن حقها علينا أن نحافظ عليها، وأن نبذل الجهد لحمايتها، وأن نقف أمام كل من يحاول أن ينالها بسوء، حتى تبقى عزيزة كريمة. لقد تعرضت منطقتنا إلى هزّات كثيرة وقد حاول المستعمر أن يقلل من شأنها، وأن يفرض علينا لغته،وخاصة ما جرى منذ عام ١٨٨١ لا سيما تلك الحملة التي قادها (ولمور)الانجليزي، أحد قضاة محكمة الاستئناف الأهلية في مصر لكن الغيارى من الأمة العربية والإسلامية، تصدوا له، وبينوا أنّ اللغة العربية قوية في نفسها وفي أبنائها.

لقد تكررت المحاولات بالتجني على هذه اللغة فكانت حملة السير وليم ولكوكس عام ١٩٢٦لهجر اللغة العربية، وترجم حينها أجزاء من الانجيل لما سماه (اللغة المصرية)، ومع أنّ هذه المحاولات جذبت نفراً ممن ادّعى حينها بدعاة التجديدإلا أن محاولاتهم فشلت.

ثم جاء من نادى بالتسكين وأطلقوا شعاراً يائسا (سكّنْ تسلَمْ)، وهناك من ادعى صعوبة القواعد العربية، ونسوا حينها أن هذه القواعدهي لتقويم اللسان في القراءة، وأن العلامة(الحركات) الإعرابية هي التي تؤدي إلى فهم اللغة وبيان سماتها وجمالها.

انبرى عدد من المهتمين للدفاع عن لغتنا الجميلة، التي تغنّى بها الشعراء والأدباء وقدموا محاولات لتسهيل وتبسيط كتبها، وخاصة لطلاّبهم الذين يدرّسونهم، وكان من بينهم الاستاذ بديع عوض الله، الذي بذل مشكوراً جهده الكبير بعرض كتابه هذا،ليعيد إلى الأذهان سهولة المادة النحويّة وتيسيرها خاصّة وأنه شاعر مبدع له أربعة دواوين من الشعر فيها روائع جميلة وملتزمة بلسان فصيح،ومما قاله في قصيدته ((اللغة العربية)):

خيراللغات فلا ندّ يـجاريهـا   نِـعْمَ الأصيلة ما أسمى معانيها
تُزيّنُ الشّعرَ أضواء بأحرفهـا   فخر العُروبة ما أحلى قوافيهـا
كنز الـخلود ويكفيها فذا شرفٌ   سبحان ربّك مُهديها ومُعطيهـا

نُشرت له عشرات القصائد في الصحف والمجلاّت في الداخل والخارج، فكتب في صحيفتي(البستان والمهجر) في أمريكا، وهو عضو في ((اتحاد الكتاب والأدباء الأردنيين))، وعضو في((رابطة الأدب الإسلامي العالمية))، وقد عرفته معلماً حريصاً على اللغة العربية والتحدّث بها،بين طلابه وزملائه،عرفته معلـّماً في وزارة التربية والتعليم الأردنية ومعلما في مدرسة اسعاد الطفولة (سوق الغرب) في لبنان، ومدرّساً في المدارس الثانويّة ودور المعلمين في اليمن، كما عمل محرراً للصفحة الأدبية في صحيفة (عرب ٢٠٠٠)التي كانت تصدر في شيكاغو / أمريكا. وكان أثناء عمله في هذه الوظائف يتحسس - إن جاز التعبير- ألم طلابه من الشائعات التي كانت تطرق آذانهم بصعوبة قواعد اللغة العربية، مما حدا به أن يُعدّ هذا الكتاب، وعندما سألني في بداية الأمر قدمت له الدعم بما أستطيع ونصحته أن يسير في منهجيته بما يتناسب مع المراحل العمرية للطلاب ليكون كافياً وشافياً، ليغيّر نظرة الطلاب والدارسين إلى ما كانوايظنونه أو يعانونه من صعوبة مادة القواعد، فيحبّب قواعد اللغة العربية إلى نفوسهم بإزالة المعوّقات عن الاقبال عليها، بترتيب الأبواب حسب منهجية كتب الأصول في النحو.

بدأ الأستاذ بديع كتابه بتوضيح للكلام وما يتألف منه من لفظ وقول ومفرد ومركب وكلمة وكَلِم ثم أقسام الكلام والإعراب والبناء وكان مدخلاً صحيحا لكتابه الذي تابع فيه دروس كتب النحو كالمرفوعات وأقسامها و المنصوبات وأقسامها، وخلال ذلك قدّم أمثلة شاملة ومنوّعة، وقد لاحظت أنه جمع بين طرق التدريس المعروفة للمعلمين والباحثين ليسهّل المادة الدراسيّة على الطلاب.

بقي أن أقول أنّ الاستاذ بديع عوض الـلـه، حـاول وبـذلَ جهـداً كبيراً فكـان جهده عملاً خيّراً، يستحق عليه كلّ الاحـترام والتقـدير، وحسبه أن اجتهـد لتيسـير مادة النحو، راجياً أن يكون هذا العمل في ميزان حسـناته، فـإن أصاب فلـه أجـران، وإن زلّ القلم في يده، فالكمال لله وحده، و الـلـه من وراء القصد، إنّـه نِعْـمَ المـولى ونِعمَ النصير.

يوسف عطا الطريفي

المقدمة

بسم الله الرحمن الرحيم، والحمد لله الذي اسبغ عليّ نعمه والصلاة والسلام على أشرف الخلق والمرسلين سيدنا محمد وعلى آله وأصحابه أجمعين.

قال الثعالبي:

((من أحبّ الله أحبَّ رسوله- ومن أحبّ رسوله أحبّ العرب ومن أحبّ العرب أحبّ اللغة العربية التي نزل بها القرآن الكريم ومن أحبّ العربية عني بها وثابر عليها وصرف همته إليها)).

فيسعدني أن أكون ممن سخّرهم الله تعالى لخدمة اللغة العربية، لغة القرآن الكريم، وذلك بعرض قواعدها باسلوب يسهل معه فهمها،ومما لاشك فيه أن الكثيرين يشكون من درس النحوالعربي، وأنا هنا لا أُقدّمُ نحواً جديداً غير ما تعارف عليه الناس، ولكن قدمته باسلوب أرى فيه السهولة واليسر، حيث يتم عرض كل درس مصحوباً بالأمثلة وإعرابها ويتبع ذلك تطبيق للدرس الذي تم توضيحه لتثبيت المعلومات وتدريبات للإجابة عنها.

فمن التعريف بالكلام وتوضيح ما يتألف منه من؛((لفظ وقول ومفرد ومركّب وكلمة وكَلِم)) إلى أقسام الكلام والمعرب والمبني وعلامات الإعراب ثم انتقلت إلى المرفوعات والمنصوبات وإلى الجملة الفعلية وبعض الأساليب في اللغة العربية ثم إلى باب الصرف والذي اشتمل على الميزان الصرفي والمجرّد والمزيد واسناد الأفعال ومنه إلى المصادر بأنواعها وإلى التفضيل وإلى تقسيم الأفعال إلى صحيحة ومعتلة ومقصورة وممدودة ومنقوصة

وإلى الجموع والتصغير فالنسب والإبدال والإعلال والإدغام. وقدمت باباً في الهمزة وكتابتها، وباباً آخر في علامات الترقيم.

وإني إذ أقدّم هذا الكتاب لطلاب العلم والمعرفة،لأسأل الله العلي القدير أن يجدوا فيه الفائدة المرجوّة متمنيّاً للدارسين الاستفادة من هذا الكتاب.

أتقدم بجزيل الشكر والتقديروالعرفان للأستاذ المؤلف المعروف ((يوسف عطا الطريفي))على تفضله بتقديم هذا الكتاب، كما وأشكر الأخ الأستاذ والزميل فيصل الدراويش على اهتمامه و متابعته لمراحل تأليف هذا الكتاب وحتى إرساله للطباعة، وكل الشكر والتقدير للأخت حياة عبد الله عبيدات على مراجعتها لهذا الكتاب.

وفي الختام وأنا أقدّم هذا الجهد المتواضع لأرجو أن يعذرني القارىء في ما قد يقع عليه من خطأ وأن يرشدني أهل العلم إلى أي نقص أو إلى ما يجب أن يكون عليه الكتاب في طبعة أخرى، فالعصمة والكمال لله وحده.

و الله ولي التوفيق

بديع عوض الله

10

الكلام وما يتألف منه .

هناك مصطلحات ينبغي تقديمها بين يدي تعريف الكلام لنكون على بيّنـة منها، ولنعرف المقصود بها عند اللغويين، ثم عند النحويين وهـذه المصـطلحات هـي: اللفظ. القول. المفرد. المركب. الكلمة. الكلم.

. اللفظ

ومعناه في اللغة الطرح والرمي، كلفظ النوى عند أكل التمر.ومن كلام العرب: (جاء وقد لفظ لجامه) أي مجهوداً عطشاً وإعياء.

ومعناه في عرف النحويين: صوت لغوي يعتمد على مخارج بعض الحروف.

وسمي هذا الصوت لفظًا، لأنه أثر الهواء الملفوظ من داخل الرئة إلى الخارج، واللفظ يكون محققا كسائر ما تنطق به الأصوات اللغوية وقد يكون مقدراً وهو مالا يمكن النطق به كالضمائر المستترة مثل فاعل الفعل في قولك: استقم، أو:نجاهد، فإنه ضمير مستتر وجوبا، وهو لا ينطق به.

واللفظ قد يدل على معنى بالوضع مثل: رجل وفرس وجدار وهـواء وسرور، وقد لا يدل اللفظ على معنى بالوضع كقولك: أبتثجع، سـعفص، فهـذه الأصوات مكونة من حروف هجائية ولا دلالة لها على معنى بالوضع.

وكل صوت لغوي يصدر عن الإنسان يسمى لفظًا سواء أدل على معنى أم لم يدل وسواء كان قليلاً أم كثيراً.

. القول

وهو لغة: مصدر قال ويطلق على الكلام، كما يطلق على كـل لفظ ينطق به تاماً أو ناقصاً.

أمّا في الاصطلاح فهو اللفظ الدال على معنى.

وهذا المعنى قد يكون مفرداً مثل: بكر،هند،دار، بقرة.

وقد يكون مركبا ذا معنى تام يفيد فائدة يرضى بها السامع، ويحسن سكوت المتكلم عليها مثل: عليٌ بطلٌ، ومثل:استقم.

وقد يكون التركيب غير مفيد تلك الفائدة مثل:سور الحديقة،ومثل: إن قام خالد.

. المفرد : المقصود بالمفرد هنا ما لا يدل جزؤه على جزء معناه، وذلك أنّ الباء في بكر لا تدل على جزء المعنى لأنها تكون في برك وفي كبر وفي كرب، وكذلك الكاف والراء تكونان في كلمات كثيرة، وهذه الحروف الثلاثة:

الباء والكاف والراء لا تدل على جزء المعنى الذي يدل عليه(بكر).

وللمفرد في أبواب النحو استعمالات أخرى تختلف باختلافها.

فالمفرد قد يذكر ويراد به ما عدا المثنى والمجموع.

وقد يذكر ويراد به ما ليس جملة ولا شبه جملة كما في باب الخبر

والصفة والصلة والحال كقولك: علي مجتهد، والفاطمتان مجتهدتان، والمخلصون منتصرون، فهذه الجمل الثلاث جمل اسمية، كل منها مكون من مبتدأ وخبر ونوع الخبر في جميعها مفرد ,إن كان في الثانية مثنى وفي الثالثة مجموعا، لأن المفرد هنا ما ليس جملة ولا شبه جملة. وكذلك الصفة والصلة والحال.

والمفرد في باب النداء ما ليس مضافا ولا شبيه بالمضاف نحو: يا محمد، يا رجلاً, فكل من محمد ورجلا منادى مفرد، وكذلك لو قلت: يا محمدان، أو يا محمدون، ويا فاطمتان أو يا فاطمات، فكل من (محمدان ومحمدون وفاطمتان وفاطمات) منادى مفرد أيضاً، وإن كان مثنى أو مجموعاً، والمضاف نحو: يا عبد الله ويا زين العابدين.

والشبيه بالمضاف نحو: يا طالباً علماً، ويا موقدا ناراً.

وكذلك يكون المفرد في(باب لا النافية للجنس)، فهو ما ليس مضافا ولا شبيه بالمضاف.

فالمفرد نحو:لارجل في الدار،ولا رجلين في الدار، ولا مخلصين خائبون.
والمضاف نحو: لا صاحب فضل مذموم.
والشبيه بالمضاف نحو: لا طالعا جبلا حاضر، ولا زارعا قمحا خاسر.

. المركب: **ويقصد بالمركب هنا ما يدل جزؤه على جزء معناه.**

١- المركب الإضافي: غلام زيد، كتاب علي.
٢- والمركب المزجي: حضرموت، بعلبك،، سيبويه،نفطويه،عمرويه.
٣- الإسنادي:محمد مقيم، أقام محمود.
ملحوظة: (تم إفراد درسٍ خاصٍ للأسماء المركبة في هذا الكتاب)

. الكلمة : **للكلمة في اللغة استعمالات كثيرة منها:**

أنها قد تطلق على الخطبة الطويلة التي تلقى في حفل،
فيقال في تقديم الخطيب:ستستمعون إلى كلمة من زيد، مثلاً.
وفي الحديث الشريف(الكلمة الطيبة صدقة).
والكلمة الباقية كلمة التوحيد في قوله تعالى: **وَجَعَلَهَا كَلِمَةً بَاقِيَةً فِي عَقِبِهِ لَعَلَّهُمْ يَرْجِعُونَ(٢٨)** (سورة الزخرف: آية ٢٨)
وعيسى كلمة الـلـه، لأن الـلـه خلقه بكلمة (كن) من غير أب.
وتطلق على بيت الشعر كما في الحديث الشريف: ((أصدق كلمة قالها شاعر كلمة لبيد:

ألا كل شيء ما خلا الـلـه باطل وكل نعيم لا محالة زائل .

فالكلمة في اللغة تطلق على القليل والكثير، وفي القاموس:
الكلمة: اللفظة والقصيدة.
أمّا في اصطلاح النحويين فهي: القول الدال على معنى مفرد.
وبهذا يخرج القول الدال على المعنى المركب سواء كان التركيب مفيداً فائدة تامة أم غير مفيد فلا يسمى كلمة.

. الكَلِم

اصطلح النحويون على أنه ما تركب من ثلاث كلمات فأكثر، سواء أفاد أم لم يفد فالمفيد نحو: إنّ الصدق فضيلةٌ.

وغير المفيد نحو: إن تصدق الحديث، ونحو: إن عليا في.

ثم قالوا: والكلم اسم جنس جمعي واحده كلمة:

وهذا يتضح ببيان اسم الجنس،واسم الجمع: والجمع بإيجاز.

واسم الجنس نوعان: جمعي وإفرادي.

اسم جمعي:

مثل: تمر ومفرده تمرة وبقر ومفرده بقرة وكلم ومفرده كلمة.

أو يكون العكس فيكون الجمع بالتاء والمفرد بدون التاء مثل:

كمأة: اسم جنس جمعي مفردها كمء

وهناك ما يفرّق بينه وبين واحده بالياء المشددة مثل:

عرب وعربيّ وزنج وزنجيّ.

اسم الجمع الإفرادي:

وهو ما يدل على القليل والكثير مثل ماء وهواء وتراب وعلم فإن الماء يطلق على نقطة واحدة منه كما يطلق على كل ما في الوجود من مياه الأنهاروالبحار والمحيطات.

أما اسم الجمع فهو ما دل على أكثر من اثنين ولكنه ليس على سبيل الجمع وهو على نوعين:

١-اسم جمع لا واحد له من لفظه مثل: خيل.إبل.نساء.

فإن مفرد خيل فرس أو حصان ومفرد النساء امرأة.

٢- اسم جمع له واحد من لفظه مثل: ركْب، صحْب، فإن مفردها راكب وصا حب، ولكنهما ليسا بجمعين.

. الكلام

الكلام عند النحويين:

هو اللفظ المفيد بالوضع فائدة يحسن السكوت عليها من المتكلم بحيث لا ينتظر السامع شيئا آخرمنه لكون اللفظ الصادر من المتكلم قد أفاد حكما وهذه الفائدة لا تتم إلا بالتركيب الإسنادي.فلا بد من توفر عنصرين ليتحقق الكلام هما: التركيب والإفادة ويتأ لف الكلام العربي من الأسماء والأفعال والحروف.

الكلام عند اللغويين: للكلام عند الغويين معان كثيرة منها:

١- دلالته على الحدث الذي هو التكلم نفسه نحو: سرّني كلامك عليا، أي تكليمك إياه وهو في هذا الاستعمال يعمل عمل الأفعال.

٢- دلالته على ما يتكون في العقل قبل أن ينطق به اللسان أو يجري به القلم ومن ذلك قول الأخطل:

إنّ الكلام لفي الفؤاد وإنما   جُعِل اللسان على الفؤاد دليلا

٣- دلالته على الخط والرموز الكتابية كقول العرب: القلم أحداللسانين.

٤- دلالته على الرمز كما في قوله تعالى حكاية عن زكريا عليه السلام: ((قَالَ رَبِّ اجْعَلْ لِي آيَةً قَالَ آيَتُكَ أَلَّا تُكَلِّمَ النَّاسَ ثَلَاثَةَ أَيَّامٍ إِلَّا رَمْزًا وَاذْكُرْ رَبَّكَ كَثِيرًا وَسَبِّحْ بِالْعَشِيِّ وَالْإِبْكَارِ(٤١)))(سورة آل عمران آية:٤١).

فاستثناء الرمز بإلا دليل على أن الرمزمن مدلولات الكلام اللغوية، والأصل أن يكون الاستثناء متصلاً.

. أقسام الكلمة

إنّ أهم خطوة في التحليل النحوي هي أن تحدد نوع الكلمة.

وعلى التحديد لها يتوقف فهم الجملة،

والكلام المفيد:هوكل ما تركب من كلمتين أو أكثر، وأعطى معنى تامّاً.

تقسم الكلمة في اللغة العربية إلى ثلاثة أقسام:

١- اسم ٢- فعل ٣- حرف

وعبرّابن مالك عن هذا في صورة بيت شعر، حيث قال:

كلامنا قول مفيدٌ:كاستقم واسم وفعل ثم حرف الكلم

الإسم:هو كل كلمة تدل على معنى في نفسهاغير مقترنة بزمان وهو إمّا أن يكون شيئاً محسوساً بأوصافه نحو:

(شجرة،رجل، امرأة،محمد،جبل)

أو يكون شيْ غير محسوس يعرف بالعقل فيدرك صفاته ومضمونه نحو:

(شجاعة،شرف،قوّة، نبوغ،شهامة).

*والاسم إمّا يكون اسم إنسان مثل محمد إبراهيم.

* أو حيوان مثل: جمل،أسد، قط، أرنب،

*أونبات مثل: عنب،زهرة، وردة

*أو جماد مثل، حجر، شبّاك، مفتاح.

*والمصادر مثل إحسان،استعمال مصافحة.

✍ **ومن علامات الاسم:**

- قبول التنوين،والتنوين هو نون ساكنة زائدة تلحق الآخر نطقًا لا خطّا ولا وقفا، لغير توكيد.

فنقول:(جاء سعدٌ، دخلت ُمدرسة ًمنظمة ً، ذهبت ُإلى مدرسةٍ جميلةٍ).

- وقبول النداء مثل:(يا خالدُ، يا سعادُ)

- وكذلك قبول(أ ل) التعريف (المدرسة جميلةٌ)

- ويقبل دخول حرف الجرّمثل:

صليّتُ في المسجد ،ذهبت ُإلى مدرسةِ المعتصم.

أو مجرور بالإضافة وهذا يعني أن الأمر المقصود لا يتم إلاّ بكلمتين تسمى الأولى مضافاً والثانية مضافاً إليه مجروراً مثل:

مدرسة المعتصم جميلةٌ، فمدرسة مبتدأ مرفوع وهو مضاف والمُعتصِمِ مضاف إليه مجرور.

وكذلك الجرّ بالتبعية في النعت والعطف والبدل والتوكيد ونقصد التابع المجرور فقط.

مثال: باسم اللـه العلي.

الباء حرف جر،واسم: مجروربالحرف، و اللـه:لفظ الجلالة مجرور بالإضافة، والعلي مجرور بالتبعية لأنه صفة اللـه.

٢-الفعل:لفظ يدلّ ُعلى حالة أو حدث في الزمن الماضي أو الحاضر أوالمستقبل.

أ- في الزمن الماضي،مثل:

حفظْتُ القصيدة غيباً،

ب- في الحاضرمثل: أكتبُ الدرسَ.

ج- أوسيحدث في المستقبل مثل:

سوف نزيدُ من قراءة القرآن.

وفي حالة الأمر أو الطلب مثل: ادرس درسك.

دلالات خاصة يُعرف بها الفعل

١- تاء الفاعل مثل: أكلْتُ عنباً وتيناً.

٢- وتاء المخاطب مثل: هل سَهِرْتَ الليلة ؟

٣- تاء المخاطَبة: هل درسْتِ دروسكِ ؟

٤-وتاء التأنيث الساكنة مثل: كَتَبَتْ هناءُ رسالةً لوالدها.

٥- دخول ياء المخاطبة نحو: ابتسمي.

٦- نونا التوكيد الخفيفة مثل اصْفحَنْ عن المسيء والثقيلة: سأكتُبَنّ َواجبي.

٧- أن يقبل (قد): مثل: قد يقومُ الوزير بزيارتنا اليوم.

٨- دخول أحرف النصب و الجزم، لن أقولَ إلاّ الصدق، لاتلعبْ بالنار .

٣- **الحرف:** كلمة ليست اسماً أو فعلاً،مثل(لن،في،الكاف، لكن، الباء.....) وهو لفظ لايظهر معناه،إلاّ إذا اتصلَ مع غيره من الكلمات من الأسماء والأفعال،
مثل: وضعت الرسالة في المغلف، كتبتُ بالقلم.
والحروف كلها مبنيّة وهي قليلة لا يتجاوز عددها الثمانين حرفاً ويقال لها (حروف المعاني) تفرقة بينها وبين حروف الهجاء.
وحروف المعاني ثلاثة أقسام:
* قسم يختص بالاسماء.
* وقسم بالافعال.
* وقسم مشترك.
*الحروف المختصة بالاسماءثمانية أقسام هي:
حروف الجرّتسعة عشر حرفاً: (من وإلى وعن وعلى وفي وربّ والكاف واللام والباء وواوالقسم وتاؤه وحتى ومذ ومنذ وخلا وعدا وحاشا ولولا وكي).
وأحرف القسم ثلاثة (الباء والتاء والواو).
وأحرف الاستثناءأربعة (إلا وخلا وعدا وحاشا)
وأحرف النداء سبعة (الهمزة ويا وأي وأيا وهيا ووا)
والأحرف المشبّهة بالفعل ستة: (إنّ وأنّ،وكأنّ ولكن وليت ولعلّ).
وحرفا المفاجأة(إذا وإذ).
وحرفا التفصيل (أمّا وإمّا).
وأحرف التنبيه. (ها وأما وألاّ).

- الحروف المختصة بالفعل ثمانية أقسام:
- أحرف النصب أربعة: (أن وإذن ولن وكي و(لكي).
- وأحرف المصدرخمسة (أنْ وأنّ وكي وما ولو)

*وأحرف الجزم خمسة (إن ولم ولمّا ولام الأمر ولا الناهية).

*وحرفا الشرط (إن ولو).
*وأحرف التحضيض خمسة (ألا وأما وهلاّ ولولا ولوما).
* وحرفا الاستقبال (السين وسوف).
* وحرف التوقّع(قد).
*وحرف الردع.(كلا).
*الحروف المشتركة ستة أقسام:
* أحرف العطف تسعة(الواو والفاء وثم وحتى وأو وأم ولا وبل ولكن).
* وحرفا الاستفهام (هل والهمزة).
* وحرفا التفسير(أي وأن).
* وحرفا الاستنتاج(ألا وأما).
* وأحرف النفي سبعة (ما ولا ولات وإنْ ولم ولمّا ولن).
* وأحرف الجواب ستّة: (نعم وبلى وإي وأجل وجيَروجلل).

ملحوظة: هل كلمة ((مع)) حرف أو اسم؟
(يُلاحظ أنّه لم ترد كلمة ((مع)) ضمن أي نوع من أنواع الحروف، وقد اختلف الرأي فيما إذا كانت((مع))تعتبر اسمًا أم حرفًا. والرأي الراجح أنّ ((مع)) ليست حرفًا. والدليل على أنها تُنوّن مثل: جاءوا معًا. (والمعلوم أنّ الحروف لا تنوّن)).
وعلى ذلك فإن ((مع)) اسم مكان لمكان الاصطحاب أو وقته.
وهي معرفة ومفتوحة العين باعتبارها منصوبة على الظرفية.
ويكون الاسم الذي يليها دائمًا مجرورًا باعتباره مضافًا إليه.
مثل: جلس حسن مع محمد(مع: ظرف مكان منصوب وعلامة نصبه الفتحة محمد: مضاف إليه مجرور وعلامة جرّه الكسرة).
ومثل: جاء محمد مع سعيد: (مع: ظرف زمان منصوب وعلامة نصبه الفتحة سعيد: مضاف إليه مجرور وعلامة جره الكسرة)

✍ تمرين(١)

ميز الفعل من الاسم في العبارات التالية:

أسرع السائق،نجح خالد نجاحاً باهراً،أحترمُ المتفوِّق.

✍ تمرين (٢)

إملأ الفراغ في الجمل التالية بالحرف المناسب:

١-   خالدٌ شجاع........... الأسد.

٢-   هذا القلم................. سعيد

٣-   جئت.....البيت........ المدرسة...........الصباح الباكر

✍ تمرين(٣)

هات أربع جمل مفيدة يكون في

الأولى اسم نبـــات:

والثانية اسم انسان:

والثالثة اسم حيوان:

والرابعة اسم معنى:

. المفرد والمثنى والجمع

يقسم الإسم من حيث دلالته على العدد إلى ثلاثة أقسام:

١- المفرد: وهو ما دلّ على شيءٍ واحد أو واحدة، مثل: قلم، كتاب،أحمد، شجرة، طا لبة، وردة.

٢- المثنى:هو ما د لَّ على اثنين أو اثنتين بزيادة (ألف ونون) أو(ياء ونون) على آخرالمفرد، مثل: طالب - طالبان - طالبين.

: طالبة - طالبتان - طالبتين.

٣- الجمع: وهو مادلّ على أكثر من اثنين، أو اثنتين،

مثل:

الأولاد،المدارس(جمع تكسير).

المهندسون(جمع مذكر سالم).

المعلمات(جمع مؤنث سالم).

تدريب:

ثنِّ واجمع الكلمات التالية:

مُمرضة، مُعلـِّم، قلم.

. المثنى وإعرابه .

المثنى اسم معرب يد لّ على اثنين، اتفقا لفظاً ومعنى بزيادة ألف ونون مكسورة، أو ياء ونون مكسورة قبلهما فتحة، صالحة للتجرد منهما.

مهندسان ، مهندسَيْن ، مهندستَيْن ، كتابان كتابَيْن . ويتجرّد الاسم من نون الاثنين في الإضافة مثل: جاء مهندسا البناء .

حكم المثنى:

يرفع المثنى بالألف، وينصب ويُجرّ بالياء وتحذف نونه عِنْد الإضافة.

- جاء الطالبان، أكرمت الطالبين،سلّمت على الطا لبين.

الملحق بالمثنى:

يلحق المثنى في إعرابه ما جاء على صورة المثنى،

ويعامل معاملته رفعاً ونصباً وجرّاً

مثل:

كلا وكلتا: مضافتان إلى الضمير، أمّا إذا أُضيفا إلى اسم ظاهر، فيعربان اعراب الاسم المقصوربحركات مُقدّرة على الألف.

حضر الطالبان كلاهما: توكيد مرفوع وعلامة رفعه الألف لأنه ملحق بالمثنى.

أكرمت الطالبين كليهما: توكيد منصوب وعامة نصبه الياء لأنه ملحق بالمثنى.

سلّمتُ على الطالبين كليهما:توكيد مجرور وعلامة جرّه الياء لأنه ملحق بالمثنى.

أوقولك جاء كلا الرجلين: تعْرب(كلا) فاعل مرفوع وعلامة رفعه ضمة مقدّرة.

اثنان،اثنتان:

حفظتُ اثنتي عشرة سورة: مفعول به منصوب وعلامة نصبه الياء لأنه ملحق بالمثنى

أو فاز اثنان من الطلاب بالجائزة: فاعل مرفوع وعلامة رفعه الألف لأنه ملحق بالمثنى.

فازت ثنتان من الطالبات بالجائزة: فاعل مرفوع وعلامة رفعه الألف لأنه ملحق بالمثنى.

حضر المتسابقان كلاهما: توكيد مرفوع وعلامة رفعه الألف لأنه ملحق بالمثنى.

- تحذف نون المثنى عند الإضافة نحو: عالما النحو موهوبان.
- يثنى في الاسم المركب الصدر فتقول في عبد الله (عبْدَيْ الله)
- يُثنى المنقوص دون تغيير على مفرده: جاء قاضيان،رأيت راعييْن ، صعدت إلى جبلين عالييْن .

*يثنى الاسم المقصور بإعادة ألفه إلى أصلها إن كانت ثالثة: عصا،عصوان أمّا إذا كانت الألف رابعة فأكثر قلبت ياء: مصطفى مُصطفيان، مصطفييْن.

- يثنى الاسم الممدود بقلب همزته واواً إذا كانت للتأنيث مثل:
صحراء صحراوان،
بيداء، بيداوان أو بيداويْن.
وإذا كانت للإلحاق تقول: كساء، كساءان، كساوان.

نماذج في الإعراب:

✍ - جاء الطالبان.
جاء: فعل ماض مبني على الفتح.
الطالبان: فاعل مرفوع وعلامة رفعه الألف لأنه مثنى.

✍- منح الوزير جائزتيْن للمعلميْن المُتميزيْن .
منح: فعل ماض مبني على الفتح.
الوزيرُ: فاعل مرفوع وعلامة رفعه الضمة الظاهرة.
جائزتيْن : مفعول به منصوب وعلامة نصبه الياء لأنه مثنى.
للمعلميْن : اللام حرف جرمبني لامحل له من الإعراب،
المعلميْن :اسم مجروربااللام وعلامة جره الياء لأنه مثنى.
المتميزيْن : نعت مجرور وعلامة جره الياء لأنه مثنى.

✍ - فرح صديقا والدي بنجاحي.
صديقا: فاعل مرفوع وعلامة رفعه الألف لأنه مثنى، وهو مضاف.
(تم حذف النون في كلمة (صديقا) لأن المثنى جاء مُضافاً)

✍ **تدريب: أعرب: الكلمات المخطوط تحتها:**
١- كتبت لصديقي رسا لتيْن .
٢- جاءَت الطالبتان .
٣- صافحْتُ المعلميْن كليْهما

. جمع التكسير .

جمع التكسير هو ما دلَّ على أكثر من اثنين، أو اثنتين، مع تغيّرصورة المفرد حين الجمع إمّا بالحذف أو اختلاف الحركة أو الترتيب.

وهو جمع عام للعقلاء وغيرهم ذكورا كانوا أم إناثا وهو سماعي في أكثر صوره ولا توجد قواعد ثابتة لصوغه.

برج جمعها: بروج وأبراج،تراب: أتربة.أستاذ: أساتذة وأساتيذ.أسد:أُسود وآساد.

تل: تلال أتلال وتلول. حوض: أحواض وحياض.شجن: أشجان وشجون.

<u>كيفية الجمع:</u>

عند جمع التكسير يتغير بناء المفرد , إمّا بالحذف أو اختلاف الحركة أو الترتيب أو الزيادة. مثل:

<u>المفرد، جمع التكسير، التغيير الذي طرأ:</u>

مدْرسة مَدارس، (حذف، زيادة،حركة).

كاتب كُتّاب، (ترتيب، زيادة،حركة).

كاعب كواعب، (زيادة، حركة).

عالم عُلَماء، (حذف، زيادة، ترتيب).

✍ <u>إعراب جمع التكسير:</u>

الضمّة في حالة الرفع والفتحة في حالة النصب والكسرة في حالة الجرّ.

حضر <u>الطلاّبُ.</u>

أكرمتُ <u>الطلابَ.</u>

سلّمتُ على <u>الطلاّبِ</u> .

* **في حالة الرفع: تكون الضمة هي علامة الرفع.**

✍وصل الطلابُ إلى المدرسةِ مبكرين. وصلَ: فعل ماض مبني على الفتح. الطلابُ: فاعل مرفوع وعلامة رفعه الضمة. إلى: حرف جرّ مبني على السكون. المدرسة: اسم مجرور بإلى وعلامة جرّه الكسرة. مبكرين: حال منصوبة وعلامة نصبها الياء لأنه جمع مذكر سالم.

* **في حالة النصب:تكون الفتحة هي علامة النصب.**

✍ قال تعالى وَفَجَّرْنَا الْأَرْضَ عُيُونًا فَالْتَقَى الْمَاءُ عَلَى أَمْرٍ قَدْ قُدِرَ)(القمر١٢) عيوناً : تمييزمنصوب وعلامة نصبه تنوين الفتح. رأيْتُ الأولادَ يلعبون. رأيْتُ: فعل ماض مبني على السكون، والتاء ضمير متصل مبني على الضم في محل رفع فاعل. الأولادَ: مفعول به منصوب وعلامة نصبه الفتحة.

. جمع الجمع

*- وهو جمعٌ يُصاغ للدلالة على الكثرة، مثل:بيوتات والتي هي جمع لبيوت ورجالات وقُطُرات(بضمتين) وأظافير وأزاهير.

اسم الجمع

هو اسم يتضمّن معنى الجمع ولا مفرد له من لفظه،وإنما واحده من معناه.

وذلك: ((كجيش (وواحده: جندي))) ونساء وواحدها امرأة وخيل وواحدها فرس، لكنهُ يُثنى ويجمع.مثل:(قوم وشعب)فقوم وشعب كل منهما تدلّ على مجموعة أو مجموعات من الناس ويمكن تثنيتهما وجمعهما، فنقول: قومان وأقوام، وشعبان وشعوب.

اسم الجنس الجمعي والإفرادي

اسم الجنس الجمعي: ما تضمن معنى الجمع دالاً على الجنس.

وله مفرد مميز عنه بالتاء أو ياء النسبة: كتفاح وسفرجل وبطيخ وتمر وحنظل ومفردها (تفاحة وسفرجلة وبطيخة وتمرةٌ وحنظلة)

ومثل ((عرب وترك وروم ويهود)) ومفردها (عربي وتركي ورومي ويهودي)

وما دلَّ على الجنس صالحا للقليل منه والكثير: كماء ولبن وعسل، فهو اسم الجنس الإفرادي.

. جمع المذكّر السالم .

جمع المذكر السالم: اسم يدل على أكثر من اثنيْن مذكريْن عاقليْن، ويسلم مفرده من أي تغيير عند جمعه،(ولهذا سُمّيَ بالسالم) ويزاد في آخره واو ونون في حالة الرفع وياء ونون في حالة النصب والجرّ.

*- جمع المذكر السالم يُرفع بالواو وينصب ويجرّ با لياء.

مثل: المرّضون يخلصون لمهنتهم،(مبتدأ مرفوع وعلامة رفعه الواو لأنَّه جمع مذكر سالم).

- إنَّ المعلمين على العهد دائماً،(اسم إنَّ منصوب وعلامة نصبه الياء لأنه جمع مذكر سالم)

أُعجبتُ بالمهندسين الذين صمّموا البناء،(اسم مجرور بالباء وعلامة جرّه الياء لأنه جمع مُذكر سالم).

يُجمع جمعَ مذكرٍ سالما كُل من:

- (العَلَم)، مثل: (زيْد: زيْدون) و(عليّ: عليّون)
- (الصفة)، مثل: (مُخلص: مُخلصون)و(مُحسن: مُحسِنون)

ويشترط فيها أن تكون لمذكرعاقل وخالية من التاء.

- تُحذف نون جمع المذكر السالم عند الإضافة،مثل:

هؤلاء صادقو الوعد.(أصلها صادقون).

***يُلحق بجمع المذكر السالم ألفاظ ليست من جمع المذكر السالم ولكن جاءَت على صورته فتُعرب إعرابه**، مثل:(بنون، أُ لو، عالمون، سنون، أهلون) وألفاظ العقود، عشرون وأخواتها.

يجمع الاسم الممدود جمع مذكر سالم بإبقاء الهمزة الأصلية: قرّاء: قرّاؤون.

وتقلب واواً إذا كانت زائدة في المفرد للتأنيث ثم صار علماً مؤنثاً مثل: خضراء،خضراوون.

أمّا إذا كانت الهمزة مُبدلة من واو أو ياء فيجوز فيها الوجهان، مثل:غطاء غطاؤون وغطاوون.

تمرين(١):اجمع الكلمات التالية جمع مذكر سالماً وأدخلها في جمل مفيدة:

جميل، مُعلّم، مُقاتل، قارىء، مَشّاء.

✍_ تمرين (٢)

أصلح الخطأ النحوي في كل كلمة تحتها خط فيما يلي:

١-لا تصغ إلى المنحرفون.

٢- يفوز العاملين بجهدهم.

٣- قدِمَ الزائرين.

✍ نموذج في الإعراب

✍_ *المصلون مجتمعون في المسجد.

المصلون: مبتدأ مرفوع وعلامة رفعه الواو لأنه جمع مذكر سالم.

مجتمعون: خبر مرفوع وعلامة رفعه الواو لأنه جمع مذكر سالم.

في: حرف جر مبني لامحل له من الإعراب.

المسجد: اسم مجرور بفي وعلامة جرّه الكسرة.

✍_* (فَإِنَّ اللَّهَ يُحِبُّ الْمُتَّقِينَ)

إنّ:حرف توكيد مشبه بالفعل.

الـلـه: اسم إنّ منصوب وعلامة نصبه الفتحة الظاهرة.

يحبُّ: فعل مضارع مرفوع وعلامة رفعه الضمة والفاعل مستتر تقديره هو يعود إلى لفظ الجلالة.

المتقين: مفعول به منصوب وعلامة نصبه الياء لأنه جمع مذكر سالم.

والجملة الفعلية في محل نصب خبر إنَّ.

✍_ تمرين(٢):أعرب الكلمات المخطوط تحتهما في الجمل التالية:

كافأ المديرُ المعلمينَ .

مضت السنون سريعة.

استمرّ المهندسون في تنفيذ المشروع.

فَتَرَبَّصُوا إِنَّا مَعَكُمْ مُتَرَبِّصُونَ(٥٢)).

إِنَّكُمْ كُنْتُمْ قَوْمًا فَاسِقِينَ(٥٣)).

. جمع المؤنث السالم .

جمع المؤمث السالم هو ما دلّ على أكثر من اثنتين بزيادة ألف وتاء على مفرده، وسمي سالماً لأن صورة المفرد فيه تسلم من التغيير عند جمعه، مثل: هند: هندات، زينب: زينبا ت. فإذا كان آخره تاء حُذفت،مثل: معلمة:معلمات،حسنة: حسنات، طالبة: طالبات.

وأما: قضاة و رماة وبناة فهي جموع تكسير لأن الألف ليست مزيدة بل منقلبة عن ياء، إذ أصلها قُضَية وهدَية ورمَية.

وأمّا أبيات وأشتات وأموات وأصوات فإن التاء فيها أصلية وليست مزيدة فهي جمع تكسير.

الملحق بجمع المؤنث السالم:

يلحق بجمع المؤنث السالم في إعرابه شيئان:

الأول: (أولات) بمعنى صاحبات لأنه لا مفرد لها من لفظها.

والثاني ما سمي به من هذا الجمع،مثل:(عرفات، أذرعات، بركات، سعدات وغيرها).

جمع المختوم بالتاء جمعاً مؤنثاً سالماً: عندجمعك المختوم بالتاء جمعاً مؤنثاً سالماً فإنك تحذف التاء وجوباً، فتقول: شجرة – شجرات، فاطمة - فاطمات.

الأسماء التي تُجمع جمع َمؤنث سالم:

١- علم المؤنث،نحو: فاطمة – فاطمات، هند- هندات.

٢- ما خُتم بالتاء (الشَّجراتُ، الورقاتُ). جمع: شجرة، ورقة.

٣- ما خُتم بألف التأنيث المقصورة(الكبرياتُ، الصغريات) جمع: الكبرى، الصغرى

٤- ما ختم بألف التأنيث الممدودة مثل (حرباء: حرباوات،صحراء: صحراوات)

٥- المذكّر غير العاقل مصغراً أو وصفاً (فاضت النُهيْرات و قصورٌ شاهقات)

٦- ما صُدّرَ بابن أو ذي من أسماء ما لا يعقل (كابن آوى وذي القعدة) فيقال (بنات آوى وذوات القعدة).

٧- كل خماسي لم يُسمع له جمع تكسيرمثل: نُصبت السُّرادقاتُ، كَثُرَت الحَمَّاماتُ.

٨- كل اسم أعجمي لم يُعهد له جمع آخر: كالتلغراف والتلفون والفتغراف.فتجمع تلغرافات وتلفونات وفتغرافات.

اعراب جمع المؤنث السالم:

يُرفع جمع المؤنث السالم بالضمّة ويُنصب ويُجرّ بالكسرة.

المعلماتُ أميناتٌ على الطالبات .

المعلماتُ: مبتدأ مرفوع وعلامة رفعه الضمّة لأنه جمع مؤنث سالم.

أميناتٌ: خبر مرفوع وعلامة رفعه الضمّة لأنه جمع مؤنث سالم.

على: حرف جرّ مبني لا محل له من الإعراب.

الطالبات : اسم مجروربعلى وعلامة جرّه الكسرة.

- يحترم الناس الممرضات .

الممرضات : مفعول به منصوب وعلامة نصبه الكسرة لأنّه جمع مؤنث سالم.

- قرأتُ آياتٍ من الذكر الحكيم

آياتٍ: مفعول به منصوب وعلامة نصبه تنوين الكسر لأنه جمع مؤنث سالم.

تمرين (١):اجمع الكلمات الآتية جمعَ مؤنث سالماً.

حُجْرة، حُسنى، بُوَيْب.

تمرين (٢): تخيّر الإجابة الصحيحة لما خُطَّ تحته بين القوسين.

نجحت التلميذاتُ في الامتحان (فاعل - مفعول به - خبر)

رأيت المسلمات . (فاعل - مفعول به- خبر)

احترمتُ المؤمنات. اسم منصوب وعلامة نصبه (الفتحة،الكسرة، الضمة)

مررت بالمسلمات.اسم مجرور وعلامة جره (الكسرة،الضمة، الفتحة)

تمرين (٣) أعرب:

شرحَت المعلماتُ الدرسَ

المعلمات مطيعاتٌ لله.

تمرين (٤)كوّن ثلاث جمل المفعول به في كل منها ملحق بجمع المؤنث السالم

.

الإعراب والبنا ء.

(أنت تعلم أنَّ كل كلمة تؤدي وظيفة معينة في الجملة؛ من نا حية المعنى ومن ناحية العمل النحوي،و إننا لا نستطيعُ أن نفهم معنى الكلام العربي إلا ّإذا استطعنا أن نحدد حالة الكلمة، وهو ما نسميه الإعراب والبناء. فالكلمة إمّا أن تكون معربة أو مبنية ولا تخرج عن هاتين الحالتين).

فالإعراب: أثر يحدثه العامل في آخر الكلمة، فيكون آخرها مرفوعاً أو منصوباً أو مجروراً أو مجزوماً، حسب ما يقتضيه ذلك العامل.

فالمعرب ما يتغير آخره بتغير العوامل التي تسبقه، كالسماء والرجل ويكتب.

البناء: لزوم آخر الكلمة حالة واحدة، وإن اختلفت العوامل التي تسبقها، فلا تؤثرفيها العوامل المختلفة والكلمات المبنيّة ثلاثة أنواع، هي:

أ- كل الحروف.

ب- بعض الأفعال.

ج - بعض الأسماء

الحروف

الحروف جميعها مبنيّة،وهي لا محل لها من الإعراب.فنقول:

هل حضر زيد؟حرف استفهام مبني على السكون لا محل له من الإعراب.

ما جاء عليّ. حرف نفي مبني على السكون لامحل له من الإعراب.

يا عليّ. حرف نداء مبني على السكون لا محل له من الإعراب.

وهكذا في الحروف جميعها.

الأفعال المبنية والمعربة :

إنّ الفعل المضارع غير المتصل بنون التوكيد المباشرة أو بنون النسوة هو فعل مُعرب ومعنى ذلك أنّ الأفعا ل المبنية أكثر من الأفعال المعربة، وهي:

١- الفعل الماضي:

تتحدد حالة بناء الفعل الماضي بناء على الضمير (ضمير الرفع)المتصل بـه عـلى النحـو التالي:

١- يبنى على الفتح إذا لم يتصل به ضمير رفع، أو إذا اتصل بألف الاثنين فقط.

درسَ، كتبَ، درسا، كتبا، رضيا...

(الفتحة تقدّر على الفعل الماضي إذا كان معتل الآخر بالألف غير متصل بضميررفع).

سعى: فعل ماض مبني على الفتح المقدر على الألف للتعذر.

سعيا: فعل ماض مبني على الفتح الظاهر.

٢- يبنى على السكون إذا اتصل بنون النسوة أو التاء المتحركة مثل:

درسْنَ، رأيْتُ، استدعيْتَ، فهمْتِ، أقمْن .

٣- يبنى على الضم إذا اتصل بواو الجماعة.

مثل: الطلاب كتبوا المحاضرة.

استفادوا، ناموا، اهتدوا.

✂ فوائد مهمة:

١-   تتصل بالفعـل المـاضي مجموعـة أخـرى مـن الضـمائر تسـمى (ضمائر النصب)لأنها دائماً في محل نصب مفعول به، وهـذه الضـمائر إذا اتصـلت مبـاشرة بالفعل فهو مبني على الفتح، وهي:

أ- هاء الغائب أو الغائبة، مثل: أخذهُ، أكرمها،دعاهُ، أنشأهُ.

ب- ياء المتكلم، مثل: أخذني، أكرمني، دعاني،أنشأني.

ج- كاف المخاطب أو المخاطبة، مثل: أخذكَ،أكرمكَ، دعاكَ، أعطاكَ، أنشأكَ.

٢- الفعل عند اتصاله بياء المتكلم يجب أن تسبَق الياء بنون، تسمى (نون الوقاية)، لأنها تقي الفعل من الكسر الذي يناسب الياء، وهـي حرف مبنـي لا محـل لـه مـن الإعراب.

أخذ ني: فعل ماض مبني على الفتح الظاهر، والنـون نـون الوقايةلا محل لهـا مـن الإعراب والياء ضمير متصل مبني في محل نصب مفعول به.

دعاني: فعل ماض مبني على الفتح المقدّر، ونون الوقاية حرف مبني لا محل له من الإعراب، وياء المتكلم ضمير متصل مبني قي محل نصب مفعول به.

٣- هناك ضمير متصل بالفعل الماضي مشترك بين الرفع والنصب، أي يمكن أن يكون في محل رفع أو في محل نصب وهـو الضـمير (نا) المتكلمـين فـإ ن كـان ضـمير رفع فالفعل الماضي مبني على السكون، وإن كـان ضـمير نصب واتصل بالفعل مبـاشرة فالفعل مبني على الفتح.

أمثلة:

سألَنا المعلمُ فأجبناهُ.

سألَنا: فعل ماض مبني على الفتح.

(نا): ضمير متصل مبني في محل نصب مفعول به.

أجبناهُ: فعل ماض مبني على السكون، (نا) ضمير متصل مبني في محل رفع فاعل والهاء ضمير متصل مبني في محل نصب مفعول به .

شاهدنا المباراة:

شاهدْ: فعل ماض مبني على السكون، (نا) ضمير متصل مبني في محل رفع فاعل.

٤- تاء التأنيث الساكنة – كما عرفت فهي ليست ضميراً، وإنما هي حرف زائد مبني لا محل له من الإعراب. والفعل المتصل بها مبني على الفتح الظاهر إن كان صحيح الآخر، والمقدّر على الألف إن كان معتل الآخر بالألف، أما إن كان معتل الآخر بالياء فالياءلا تحذف فالفتحة ظاهرة.

سافرت، اهتد ت،اجتهدت، ارتقت.

ارتقت: فعل ماض مبني على الفتح المقدّر على الألف المحذوفة (ارتقى)وتاء الساكنة حرف مبني لا محل له من الإعراب، وسبب حذف الألف هو التقاء الساكنين: الألف وتاء التأنيث.

٥- إذا اتصل بالفعل ضميران فالأول ضمير رفع والثاني ضمير نصب.

مثل: أجبْتُهُ: فعل ماض مبني على السكون والتاء المتحركة ضمير متصل مبني في محل رفع فاعل، والهاء ضمير متصل مبني على الضم في محل نصب مفعول به.

٦-قد يتصل بالضمائر المتصلة بعض الحروف للدلالة على التثنية أو الجمع فلا أهمية لهذه الحروف مثل:

أجبتُما: الضمير المتصل هو التاء، وما بعدها (ما) لاقيمة له، ويمكن اعراب (تما)ضمير متصل مبني في محل رفع فاعل.

٢-الفعل المضارع:

الفعل المضارع المتصل بنون التوكيد المباشرة أو بنون النسوة.

١- يبنى الفعل المضارع على الفتح إذا اتصلت به نون التوكيدالثقيلة أو الخفيفة مثل: ولينصُرَنّ الله من ينصره، لاتصفنّ أخاك بما ليس فيه.

لأسعيَنَّ في الخير. فعل مضارع مبني على الفتح لاتصاله بنون التوكيد المباشرة.

أمّا إذا لم تكن النون مباشرة، لوجود فاصل بينها وبين الفعل مثل: ألف الاثنين أو واوالجماعة أو ياء المخاطبة فلا يكون الفعل مبنياً، بل يكون مُعرباً.

مثل: لتنجحا نِّ أيّها المجدّان.

١- يبنى على السكون عند اتصاله بنون النسوة،

فتقول: الطالبا تُ يكتبْنَ. هنَّ يشكرْن.

يكتُبن : فعل مضارع مبني على السكون لاتصاله بنون النسوة.

✂ **ملحوظة:**

نون التوكيد نون تلحق آخر الفعل المضارع أوآخرالأمر بالشروط الموضحةبعد وهي نوعان:

- نون ثقيلة: وتكون مشددةمفتوحة مثل: لتكتبنّ- اكتبَنَّ
- نون خفيفة: وتكون ساكنة مثل: لتكتبن ْ- اكتبنْ.

(أ) ويجب توكيدالمضارع بالنون إذا كان جوابًا للقسم ومتصلاً بلام القسم مثل: و الله لأكرمنَّ الفائز (أو لأكرمنْ)

(ب) ويجوزتوكيد المضارع بالنون إذا دلّ على طلب(والطلب يشمل الأمر والنهي والاستفهام).

مثل: لينْفقْ القادرون أولينفقنّ القادرون.

لا تمدح امرءًا حتى تجربه أو لا تمدحَنَّ.

أتوافق على هذا الرأي؟ أو أتوافقن على هذا الرأي.

(ج) ويمتنع توكيد المضارع فيما عدا الحالات السابق ذكرها

مثل: تشرق الشمس كلّ صباح.

(د) يجوز توكيد فعل الأمر لدلالته على طلب.

مثل: أطع والديك أوأطيعنَّ والديك (أو أطيعَنْ).

(ه)الفعل الماضي لا يؤكد بنون التوكيد.

٣-فعل الأمر:

فعل الأمر مبني دائماً والأصل أن يكون مبنياً على السكون.

وفعل الأمر تتصل به مجموعة من ضمائر الرفع تؤثر في حالة بنائه. مثل:

١- نون النسوة مثل: اجْلسْن.

٢- ألف الاثنين مثل: إذهبا، قاتلا.

٣- ياء المخاطبة مثل: اجلسي، اسجدي.

٤- واو الجماعة: مثل: أقيموا، آمنوا، استعينوا.

حالات بناء فعل الأمر:

١- يبنى على السكون إذا كان صحيح الآخر، أو إذا اتصل بنون النسوة مثل: انهضْ، قمْ،أعِدْ، أقمْنَ اشكرْنَ.

٢- يبنى على حذف النون إذا اتصل بألف الاثنين، أو ياء المخاطبة أو واو الجماعة. مثل: ادرسا، أعيني، ساعدي،أطيعوا، اسمعوا.

٣- يبنى على حذف حرف العلة إذا كان معتل الآخر ولم يتصل به ضمير رفع. مثل: اسعَ إلى عمل الخير، ادعُ ربّك بعد كلّ صلاة، ارم الشبكة في البحر

٤- يبنى على الفتح إذا اتصل بنون التوكيد مباشرة. مثل: وافعلَنّ الخير،اقرأَنّ القصص المفيدة.

التمارين:

دل على الفعل المبني وبيّن نوعه وعلامة بنائه، واذكر السبب فيما يلي:

قدم ثلاثةٌ من الطفيليين الموصل، فمروا بسوق الطباخين، فدخلوا عند طباخ، فقال له أحدهم: اغرفْ لي بدرهم. وقال الثاني والثالث: اغْرِفَنّ لنا أيضًا، فغرف لهم فأكلوا. ولما فرغوا من الأكل أراد الأول الانصراف، فقال له الطبّاخ: (أعْطِنا الثمن)، فقال: ألا تستحِيَنّ أن تأخذ منّي مرتين؟! وقال الثاني: (اتق الله لقد أعطاك بعدَ أن أعطيتك. ثم التفت فرأى الثالث يبكي، ولما سأله عن السبب أجاب: كيف لا أبكي وقد هضمت حقَّ هذين الرجلين الفاضلين اللّذين سلّما لك الدرهمين قبلي...) فلطم الطبّاخ نفسه وأخذ يصرخ، فتجمع أهل السوق وأخذوا يلومونه. وخرج الطفيليون يضحكون.

استخرج مما يلي فعل الأمر وبيّن علامة بنائه ذاكرا السبب:

- قومي يا أُخيّةُ إلى الصلاة....واطلبي الرحمة لأمّك وأبيكِ.
- اسمع اللهم دعائي واستجب طلبي.
- ساعدوا الضعفاء وخففوا عنهم وطأة البؤس والشقاء.
- احفَظْنَ يا أبنائي عهد الوداد وارعينّ المواثيق.
- اسْعَ جاهداً يا ولدي لصون كرامتك، وأعفُ عمّن أساء إليك.
- اسمعَنْ نصائح المرشدين، وتزوّدنْ بالعلم والأخلاق.

✍ إعراب نموذجي:

✍-أكرمت الصديقَ. أكرمْتُ: فعل ماض مبني على السكون لاتصاله بتاء الضمير. والتاء ضمير متصل مبني على الضم في محل رفع فاعل. الصديق: مفعول به منصوب وعلامة نصبه الفتحة الظاهرة

✍ الطلاب خرجوا لمدارسهم. الطلاب : مبتدأ مرفوع وعلامة رفعه الضمة الظاهرة. خرجوا: فعل ماض مبني على الضم لاتصاله بواو الجماعة. والواو:ضمير متصل مبني على السكون في محل رفع فاعل. وجملة(خرجوا) الفعلية في محل رفع خبر المبتدأ. لمدارسهم: اللام حرف جر(مدارسهم) اسم مجرور وعلامة جره بالكسرة وهو مضاف و(هم) ضمير متصل مبني على السكون في محل جرّ بالإضافة.

✍ - اعملوا الخير: اعملوا: فعل أمر مبني على حذف النون لاتصاله بواو الجماعة. والواو: ضمير متصل مبني على السكون في محل رفع فاعل. الخير: مفعول به منصوب وعلامة نصبه الفتحة الظاهرة.

✍ - لأعملَنّ بنشاط. لأعملَن : اللام: للتأكيد ((أعملنَّ)): فعل مضارع مبني على الفتح لاتصاله بنون التوكيد. والنون: للتوكيد. وفاعله ضمير مستتر فيه وجوباً تقديره((أنا)) بنشاط: الباء حرف جر ((نشاط)) اسم مجرور بالكسرة الظاهرة. والجار والمجرور متعلقان بالفعل ((أعملَن)).

أعرب ما يلي:

١- اسع في سبيل الخير.

٢- وطّنوا أنفسكم على الأخلاق الحميدة.

٣- الطالبات ُيدرسْن .

٤- الأطفال كسروا الزجاج.

الأسماء المبنيّة:

إنّ الاسم المبني هو الاسم الذي لاتتغيّر حركة آخره بتغيّر موقعه من الإعراب

١- الضمائر(هو،هي، أنا....والضمائر المتصلة،مثل:التاء في كتبْتُ,والهاء في أكرَمَهُ.

٢-أسماء الإشارة (هذا، هذه،هؤلاء،أولئك،...) مع ملاحظة أنهُ (إذا كان اسم الإشارة مثنى مثل: هذان،هاتان، فإنه يعرب إعراب المثنى) يُرفع بالألف وينصب ويجر با لياء.

٣-الأسماء الموصولة. (الذي، التي،ما،مَنْ...) مع ملاحظة أنَّ (الاسم الموصول مبني إلا إذا كان مثنى، مثل: اللذان،اللتان، فإنه يُعرب اعراب المثنى) يرفع بالألف وينصب ويجر بالياء.

مثل: جاء اللذان نجحا في الامتحان.

اللذان: فاعل مرفوع وعلامة رفعه الألف لأنه ملحق بالمثنى.

أكرمت اللذيْنِ حضرا.

اللذيْن : مفعول به منصوب وعلامة نصبه الياء لأنه ملحق بجمع المؤنث السالم.

٤-أسماء الإستفهام(متى، مَنْ،كيف،.........)

متى السفر؟

متى: اسم استفهام مبني في محل رفع خبرمقدّم لأنه من الأسماء التي لها الصدارة.

٥-أسماء الشرط (مَنْ،أيّا ن،حيثما........)

من يدرسْ ينجحْ.

من: اسم استفهام مبني على السكون في محل رفع مبتدأ.

٦- أسماء الأفعال (هيهاتَ)

٧- الأسماء المركبة إني رأيت أحد عشر كوكباً

٨- اسم لا النافية للجنس(في بعض المواضع)

٩- المنادى(في بعض المواضع)

الأسم المعرب :

هو الذي تتغير حركة آخره بتغيّر موقعه الإعرابي.

✍ **خرجَ خالدٌ إلى المسجدِ مساءً.**

خرج:فعل ماض مبني على الفتح.

خالد: فاعل مرفوع وعلامة رفعه الضمة الظاهرة على آخره.

إلى: حرف جر مبني على السكون لامحل له من الإعراب.

المسجد : اسم مجرور بإلى وعلامة جرّه الكسرة الظاهرة.

مساءً: ظرف زمان منصوب وعلامة نصبه تنوين الفتح الظاهر على آخره.

لاحظ الكلمتين(خرجَ) و(إلى) كلمتان مبنيتان، وأنّ الكلمات (خالد) و(المسجد) و(مساء) كلمات معربة.

ولعلّك لاحظت أننا نقول:

مبني على الفتح، ولم نقل مبني بالفتحة.

ومرفوع وعلامة رفعه الضمة، ولم نقل مرفوع بالضم أو على الضم.

ففي حالة البناءنقول: مبني على الضم، مبني على الكسر،مبني على الفتح، مبني على السكون.

وفي حالة الإعراب نقول:مرفوع وعلامة رفعه الضمة، منصوب وعلامة نصبه الفتحة، مجرور وعلامة جره الكسرة، مجزوم وعلامة جزمه السكون.

نماذج لإعراب الأسماء المعربة:

(ا)أمثلة لإعراب الأسماء المنصوبة:

✍ - كل الطائرات عادت اليوم إلا طائرةً.

اليوم: ظرف زمان (مفعول فيه) منصوب وعلامة نصبه الفتحة.

طائرةً: مستثنى بإلا منصوب وعلامة نصبه الفتحة.

(ب) أمثلة مختلفة لإعراب الأسماء المرفوعة:

✍ -(قَوْلٌ مَعْرُوفٌ وَمَغْفِرَةٌ خَيْرٌ مِنْ صَدَقَةٍ يَتْبَعُهَا أَذًى)

(سورة البقرة، آية٢٦٣)

قولٌ: مبتدأ مرفوع بالضمة.

معروفٌ:نعت للمبتدأ مرفوع وعلامة رفعه الضمة.

الواو: حرف عطف مبني.

مغفرةُ: اسم معطوف على قول مرفوع وعلامة رفعه الضمة.

خيرٌ: خبر المبتدأ مرفوع وعلامة رفعه الضمة.

أذى: فاعل مرفوع وعلامة رفعه الضمة المقدّرة على الألف للتعذر.

الـلـه: مبتدأ مرفوع وعلامة رفعه الضمة.

غنيٌ: خبر المبتدأ مرفوع وعلامة رفعه الضمة.

حليمٌ: خبر ثان مرفوع وعلامة رفعه الضمة المقدّرة.

✍ **يُسألُ المربيان كلاهما عن تهذيب النشء.**

المربيان:نائب فاعل مرفوع وعلامة رفعه الألف لأنه مثنى.

كلا: توكيد لاسم مرفوع وهو مرفوع وعلامة رفعه الألف لأنه ملحق بالمثنى.

✍ **لولا الاتحاد لهلكت الأمة**

الأتحاد: مبتدأ مرفوع وعلامة رفعه الضمة والخبر محذوف وجوبا تقديره موجود لأن المبتدأ بعد لولا - والمبتدأ والخبر المحذوف جملة الشرط.

الأمة : فاعل مرفوع وعلامة رفعه الضمة.

✍ **يُنتَظر أن يزيد إنتاجنا الصناعي:**

أن: حرف مصدري ونصب.

يزيد: فعل مضارع منصوب وعلامة نصبه الفتحة والمصدر المؤول من أن والفعل بعدهافي محل رفع نائب فاعل.

انتاجُ: فاعل مرفوع وعلامة رفعه الضمة.

الصناعي: نعت لأنتاج مرفوع وعلامة رفعه الضمة.

. علامات الإعراب .

حدد النحاة الكلمة المعربة بأنها الاسم المتمكن والفعل المضارع الذي لم تتصل به نون التوكيد أو نون النسوة.

وللاعراب حالات أربع هي:

١-الرفع وعلامته الضمة مثل: (جاء الولد):

الولدُ: فاعل مرفوع وعلامة رفعه الضمة

٢- النصب وعلامته الفتحة مثل: (حفظ الطالبُ القرآنَ)

القرآن : مفعول به منصوب وعلامة نصبه الفتحة الظاهرة.

٣- الجرّ وعلامته الكسرة مثل: (يزرع الفلاحون الأشجار في الربيع)

الربيع اسم مجرور بفي وعلامة جره الكسرة الظاهرة.

٤- الجزم وعلامته السكون: مثل (الطالبُ لم يحضرْ مبكراً)

يحضرْ: فعل مضارع مجزوم بلم وعلامة جزمه السكون.

الاعراب بالحروف:

وهناك علامات أخرى غير هذه الحركات، وهي التي نسميها، الإعراب بالحروف، وهي الألف والواو والياءوالنون.

فالمثنى يرفع بالألف وينصب ويجر بالياء.مثل:(جاء الطالبان، أكرمتُ الطالبين، سلمتُ على الطالبين).

وجمع المذكر السالم يرفع بالواووينصب ويجر با لياء.مثل:(جاء المهندسون، أكرمت ُالمهندسينَ، سلمتُ على المهندسينَ)

والأسماء الستة ترفع بالواووتنصب بالألف وتجرّبالياء مثل: (جاء أبوكَ،أكرمتُ أباكَ سلمتُ على أبيكَ)

المعربات بالحذف

مثل:

١-الأفعال الخمسة ترفع بثبوت النون وتنصب وتجزم بحذفها.

الطلاب الكسالى لم يحافظوا على واجباتهم.

لم: حرف جزم ونفي وقلب لامحل له من الاعراب.

يحافظوا: فعل مضارع مجزوم بلم وعلامة جزمه حذف النون لأنه من الافعال الخمسة، وواو الجماعة ضمير متصل مبني في محل رفع فاعل.

٢- الأفعال المعتلة الآخر تجزم بحذ ف حرف العلة مثل:

اسعَ إلى الخير والأصل فيها(اسعى)

اسعَ: فعل أمر مبني على حذ ف حرف العلة وهو الألف المقصورة.

الإعراب المقدر

١- التعذر أو الثقل:-

أ- الاسم المقصور:وتقدر عليه علامات الاعراب الثلاث، مثل:جاء

فتى: فاعل مرفوع وعلامة رفعه تنوين الضم المقدّر منع من ظهورها التعذر.

رأيت فتى: مفعول به منصوب وعلامة نصبه تنوين الفتح المقدّر منع من ظهورها التعذر.

سلمت على فتى: اسم مجرور بعلى وعلامة جرّه الكسرة منع من ظهورها التعذر.

ويندرج تحت هذا العنوان الممنوع من الصرف أيضاً مثل:

وصل عيسى: فاعل مرفوع بضمة مقدرة. احترمت عيسى: مفعول به منصوب بفتحة مقدرة منع من ظهورها التعذر.

ب- الاسم المنقوص:وتقدّر عليه الضمة والكسرة، أما الفتحة فتظهر على الياء.

قدم القاضي: فاعل مرفوع وعلامة رفعه ضمة مقدرة منع من ظهورها الثقل.

سلمت على القاضي: اسم مجرور بعلى وعلامة جره كسرةمقدرة منع من ظهورها الثقل.

* لاحظ أنّ كلمة القاضي التي مرّت كانت معرفة، فإن كانت نكرةحذفت الياء ونـوّن آخر الكلمة بنون العوض.

فتقول:جاء قاضٍ : فاعل مرفوع وعلامة رفعه ضمة مقدرة على اليـاء المحذوفـة منـع من ظهورها الثقل. رأيت قاضياً: مفعول به منصـوب وعلامـة نصـبه تنـوين الفـتح الظاهر.

ج- الفعل المضارع المعتل الآخر:

فإن كان آخره ألفاً تُقدرعليه حركتا الرفع والنصب كما هو في الأسماء المقصورة.

أما إن كان مجزوماً فيعرب بحذف حرف العلّة، مثل:

✍هو يسعى إلى الخير:

فعل مضارع مرفوع وعلامة رفعه الضمة المقدّرة منع من ظهورها التعذر.

✍لا ترمِ النفايات في ساحة المدرسة:

فعل مضارع مجزوم وعلامة جزمه حذف حرف العلة أمّا إذا كان آخرالفعل واواً قدّرت عليه حركة الضم للثقل.

✍العلم يسمو فوق كل شيء.

يسمو: فعل مضارع مرفوع وعلامة رفعه الضمة المقدرة منع من ظهورها الثقل.

✍المحسن يأتيك بالخير.

يأتي: فعل مضارع مرفوع وعلامة رفعه الضمةالمقدرة منع من ظهورها الثقل.

أمّا إذا كان الفعل المنتهي بواو أو بياء منصوباً فتظهر عليه الفتحة.

✍يحبُ المعلمُ أن يعفوَ عن الطالب المسيء.:

يعفو: فعل مضارع منصوب وعلامة نصبه الفتحة الظاهرة.

✍لا تدعُ أحداً إلا للخير.

تدعُ: فعل مضارع مجزوم وعلامة جزمه حذف حرف العلة.

المضاف إلى ياء المتكلم

✍حضر صديقي:

فاعل مرفوع بضمة مقدرة على ما قبل الياء منع من ظهورها اشتغال المحل بحركة المناسبة.

✍استعنتُ بصديقي:

اسم مجرور وعلامة جرّه كسرةمقدرة منع من ظهورها حركة المناسبة.

✍جاء صديقاي:

فاعل مرفوع بالألف لأنه مثنى.

✍سلمتُ على صديقيَّ:

اسم مجرور بعلى وعلامة جره الياء المدغمة في ياء المتكلم.

✍رأيتُ صديقيّ:

مفعول به منصوب وعلامة نصبه الياء المدغمة في ياء المتكلم.

* وجود حرف جرّ زائد أو شبيه بالزائد.

✍ما حضر من أحد:

فاعل مرفوع وعلامة رفعه الضمة المقدرة منع من ظهورها اشتغال المحل بحركة حرف الجر الزائد.

✍ ((لَسْتَ عَلَيْهِمْ بِمُسَيْطِرٍ٢٢)) (الغاشية: آية ٢٢)

خبر ليس منصوب وعلامة نصبه الفتحة المقدرة منع من ظهورها اشتغال المحل بحركة حرف الجرّ الزائد.

✍**وليل كموج البحر أرخى سدوله عليّ بأنواع الهموم ليبتلي**

و: واو رب حرف جر شبيه بالزائد. ليل: مبتدأ مرفوع وعلامة رفعه الضمة المقدرة منع من ظهورها اشتغال المحل بحركة حرف الجر الشبيه بالزائد،والجملة الفعلية (أرخى سدوله) في محل رفع خبر ليس.

. الضمائر .

الضمير: اسم جامد معرفة يدل على متكلم أو مخاطب أو غائب، وهو أنواع:

الضمير المنفصل

هو الضمير الذي يُنطق به ويكتب وحده من غير أن يتصل بكلمة أخرى وهو اسم مبني يأخذ المحل الإعرابي للاسم الذي يحل محله.

ويأتي في محل رفع أو في محل نصب ولا يكون في محل جرّ:

١- **ضمائر الرفع المنفصلة:-**

وهي التي تحل محل اسم مرفوع، وتكون مبنيّة على حركة أواخرها في محل رفع وتقسم إلى ضمائر الغائب وضمائرالمخا طب وضمائرالمتكلم.

على النحو التالي:

هو،هما، هم للمذكر الغائب المفرد والمثنى والجمع.

هو صائمٌ، هما صائمان،هم صائمون.

هي، هما،هنَّ للمؤنثة الغائبة المفردة والمثنى والجمع.

هي صائمة ، هما صائمتان، هنَّ صائمات.

أنتَ،أنتما، أنتُم للمذكرالمخاطب المفرد والمثنى والجمع.

أنت صائمٌ،أنتما صائمان، أنتم صائمون.

أنتِ،أنتما، أنتن للمؤنثة المخاطبة المفردة والمثنى والجمع.

أنتِ صائمةٌ، أنتما صائمتان، أنتنَّ صائماتٌ.

أنا: للمفرد المتكلم، أنا صائمٌ.

نحن: لجمع المتكلمين، نحنُ صائمون.

تقول: هو نائم: ضمير منفصل مبني في محل رفع مُبتدأ

أنا عربي.

أنا: ضمير منفصل مبني على السكون في محل رفع مبتدأ.

٤-   **ضمائر النصب المنفصلة:** وهي التي تحل محل اسم منصوب وتكون مبنية على حركة أواخرها في محل نصب.

١- للمذكر:إيَّاكَ، إيَّاكما، إيَّاكم. مثل:
إيَّاك والغرور، إيَّاكُما والغرور، إيَّاكُم والغرور.

٢- للمؤنث:إيَّاكِ، إيَّاكُما، إيَّاكُنَّ. مثل:
إيَّاكِ والغرور، إيَّاكُما والغرور، إيَّاكُنَّ والغرور.

٣- في الغيبة: للمذكر:إيَّاهُ، إيَّاهُما، إيَّاهُم.مثل:
إيَّاهُ والغرور، إيَّاهُما والغرور، إيَّاهم والغرور.

٤- للمؤنث:إيَّاها، إيَّاهُما، إيَّاهُنَّ.مثل:
إيَّاها والغرور، إيَّاهُما والغرور، إيَّاهُنَّ والغرور.

٥- في التكلم: إيَّايَ إيَّانا.مثل:
إيَّايَ والغرور، إيَّانا والغرور.

📖 أمثـلـة:

﴿فَذَكِّرْ إِنَّمَا أَنتَ مُذَكِّرٌ (٢١)﴾ (الغاشية: ٢١)،

ضمير منفصل مبني في محل رفع مبتدأ.

﴿نَحْنُ قَسَمْنَا بَيْنَهُم مَّعِيشَتَهُمْ﴾(الزخرف: ٣٢)،

ضمير منفصل مبني في محل رفع مبتدأ.

﴿إِيَّاكَ نَعْبُدُ وَإِيَّاكَ نَسْتَعِينُ (٥)﴾، (الفاتحة:٥)

ضمير منفصل مبني في محل نصب مفعول به.

﴿وَإِيَّايَ فَارْهَبُونِ (٤٠)﴾ (البقرة: ٤٠)

ضمير منفصل مبني في محل نصب مفعول به.

✍اعراب:

✍ **إيّايَ قصَدَ المديرُ.**
إيّايَ: ضمير منفصل مبني على الفتح في محل نصب مفعول به.
قصدَ: فعل ماض مبني على الفتح.
المديرُ: فاعل مرفوع وعلامة رفعه الضمة.

✍ **إيّاكَ نعبدُ**
إيّا: ضمير منفصل مبني على السكون في محل نصب مفعول به،والكاف حرف خطاب مبني على الفتح لا محلّ له من الاعراب.
نعبدُ: فعل مضارع مرفوع وعلامة رفعه الضمة الظاهرة والفاعل ضمير مستتر تقديره نحن .

الضَّمير المتصل

هو ما اتصل بآخر الكلمة وكان كالجزء منها وهو لا ينطق به وحده مثل:
(الهاء)في (ضَرَبَهُ).
و(الكاف) في(كتابك).
ويكون اعرابه حسب موقع الاسم الذي حل محله في الجملة.
الضَّمير المتصل بحسب إعرابه ثُلاثة أقسام:

١- ما يختص بالرفع وهو(التاءوالألف والواو والنون وياء المخاطبة)
نحو: (قُمتُ وقاما وقاموا وقُمْنَ وقومي).
قمْتُ: (التاء) ضمير متصل مبني على الضم في محل رفع فاعل.
٢- مايشترك بين النصب والجروهو ثلاثة: (الياء) للمتكلم نحو:(أكرمَني سيَّدي) و(كاف) المخاطب نحو(أكرمَكَ سيَّدك),و(هاء) الغا ئِب نحو(أكرمَهُ سيِّدَهُ)
٣- مايشترك بين الرفع والنصب والجرّوهو(نا) نحو:

قال تعالى: (رَبَّنَا لَا تُؤَاخِذْنَا إِنْ نَسِينَا أَوْ أَخْطَأْنَا)(سورة البقرة،من الآية٢٨٦)

ف(نا) الأولى: ضمير متصل مبني في محل جرّمضاف إليه.
و(نا) الثانية: ضمير متصل مبني في محل نصب مفعول به.
والثالثة والرابعة ضمير متصل مبني في محل رفع فاعل.

أمثلـة:

١-(وَأَوْفُوا بِعَهْدِي أُوفِ بِعَهْدِكُمْ) (البقرة :٤٠)
واو الجماعة:ضمير رفع مبني في محل رفع فاعل (أوفو)
ياء المتكلم ضمير مبني في محل جر مضاف إليه(عهدي، وقد اتصل باسم)
كاف المخاطب ضمير مبني في محل جر مضاف إليه(عهدكم، وقد اتصل باسم)

٢- وَلَا تَحْمِلْ عَلَيْنَا إِصْرًا كَمَا حَمَلْتَهُ عَلَى الَّذِينَ مِنْ قَبْلِنَا ج) (البقرة: ٢٨٦)

نا: في علينا ضمير متصل مبني في محل جر بحرف جر.
التاء: في حملته ضمير متصل مبني في محل رفع فاعل.
الهاء: في حملته ضمير متصل مبني في محل نصب مفعول به.
٣- زارني محمد. الياء: ضمير متصل مبني على السكون في محل نصب مفعول به.
٤- إنهُ مُجِدّ:
الهاء ضمير متصل مبني على الضم في محل نصب اسم إنَّ.

أعرب ما يلي:

(قُلْ هُوَ اللَّهُ أَحَدٌ(١)). (سورة الإخلاص، آية١)
(بَلْ إِيَّاهُ تَدْعُونَ). (سورة الأنعام، آية٤١)
فهمتما الدرسَ.
زارنا الجيرانُ.

ج- الضَّميرالمستتر

١- وهو ما ليس له صورة في اللفظ، ولكنه يُفهم من الكلام.

أو هو الضمير الذي يرتبط بالفعل دون أن يظهر في اللفظ ونستعين على تقديره،ومعرفته بالمعنى العام للجملة.

٢-الضمير المستتر في الفعل الماضي تقديرهُ (هو، هيَ).

أمّا في المضارع فيختلف التقدير با ختلاف حروف المضارعة فهو إمّا (هو،هي،نحن،أنا)، مثل:

محمد يحبُّ كرة القدم. الضمير المستتر في الفعل يحبُّ هو(هو).

أعتز بالطالب المتميز.الضمير المستتر في الفعل أعتز هو (انا).

نقدِّر جهود العاملين المخلصين. الضمير المستتر للفعل نُقدِّر هو(نحن).

أضواءُ تُجيدُ فنَّ التصميم. الضمير المسترفي الفعل تجيد هو (هي)

أمّا فعل الأمر فالضمير المستتر تقديرهُ أنتَ دائماً.

(أحسَن إلى غيرك يُحسِنُ إليك..) فالفاعل لكل من الفعلين ضمير مستتر تقديرهُ في الأول (أنت)وفي الثاني(هو)

والضمير المستتر نوعان:

أ- مستتر وجوباً

ب- مستتر جوازاً

وللتمييز بينهما تقول:

إذا دل الضمير على الحاضرفهو مستتر وجوباً، أمّا إذا دلّ على الغائب فهو مستتر جوازاً.

المستتر وجوبا

أحترمُ معلمي.

أحترم: فعل مضارع مرفوع وعلامة رفعه الضمة الظاهرة. والفاعل ضمير مستتر وجوباً تقديره أنا.

❧ نحترمُ معلمنا.

نحترمُ: فعل مضارع مرفوع وعلامة رفعه الضمة، والفاعل ضمير مستتروجوباً تقديره نحن.

❧ نعمَ قائداً خالدٌ.

نعم: فعل ماض مبني على الفتح.والفاعل ضمير مستتر وجوباً تقديره هو.

قائداً: تمييز منصوب وعلامة نصبه تنوين الفتح.

خالدٌ: مبتدأ مؤخر مرفوع وعلامة رفعه الضمة الظاهرة، والجملة الفعلية المقدمة في محل رفع خبر.

❧ ما أجملَ الطقسُ.

ما: اسم تعجب مبني على السكون في محل رفع مبتدأ.

أجملَ: فعل ماض مبني على الفتح، والفاعل ضمير مستتر وجوباً تقديره هو. والجملة الفعلية في محل رفع خبر.

الطقس: مفعول به منصوب وعلامة نصبه الفتحة

المستتر جوازا

وهو ضمير المفرد الغائب والمفردة الغائبة.

❧ مثل: علي قرأ:

علي: مبتدأ مرفوع وعلامة رفعه الضمة الظاهرة.

قرأ فعل ماض مبني على الفتح الظاهر والفاعل ضمير مستتر جوازاً تقديره هووالجملة الفعلية في محل رفع خبر.

❧ أختك نجحت:

اختك: مبتدأ مرفوع وعلامة رفعه الضمة وهو مضاف والكاف ضمير متصل مبني في محل جر مضاف إليه.

نجحت: فعل ماض مبني على الفتح، والتاء تاء التأنيث لا محل لها من الإعراب، والفاعل ضمير مستتر جوازاً تقديره هي، والجملة الفعلية(نجحت) في محل رفع

ضمير الشأن

مفهومه:

هو ضمير يذكر قبل الجملة الاسمية أو الفعلية في مواضع التعظيم والتفخيم فيكون هو كناية عنها وتكون هي خبراً عنه.

مثل:

(هوا اللـه غفورٌ)(هو الصديقُ وفيٌّ) (هي الفتاةُ مُهذّبةٌ)

ويطلق عليه أيضاً ضمير القصّة وضمير الحكاية وضمير الأمر، وهو ضمير غير شخصي؛ أي لا يدل على مُتكلم أو مخاطب أو غائب، وإنّما يدل على معنى الشأن أو الأمر أو القصة ويكون مبتدأً لها، وتكون هذه الجملة مفسّرة له، وتقع خبراً عنه. والجملة الواقعة بعد ضمير الشأن لا تحتاج إلى عائد.

✍ إعراب:

✍ ١- هو اللـهُ رحيمٌ.

هو: ضمير الشأن مبني على الفتح في محل رفع مبتدأ.

اللـهُ: مبتدأ ثان مرفوع وعلامة رفعه الضمّة الظاهرة.

رحيمٌ: خبر المبتدأ الثاني مرفوع وعلامة رفعه الضمة الظاهرة.

والجملة الإسمية من المبتدأ الثاني وخبره في محل رفع خبر المبتدأ الأول.

✍ ٢-إنّهُ زيدٌ شجاعٌ.

إنّ: حرف توكيد ونصب مبني على الفتح لامحل له من الإعراب.

الهاء: ضمير الشأن مبني على الضم في محل نصب اسم إنَّ

زيدٌ: مبتدأ مرفوع وعلامة رفعه الضمة الظاهرة.

شجاعٌ: خبر مرفوع وعلامة رفعه الضمة الظاهرة.

والجملة من المبتدأ وخبره في محل رفع خبر إنَّ.

٣- قال تعالى: {قُلْ هُوَ اللَّهُ أَحَدٌ(١)} (سورة الإخلاص، آية ١)

قل: فعل أمر مبني على السكون وفاعله ضمير مستتر فيه تقديره أنت.

هو: ضمير الشأن مبني على الفتحة في محل رفع مبتدأ أوّل.

اللـه: لفظ الجلالة مبتدأ ثان مرفوع وعلامة رفعه الضمة الظاهرة على الآخر.

أحدٌ: خبر المبتدأ الثاني مرفوع وعلامة رفعه الضمة.

والجملة الاسمية من المبتدأ الثاني وخبره في محل رفع خبر المبتدأ الأول.

والجملة الاسمية من المبتدأ الأول وخبره في محل نصب مفعول به للفعل قُلْ.

اسم الإشارة

اسم الإشارة اسم يدل على مُعيّن مُشار إليه مبني دائماً إلا إذا دل على المثنى مذكراً أو مؤنثاً؛ فإنه يُعرب حينئذ إعراب المثنى فيرفع بالألف وينصب ويجرّ بالياء.(أمثلة إعرابية في نهاية الدرس).

وأسماء الإشارة هي:

هذا، هذه، هؤلاء، اولئك، تلك، ذلك.

القريب يشار إليه بما ليس فيه الكاف ولا اللام(هذا وهذه) مثل:

(هذا رجل وهذه امرأة).

هذا:وهي للمفرد المذكر(العاقل وغيرالعاقل) مثل: هذا طالبٌ مجتهد، هذا كتابٌ مفيدٌ.

وللبعيد نقول:

ذاكَ: وتدل على أن المشار إليه متوسط الموقع بين القرب والبعد.

فنجد الإشارة إليه بما فيه الكاف. مثل: (ناولني ذاك الطبق).

ذلك: تدل على البعد، يشار إليها بما فيه الكاف واللام معاً مثل:

(انظر إلى تلك الشجرة على ذلك الجبل).

هذهِ: وهي للمفردة المؤنثة (عاقلة وغير عاقلة) مثل: هذه فتاة صالحة، هذه الصورة جميلة.الاشارة بها للقريب.

أمَّةٌ وللمفردة المؤنثة اسم إشارة آخر هو:تلكَ، مثل قوله تعالى: تِلْكَ)قَدْ خَلَتْ))

(سورة البقرة، من الآية ١٣٤)

هذان: وهي للمثنى المذكر (العاقل وغير العاقل)

مثل: هذان عالمان مجتهدان، هذان كتابان مفيدان. وتعرب إعراب المثنى.

هاتان:وهي للمثنى المؤنث (العاقل وغير العاقل)

مثل:هاتان بنتان مجتهدتان،هاتان قصيدتان جميلتان. وتعرب إعراب المثنى.

هؤلاء: وهي للجمع مذكراً أو مؤنثاً، مثل:هؤلاء التلاميذ مجتهدون.

هؤلاء التلميذات مجتهدات. وقد تلحقه كاف الخطاب فتقول ((أُولئِكَ))مثل:

قال تعالى: ((وَمَنْ يُوقَ شُحَّ نَفْسِهِ فَأُولَئِكَ هُمُ الْمُفْلِحُونَ(٩)))

(سورة التغابن، آية١٦)

ملحوظة: الهاء في أول اسم الإشارة ليست جزءًا من الكلمة، وإنما هي حرف تنبيه يجوز حذفه: ذا،ذه،ذان،تان،أولاء.

- أولاء وأولى(بالمد والقصر، والمد أفصح) للجمع المذكر والمؤنث على السواء

مثل: أولاء ناجحون. وأولاء ناجحا ت.

إعراب:

١- (لِلَّذِينَ أَحْسَنُوا فِي هَذِهِ الدُّنْيَا حَسَنَةٌ) (النحل: ٣٠)

اسم إشارة مبني في محل جر بحرف الجر.

٢- (إِنَّ هَذَا الْقُرْآنَ يَهْدِي لِلَّتِي هِيَ أَقْوَمُ) (الإسراء: ٩)

اسم إشارة مبني في محل نصب اسم إنّ.

٣- (أُولَئِكَ الَّذِينَ اشْتَرَوُا الضَّلَالَةَ بِالْهُدَى) (البقرة: ١٦)

اسم إشارة مبني في محل رفع مبتدأ.

ذا رجل.

ذا: اسم إشارة مبني على السكون في محل رفع مبتدأ.

رجل: خبر مرفوع وعلامة رفعه الضمة الظاهرة.

٤- أولاءِ رجال

أولاء : اسم إشارة مبني على الكسر في محل رفع مبتدأ

رجال: خبر مرفوع وعلامة رفعه الضمة الظاهرة.

٥- جاء ذان الرجلان.

ذان: فاعل مرفوع وعلامة رفعه الألف لأنه ملحق بالمثنى.

٦- رأيت ذين الرجلين.

ذي: مفعول به منصوب وعلامة نصبه الياء لأنه ملحق بالمثنى.

الأسماء الموصولة

الإسم الموصول: ما يدل على مُعيّنٍ بواسطة جُملة تُذكر بعدهُ. وتسمى هذه الجملة (صلة الموصول)، وهي إما فعلية أو اسمية وقد تكون شبه جملة والتي يجب أن تحوي ضميراًيعود على الاسم الموصول نَفسِهِ يُسمى عائداً.

والأسماء الموصولة قسمان: خاصة ومشتركة.

أ- **الأسماء الخاصة** وهي: الذي، التي،الذين،الألى، اللائي، اللاتي.

- وصل الذي نجا من الحادثة.

-الذي:اسم موصول مبني على السكون في محل رفع فاعل.

وهي للمفرد المذكر.

الذي يفعل الخير ينال الثواب: جملة يفعل (جملة فعلية) والعائد ضمير مستترتقديره هو، وكلمة الذي مبنية على السكون دائما في كل أحوالها، وتكون في محل رفع أو نصب أوجر، على حسب موقعها من الجملة.

-التي: وهي للمفردة المؤنثة مثل:(التي تتثقف تنفع نفسها)

جملة الصلة: تتثقف والعائد: ضمير مستتر تقديره هي:

وكلمة (التي) مبنية على السكون دائماً في كل أحوالها، وتكون في محل رفع، أو نصب، أو جر . على حسب موقعها من الجملة.

-اللذان: وهي للمثنى المذكر، مثل:

(اللذان يذاكران الدرس مجتهدان) جملة الصلة: مجتهدان، والعائد: الضمير المتصل ألف الاثنين.

-اللتان: وهي للمثنى المؤنث، مثل: (اللتان تقولان الحق صادقتان)

جملة الصلة: تقولان، والعائد الضمير المتصل بألف الاثنين.

-الذين:وهي لجمع الذكور مثل:

قوله تعالى: ((إِنَّ اللَّهَ يُدَافِعُ عَنِ الَّذِينَ آمَنُوا ۗ)) (الحج: ٣٨)

جملة الصلة: آمنوا، والعائد: الضميرالمتصل واو الجماعة، و(الذين) مبنية على الفتح دائماً في محل رفع، أو نصب، أو جر،على حسب موقعها من الجملة.

-<u>اللاتي أو اللائي</u>:

وهما لجمع الاناث، مثل: (اللاتي نجحن مجتهدات) جملة الصلة نجحن، والعائد: نون النسوة.

(اللائي هنّ معلمات مربيات) جملة الصلة: هنّ معلمات (جملة اسمية)، والعائد: هنَّ، و(اللاتي واللائي) مبنيتان على السكون في محل رفع أو نصب أو جر، على حسب موقعهما من الجملة.

ب- <u>الأسماء المشتركة</u>: هي التي تكون بلفظ واحد للجميع. فيشترك فيها المفرد والمثنى والجمع والمذكر والمؤنث.

وهي: (مَنْ، ما، وذا وأيُّ وذو)

-مَنْ: للعاقل، وتكون بصيغة واحدة للمذكر والمؤنث، ومع المفرد أو المثنى أو الجمع، ويفهم ما تدل عليه حسب جملة الصلة، مثل:

(احترمت من حفظ القرآن) بمعنى الذي، جملة الصلة: حفظ، والعائد: ضمير مستتر تقديره هو.

وتقول: (نجحَ مَنْ اجتهدَ ومن اجتهدت، ومَنْ اجتهدا، ومن اجتهدتا، ومن اجتهدوا، ومن اجتهدْنَ).

- ما: لغير العاقل وتكون بصيغة واحدة مع المذكر والمؤنث، ومع المفرد أو المثنى أو الجمع، ويفهم ما تدل عليه حسب جملة الصلة.

(يفعل الانسان ما ينفعه) بمعنى الذي، جملة الصلة: ينفع، والعائد: الضمير الهاء مفعول ينفع.

(أعجبني ما أضاء ت) بمعنى التي، جملة الصلة أضاءت، والعائد ضمير مستتر تقديره هي.

(أعجبني ما أضاءا) بمعنى اللذان، جملة الصلة: أضاءا، والعائد: ألف الاثنين.

(أعجبني ما أضاءتا من الشموع) بمعنى اللتان، جملة الصلة أضاءتا والعائد ألف الاثنين.

(رأيت من الخيل ما هـم أقوياء) بمعنى الـذين، جملـة الصـلة:هـم أقوياء،والعائـد الضمير (هم).

(أقطف من الأزهار ما ذبلن) بمعنى اللاتي، جملة الصلة: ذبلن، والعائد نون النسوة.

* - أمّا: (ذا وأيُّ وذُو) فتكون للعاقل وغيره.

☞ وصل الذي فاز في المسابقة

الذي: اسم موصول مبني على الفتح في محل رفع فاعل.

☞ شاهدت اللائي فُزن في المسابقة.

اللائي: اسم موصول مبني على السكون في محل نصب مفعول به.

☞ وصل اللذان فازا.

اللذان: فاعل مرفوع وعلامة رفعه الألف لأنه ملحق بالمثنى.

☞ جاء مَنْ نجح.

مَنْ: اسم موصول مبني على السكون في محل رفع فاعل.

☞ رأيت اللتين نجحتا:

اللتين: اسم موصول مفعول به منصوب، وعلامة نصبه الياء.

☞ رأيت اللائي نجحن.

اللائي: اسم موصول مبني على السكون في محل نصب مفعول به.

أسماء الأفعال

اسم الفعل كلمة تدل على ما يدل عليه الفعل، غيرأنها لا تقبل علامته. ويقسم اسم الفعل من حيث الصياغة إلى قسمين:

أ- السماعي وهو قسمان:

١- المرتجل، نحو: ((أفٍّ للبائس))، و(صهْ أيّها الكاذب))

٢- المنقول عن حرف جرّ أو ظرف، أو مصدر، نحو: ((إليكَ عنّي)) و((مكانك))،و((رويدك)).

ب- القياسي ، وهو الذي يصاغ من الفعل الثلاثي المتصرف التام على وزن ((فَعَالِ)) نحو: ((حَذار الكسل)).

وأسماء الأفعال مبنية لامحل لها من الإعراب،وهي تنقسم إلى ثلاثة أقسام:

١- اسم فعل ماض ٢- اسم فعل مضارع ٣- اسم فعل أمر.

(اسم الفعل الماضي)

كلمة تدل على ما يدل عليه الفعل الماضي، ولا تقبل أي علامة من علاماته. وقد ورد منه **(هيهات) أي:بَعُدَ،**

✍ نحو (هيهات العراق ومن بهِ)،

هيهات: اسم فعل ماض بمعنى بَعُد مبني على الفتح.

العراق: فاعل لهيهات مرفوع وعلامة رفعه الضمة الظاهرة على آخره.

ومَن: الواو حرف عطف،مَن:اسم بمعنى الذي مبني على السكون في محل رفع معطوف على العراق.

به: الباء حرف جرّوالهاء ضمير متصل مبني في محل جر بحرف الجر.

و(شتّانَ) أي: افترَقَ،

✍ نحو(شتان ما بين الثرى والثريا). شتان: اسم فعل ماض بمعنى افترق مبني على الفتح. ما: اسم موصول بمعنى الذي مبني في محل رفع فاعل. بين الثرى: بين ظرف مكان وهو مضاف والثرى مضاف إليه مجرور وعلامة جرّه الكسرة المقدرة على الآخر منع من ظهورها التعذر.

وسرعان أي: أسرَع ،

✍ نحو (سرعان ما حفظ الطالب القصيدة). سرعان: اسم فعل ماض بمعنى أسرع مبني على الفتح. ما: المصدرية وحفظ فعل ماض مبني على الفتح، والطالب فاعل مرفوع وعلامة رفعه الضمة.

(اسم الفعل المُضارع)

كلمة تدل على معنى الفعل المضارع ولا تقبل علاماته.

وقد ورد منهُ(أوَّه وآهِ): أي: (أتوَجّع) وأُفٍّ ،أي: أتَضجّر،و(قد،قط) (بس) بمعنى يكفي.

و(وا، واهاً ،ويْ)، أي: أتعجّب، و(بَخٍ)، أي أستحسنُ و(بجلْ) أي: يكفي، وأخْ بمعنى أتوجع.

✍ مثال: (آهِ من قطيعة الأرحام). (آهِ): اسم فعل مضارع مبني على الكسر بمعنى أتوجّع، والفاعل ضمير مستتر تقديره أنا. (أوَّهْ): اسم فعل مضارع مبني على السكون لا محل له من الإعراب والفاعل ضمير مستتر وجوباً تقديرهُ أنا. (أُفٍ):(أفٍ من هذا الجوّ الخانق) اسم فعل مضارع مبني على الكسرلامحل له

من الإعراب، والفاعل ضمير مستتر وجوباً تقديره أنا.
(وي): وي من سياقة الطائشين.وي: اسم فعل مضارع بمعنى(أتعجب)مبني على السكون والفاعل ضمير مستتر تقديره أنا.
(واهاً): واهاً من غدر الأصدقاء.واهاً: اسم فعل مضارع بمعنى (أتعجب) مبني على الفتح، والفاعل ضمير مستتر تقديرهُ أنا.
(قد)و(قط): اسم فعل مضارع مبني على السكون.
(أخ) لقد جرحت يدي.
(بس) ما فعلته بالأمس.

ملحوظة: يعمل اسم الفعل المضارع عمل الفعل الذي يقوم مقامه ويعبر عن معناه؛ فإذا كان الفعل لازماً اكتفى اسم فعله بالفاعل، وإذا كان متعديّاً تطلب مفعولاً به.
والخلاصة أنّ اسم الفعل هو كلمة تدل على فعل معين وتحمل معناه وزمنه وعمله، وهو لايسمى اسماً فقط، لأنه لا يدل على معنى في نفسه، كما لايسمى فعلاً لأنه لايقبل علامات الفعل، وغير مقترن بزمن

(اسم فعل الأمر)

كلمة تدل على ما يدل عليه فعل الأمر ولا تقبل علاماته.وهو الأكثر،

كأن تقول:
صهْ يا زياد. اسم فعل أمر مبني على السكون لامحل له من الإعراب، والفاعل ضمير مستتر وجوباً تقديرهُ أنتَ.
آمين (بمعنى استجب) اسم فعل أمر مبني على الفتح لامحل له من الإعراب، والفاعل ضمير مستتر وجوباً تقديره أنتَ.

وقد ورد منه:حيَّ على الصلاة (بمعنى أقبل) ومَهْ أي (انكفف)،وإليكَ وعليكَ ورويد أي (أمهل) دونك،وعندك،ولديك الكتاب أي (خُذْ) و(إليكَ عني) أي تنحَّ.....

*اسم الفعل، الأمر ومعناه:

صه: اسكت.	هاك : خذ.	عندك: خُذ
بلْه: دعْ	لديْك:خُذ	حيَّ: أقبِل.
هلمّ: تعال.	إيه : زِد. امضِ في حديثك	رويدك: تمهل.
هيّا: أسرع.	إليكَ: تنحّ.	مه: اكفف
عليك: الزم.. .	حذار: احذر.	تعال: أقبل
دونك: خُذ	وراءك: تأخر.	سماع : اسمع.
آمين: استجب.	مكانك:اثبت	أمامك: تقدّم

التمارين: نموذج في الإعراب:

هيهات الأمل إذا لم يسعدك العمل.
هيهات:اسم فعل ماض مبني على الفتح بمعنى(بعُدَ).
قرأت عائشة الرسالة وسرعان ما فهمتها.
سرعان : اسم فعل ماض مبني على الفتح بمعنى (أسرع).
والمصدر المؤول من ما والفعل في محل رفع فاعل.

التدريب: استخرج اسم الفعل من الآية الكريمة واعربه إعراباً تاماً.
١- قال تعالى:(هَيْهَاتَ هَيْهَاتَ لِمَا تُوعَدُونَ) (سورة المؤمنون: ٣٦)
٢- قال تعالى: (فَلَا تَقُلْ لَهُمَا أُفٍّ) (سورة الإسراء: ٢٣)
٣- قال تعالى:(فَمَهِّلِ الْكَافِرِينَ أَمْهِلْهُمْ رُوَيْدًا(١٧)) [سورة الطارق: ١٧]
٤- قال تعالى: (يَا أَيُّهَا الَّذِينَ آمَنُوا عَلَيْكُمْ أَنْفُسَكُمْ)[سورة المائدة: ١٠٥]

أسماء الاستفهام

إسم الاستفهام: هو اسمٌ مبهمٌ يُستَعلَمُ بهِ عن شيءٍ، نحو:مَنْ جاءَ؟كيفَ أنت؟.

كلّ الكلمات التي تستعمل في الاستفهام أسماء،فيما عدا كلمتين،هما:هل والهمزة فهما حرفان مبنيان لامحل لهما من الإعراب.

هل:ويُسأل بها عن مضمون الجملة، مثل:هل فهم التلميذ الدرسَ؟

والجواب يكون(نعم)في الإثبات و(لا) في النفي.

والهمزة،نحو: أ درستَ درسك اليوم؟والجواب(نعم) في الإثبات و(لا)في النفي،لأن السؤال هنا عن مضمون الجملة فالسائل يجهله.

ويُسأل بالهمزة لطلب التعيين إذا كان السائل يعرف مضمون الجملة فيكون الجواب بتعيين واحدٍ مما ذُكِرَفي السؤال، مثل: أصباحاً تُمارس الرياضة أم مساءً؟ فالجواب إمّا صباحاً أو مساءً.

* قد يأتي النفي عقب الهمزة، ويجاب عنها في تلك الحال بـ(بلى)في الإثبات، وبـ(كلا) في النفي.

مثل: ألم تشاهد البتراء؟ فإن شاهدتها تـُجيب: بلى،وإن لم تُشاهدها تُجيب(كلا).

أسماء الاستفهام: هي:

(مَنْ،ومَنْ ذا،وما، وماذا،ومتى،وأيّانَ،وأينَ،وكيفَ،وأنـّى،وكم،وأيٌّ).

وجميعها لها حق الصدارة في الجملة كأدوات الشرط.

أسماء الاستفهام كلها مبنية ما عدا كلمة واحدة وهي(أ ي) لأنها تُضاف إلى مفرد، وهي تفيد التعيين. فتقول:

أيّ رجلٍ جاء؟

أي : اسم استفهام مبتدأ مرفوع وعلامة رفعه الضمة الظاهرة وهو مضاف

رجلٍ : مضاف إليه مجرور وعلامة جره الكسرة الظاهرة.

جاءَ: فعل ماض مبني على الفتح، والفاعل ضمير مستتر جوازاً تقديرهُ هو.

والجملة من الفعل والفاعل في محل رفع خبر.

*(مَنْ ومَن ذا): يستفهم بهما عن (العاقل)، نحو:مَن فعلَ هذا؟ومَن ذا مسافر؟.
*(ما وماذا): يستفهمُ بهما عن غير العاقل،نحو: ما أو ماذا كتبت؟ماذا اشتريت؟
*(متى): ظرف يُستفهمُ به عن الزما نين: الماضي والمستقبل، نحو:متى أتيتَ؟ومتى تذهبُ؟، قال تعالى: ﴿مَتَىٰ نَصْرُ اللَّهِ﴾. (سورة البقرة،من الآية ٢١٤)

*(أينَ) ظرف يُستفهم بهِ عن المكان الذي حلَّ فيه الشيء. نحو:أين أخوكَ؟أين تتعلم؟.
*(أيّانَ) ظرف بمعنى الحين والوقت. ويُستفهمُ به عن الزمان المستقبل لاغير، نحو:(أيّان تُسافر؟) أي:في أي وقت سيكون سفرك ؟.
*(كيف):اسم يُستفهَم بهِ عن حالة الشيء، نحو: (كيف أنت؟).أي:على أيَّةِ حالة أنت؟
* (أنّى): تكون للإستفهام بمعنى كيف،نحو:(أنّى تفعلُ هذا وقد نُهيتَ عنه؟) وبمعنى (من أين)كقوله تعالى: (يا مريمُ أنّى لكِ هذا؟)أي من أين لك هذا؟
*(كم): يُستفهمُ بها عن عدد يُراد تعيينهُ، نحو: (كم طالباً في صفّك ؟.

✍اعراب:
✍- كم ساعة قرأت؟
كم: اسم استفهام مبني على السكون في محل نصب ظرف زمان (للفعل الآتي).
✍- أ- كيفَ كُنت؟
كيفَ: اسم استفهام مبني على الفتح في محل نصب خبر كان.
✍- ب- كيفَ جئت؟
كيفَ: اسم استفهام مبني على الفتح في محل نصب حال.
✍- متى السفر؟
متى: اسم استفهام مبني على السكون في محل نصب ظرف زمان، (وهو متعلِّق بمحذوف خبر مقدّم للمبتدأ المؤخر).
✍- ما هذا؟
ما: اسم استفهام مبني على السكون في محل رفع مبتدأ (واسم الإشارة خبر)

أسماء الشرط

الكلمات التي تُستعمل في الشرط إمّا حروف وإمّا أسماء.

* **الحروف هي:**

*حروف جازمة: (إن)(وإذما) (على خلاف في(إذما) كما ورد في (جامع الدروس العربية للشيخ مصطفى الغلاييني الجزء الثاني (صفحة ٢٠٣)

* حروف غير جازمة(لو،لولا، أمّا، لوما). وهي حروف مبنيّة على السكون لامحل لها من الإعراب.

***الأسماء هي:**

(مَن،ما،مهما،إذما،متى، أيّانَ،أينَ،أنّى،حيثما، كيفما،أيّ).

وهناك من يعتبر (إذما) حرف شرط كما ورد في (التطبيق النحوي للدكتور عبده الراجحي صفحة ٦٦)

وهنا ك مَن اعتبر (إذا) جازمة لفعلين، وقد تلحقها (ما) الزائدة للتوكيدفيقال: (إذا ما) كما ورد في جامع الدروس العربية للغلاييني صفحة ١٩٠ ج٢.

وجميع أسماء الشرط مبنيّةعدا(أيّ)فهي مُعربة.

وكلّها لها حق الصدارة في الجملة فلا يَعمل فيها ما قبلهاإلا ّحرف الجرّ والمضاف نحو:(بمن تذهبْ أذهبْ)و(غلامَ مَن تضرِبْ أضرِبْ).

يقوم الشرط على ثلاثة أركان:

أداة الشرط، فعل الشرط، جواب الشرط. وهي تُكوِّنُ ما يُسمى (أسلوب الشرط).

أ- أدوات الشرط الجازمة. ب- أدوات الشرط غير الجازمة.

الأدوات الجازمة:

إن: وهي حرف يجزم فعلين. وهناك مَن اعتبر(إذما) أيضا ًكما سبق ذكره.

أسماء تجزم فعلين مضارعين

(مَن - ما - مهما - متى - أين،أيان،حيثما،أنّى،كيفما،أي) الأوّل يُسمى فعل الشرط، والثاني يُسمى جواب الشرط.

- **إن**: حرف لربط جواب الشرط بفعل الشرط، مثل:

> قال تعالى:(إِنْ يَشَأْ يُذْهِبْكُمْ)[ابرهيم١٩]
> إن: حرف شرط مبني على السكون.
> يشأ:فعل مضارع مجزوم بالسكون،وهو فعل الشرط، والفاعل ضمير مستتر تقديرهُ هو.
> يُذهبْكم: (يذهبْ) فعل مضارع مجزوم بالسكون، وهو جواب الشرط، والفاعل ضمير مستتر تقديره هو، والكاف ضمير مبني في محل نصب مفعول به والميم للجمع.

- **مَن**: اسم شرط للعاقل،مثل:

> قوله تعالى:(مَنْ يَعْمَلْ سُوءًا يُجْزَ بِهِ)[النساء:١٢٣]
> من: اسم شرط جازم يجزم فعلين:فعل الشرط وجواب الشرط.
> يعملْ: فعل مضارع مجزوم، وعلامة جزمه السكون، وهو فعل الشرط، والفاعل ضمير مستتر تقديره هو.
> يُجزَ: فعل مضارع مجزوم، وعلامة جزمه حذف حرف العلة، وهو جواب الشرط، والفاعل ضمير مستتر تقديرهُ هو.
> بِهِ: الباء حرف جرّ. والهاء ضمير مبني على الكسر في محل جر.

- **ما- مهما**: اسمان لغير العاقل

(ماتفعلي من معروف تُجزي به).

(مهما تفعل من خير تلقَ الجزاء عند اللـه..)

* **متى**: اسم، وهي ظرف للزمان، مثل: (متى تأتهِ تجد خيراً)

*__أينَ__:أسم، وهي ظرف للمكان، مثل: (أينَ تذهبْ تشعرْ بالأمان)

* **كيفما**: للحال

*__حيثما__، **أنّى**:للمكان: حيثما يذهبْ يجدْ صديقاً.

* **أيّ**: للعاقل ولغير العاقل وللمكان وللزمان.

أدوات الشرط غير الجازمة:(لو،لولا،لوما،لمّا،كلـّما،إذا، أمّا)

- (لو) وتفيد امتناع الجواب لامتناع الشرط، نحو:
((لو تأنى العامل لنجح في عمله)).
- (لولا) و(لوما) تدلان على امتناع الجواب لوجود الشرط، نحو:
((لولا العلم لعمَّ الجهل))، و((لوما الطموح لفترت الهمم)).
- (لمّا) ظرف بمعنى ((حين)) ولا يليه إلا فعل ماضٍ نحو:
((لمّا عاد المهاجرُ فَرِحَ الأهلُ)).
- ((أمّا)) تفيد التفصيل، ويلزم جوابها الفاء، نحو:
((أمّا وجه المعروف فجميلٌ))

الأسماء: إذا: اسم شرط، ظرف لما يُستقبل من الزمان ولا يليه إلاّ الفعل، وإذا تلاهااسم يقدّر فعل محذوف.

نحو: إذا أراد الـلـه أمرًا يسّرَ أسبابه.

كلـّما: اسم شرط يفيد الزمان منصوب على الظرفية، وهو يفيد التكرارولا يليه إلا الفعل الماضي مثل:
كلـّما قويَ ساعدُنا ضعفَ ساعدُ العدو.

التمارين:

(١) دل على أدوات الشرط غير الجازمة فيما يلي:
- لمّا عدت إلى ضيعتي أحسن الناس استقبالي.
- كلما رأيت مسكيناً عطفت عليه.
- لوما التعب ما كانت الراحة.
- إذا هبّت النسمات تضوعت روائح الأزهار.

(٢) نموذج في الإعراب

مَنْ يدرسْ ينجحْ.

مَن: اسم شرط مبني على السكون في محل رفع مبتدأ.

✍مَن تحترمْ أحترمْهُ.

مَنْ: اسم شرط مبني على السكون في محل نصب مفعول به.

✍بمن تثق أثَق به.

بمن: الباء حرف جرومَنْ اسم شرط مبني على السكون في محل جرّ ومثل مَـنْ نعـربُ (ما ومهما).

✍إن زيدٌ جاءَ فأكرمه.

إن: حرف شرط مبني على السكون لامحل له من الإعراب.

زيدٌ: فاعل لفعل محذوف تقديره موجود.

✍أيّ رجلٍ يعملْ خيراً يجدْ جزاءه

أيّ : اسم شرط مرفوع بالضمة الظاهرة: مبتـدأ، وهـو مضـاف ورجـل مضـاف إليـه مجروربالكسرة الظاهرة.(وجملة الشرط هي الخبر)

✍ لولا الشمس لساد الظلام.

لولا: حرف امتناع لوجود مبني على السكون لامحل له من الاعراب.

الشمس:مبتدأ مرفوع،وعلامة رفعه الضمة لفظًا.وخبره محذوف تقديره (موجود).

لساد: اللام للتأكيد.((ساد)) فعل ماض مبني على الفتحة.

الظلام: فاعل مرفوع بالضمة لفظًا.

✍ **(٣)أعرب:**

١- مهما تعملْ يعلمْهُ الـلـه.

٢- حيثما يذهبْ يجدْ صديقاً.

٣- أيُّ رجل يعمل خيراً يجد جزاءه.

٤- لو احترمتَ الناسَ لآحترموكَ

. الشرط والجواب .

(يجب في الشرط أن يكون فعلاً خبرياً ،مُتصرفاً ،غير مُقترن ب(قد)، أو(لن)،أو (ما)النافية، أو السين أو سوفَ.

فإن وقع اسمٌ بعدأداة من أدوات الشرط فهناك فعلٌ مقدّر مثل: (وإن أحدٌ من المشركين استجارك فأجره)

والأصل في جواب الشرط أن يكون صالحاً أن يكون شرطاً كما هو في فعل الشرط،غير أنه قد يقع جواباً ما هو غير صالح لأن يكون شرطاً.

فيجب حينئذ اقترانه بالفاء لتربطه بالشرط، بسبب فقد المناسبة اللفظية حينئذ بينهما، وتكون الجملة جميعها في محل جزم على أنها جواب الشرط، وتسمى هذه الفاء(فاء الجواب)، لوقوعها في جواب الشرط.وتسمى فاء الربط لربطها الجواب بالشرط).

مواضع ربط الجواب بالشرط:يجب ربط جواب الشرط بالفاء في اثني عشر موضعاً:

١- أن يكون الجواب جملة اسمية:نحو.(وَإِنْ يَمْسَسْكَ بِخَيْرٍ فَهُوَ عَلَى كُلِّ شَيْءٍ قَدِيرٌ(١٧)) (الأنعام ١٧).

٢- أن يكون فعلاً جامداً، نحو: (إِنْ تَرَنِ أَنَا أَقَلَّ مِنْكَ مَالًا وَوَلَدًا (٣٩) فَعَسَى رَبِّي أَنْ يُؤْتِيَنِ خَيْرًا مِنْ جَنَّتِكَ). (الكهف ٣٩-٤٠)

٣- أن يكون فعلاً طلبياً،نحو (قُلْ إِنْ كُنْتُمْ تُحِبُّونَ اللَّهَ فَاتَّبِعُونِي يُحْبِبْكُمُ اللَّهُ) (آل عمران ٣١).

٤- أن يكون ماضياً لفظاً ومعنىً، وحينئذٍ يجب أن يكون مُقترناً بقد ظاهرة، نحو: (قَالُوا إِنْ يَسْرِقْ فَقَدْ سَرَقَ أَخٌ لَهُ مِنْ قَبْلُ ج). (يوسف،٧٧) أو مُقدّرة، نحو: (إِنْ كَانَ قَمِيصُهُ قُدَّ مِنْ قُبُلٍ فَصَدَقَتْ).(يوسف، ٢٦)

٥- أن يقترن بقدْ، نحو: (إن تذهبْ فقد أذهب)

٦- أن يقترن بما النافية، نحو(فَإِنْ تَوَلَّيْتُمْ فَمَا سَأَلْتُكُمْ مِنْ أَجْرٍ).(يونس،٧٢)

٧- أن يقترن(بلن)نحو(وَمَا يَفْعَلُوا مِنْ خَيْرٍ فَلَنْ يُكْفَرُوهُ).(آل عمران،١١٥)

٨- أن يقترن بالسين، نحو(وَمَنْ يَسْتَنْكِفْ عَنْ عِبَادَتِهِ وَيَسْتَكْبِرْ فَسَيَحْشُرُهُمْ إِلَيْهِ جَمِيعًا(١٧٢)). (النساء، ١٧٢)

٩- أن يقترن بسوفَ، نحو(وَإِنْ خِفْتُمْ عَيْلَةً فَسَوْفَ يُغْنِيكُمُ اللَّهُ مِنْ فَضْلِهِ). (من الآية ٢٨ من سورة التوبة)

١٠-أن يُصدَّر برُبَّ، نحو: (إن تحضر فربَّما أحضر)

١١- أن يُصَدَّر بكأنما، نحو:(أَنَّهُ مَنْ قَتَلَ نَفْسًا بِغَيْرِ نَفْسٍ أَوْ فَسَادٍ فِي الْأَرْضِ فَكَأَنَّمَا قَتَلَ النَّاسَ جَمِيعًا). (من الآية ٣٢ من سورة المائدة)

١٢- أن يُصدّر بأداة شرط،نحو: من يجاورك، فإن كان حَسن الخلق فتقرّب منه فإن كان الجواب صالحاً لأن يكون شرطاً فلا حاجة إلى ربطه بالفاء، لأن بينهما مناسبة لفظية تغني عن ربطه بهما.

حذف فعل الشرط:

يحذف فعل الشرط بعد إن المدغمة بلا النافية،

نحو: تكلم بخيروإلاَّ فاسكت.

تجمّل بالصبر وإلا تيأس.

حذف جواب الشرط:

قد يُحذف جواب الشرط إن دل عليه دليل، وذلك إذا كان الشرط ماضياً لفظا نحو:أنت فائز إن اجتهدت، أو مضارعاً مقترناً بلم نحو:أنت خاسر إن لم تجتهدْ.

. الأسماء المركبة .

تبنى الأسماء المركبة على فتح الجزئين وتعرب حسب موقعها من الجملة وهي:

أ- العدد المركب تركيباً مزجياً وهو من (١١ – ١٩) وما بينهما ما عدا العدد (١٢)حيث يُعرب اعراب المثنى.(إِنِّي رَأَيْتُ أَحَدَ عَشَرَ كَوْكَبًا)(سورة يوسف، أية٤): مفعول به مبني على فتح الجزئين في محل نصب. جاء أربعة عشَرَ طالباً: فاعل مبني على فتح الجزئين في محل رفع.سلمتُ على ست عشْرة طالبة: مبني على فتح الجزئين في محل جر .

ب- الظروف المركبة تركيباً مزجياً مثل: يوسف يأتينا صباح مساء: ظرف زمان مبني على فتح الجزئين في محل نصب. (يعمل الفلاح في حقله يوم يوم): ظرف زمان مبني على فتح الجزئين.

ج- الأحوال المركبة تركيباً مزجياً مثل: يوسف جاري بيت بيت: حال مبني على فتح الجزئين في محل نصب. دخل الطلابُ واحداً واحدا : حال مبني على فتح الجزئين في محل نصب.

العلم المركب

١- التركيب الاضافي: ويتركب من مضاف ومضاف اليه، مثل: عبد الله، سعد الله، ابو بكر.

٢- المركب الاسنادي:ويتركب من جملة فعلية، مثل: فتح الله،جاد الله.

٣- المركب المزجي:ويتركب من كلمتين حتى صارتا كالكلمة الواحدة، مثل: حضرموت بعلبك، سيبويه، طبرستان.

وفي هذه الاسماء يُعرب التركيب الاضافي باعراب الصدر فيه نحو:

✍ جاء عبد الله:

عبدُ: فاعل مرفوع وعلامة رفعه الضمة وهو مضاف ولفظ الجلالة مضاف اليه مجرور

✍جاد الله تاجر:

مبتدا مرفوع وعلامة رفعه الضمة المقدّرة على آخره للحكاية.

✍مررتُ بفتح الله التاجر:

اسم مجروروعلامة جره الكسرة المقدّرة على آخر الحكاية.

أما التركيب المزجي فإنه يُعرب بعلامة مقدرة ويعامل معاملة الممنوع من الصرف، ما عدا المختوم بـ(ويه) نحو:

✍سيبَوَيْه عالمٌ نحوي:

سيبويْه: مبتدأ مبني على الكسر في محل رفع.

✍شاهدتُ في بعلبك آثاراً قديمة:

بعلبك: اسم مجرور وعلامة جره الفتحة نيابة عن الكسرة لأنه ممنوع من الصرف.

والتركيب المزجي يمنع من الصرف دائماً فيرفع بالضمة وينصب ويجر بالفتحة، والتركيب الاضافي يُعرب الجزء الأول حسب موقعه أما الجزء الثاني فيُعرب مضافاً اليه والتركيب الاسنادي يُعرب اعرابه تقدير

. المعرفة والنكرة .

المعرفة: إسم دل على مُعيَّن. كعمرَ ودمشقَ وأنتَ.

النكرة:إسم دلَّ على غير معيّن (على عموم).كرجل وكتاب ومدينة.

المعارف سبعة أنواع:

١- الضمير: أنت، هو،أنتم. ٢- والعَلم : خالد،أحمد،محمد.

٣- واسم الإشارة: هذا،هؤلاء،ذلك. ٤-والإسم الموصول:الذي، التي،اللائي

٥- والإسم المقترن ب(أل): المدرسة، القلم، المعلم.

٦- والمضاف إلى معرفة: بابُ الدارجميلٌ.

٧- والمنادى المقصود بالنداء: يا رجلُ استقِمْ.

الآسم المعرّف بأل

الآسم النكرة إذا دخلت عليه أل التعريف، أصبح معرفة، مثل: مدرسة: المدرسة، قلم: القلم. وقد تُزاد الألف في بعض الأسماء فلا تُفيد التعريف، وزيادتها إمّا لازمة، كالداخلة على الأسماء الموصولة: كالذي والتي ونحوهما، لأن تعريف الموصول إنما هو بالصلة لا بأل على الأصح.أو كزيادتها في الأعلام الموضوعة من أوّل أمرها مقترنة بالألف واللام مثل: اليَسع، السموْأل وإمّا أن تكون زيادتها غير لازمة، كزيادتها في بعض الأعلام المنقولة عن أصلٍ لِلـمْح المعنى الأصلي، وذلك كالفضل والحارث واليمامة والرشيد.

المعرّف بالإضافة

الآسم النكرة إذا أضيفَ لمعرفة، اكتسب منه التعريف وأصبح معرفة نحو، سيارتي سريعة(سيّارة) أخذت التعريف من ياء المتكلّم، صحيفة الشاهد جريئة.(صحيفة) نكرة، أخذت التعريف من كلمة(الشاهد)،سيرة معاوية حميدة(سيرة)، كلمة سيرة نكرة وأخذت تعريفها من(مُعاوية).

المُعرّف بالنداء

الاسم النكرة يُصبح معرفة بالنداء، إذا كان نكرة مقصودة، نحو:يا مُسرعُ اتئد، يا مسرعان اتّئدا، يا مسرعون اتّئدوا،(مسرع،مسرعان،مسرعون)كل منها مُعرّفة بالنداء، لأنها نكرة مقصودة.

. المجرورات .

حروف الجرّ

هـاك حـروف الجـرّ، وهـي: مِـنْ، إلى، حتّى،خلا،حاشـا،عدا،في،عنْ،عَلى،مُذْ،مُنْـذُ، ربَّ،اللاّمُ،كيْ،واوٌ، وتا، والـكافُ، والباءُ، ولَعَـلَّ، ومَتى هذه الحروف العشرون كلّـها مختصةٌ بالأسماء،وهي تعمل فيها الجرّ.

(الأحرف:خلا،عدا،حاشا)،فالجرّعلى أنّها أحرفُ جرٍ شبيهةٌ بالزائـد،نحو:(جـاء القـومُ خلا علياً، أو عليٍّ)وهكذا في عدا وحاشا، فالنصبُ بخلا وعدا كثيرٌ، والجرّ بهما قليـلٌ، والجرّ بحاشا كثيرٌ والنصبُ بها قليل.

- إن حروف الجر منها ما يختص بالدخول على الاسم الظاهر، وهو(ربّ ومـذ ومنـذ وحتى والكاف وواو القسم وتاؤه ومتى) ومنها ما يدخل على الظاهر والمضمر، وهي البواقي.

معاني بعض حروف الجر

لكل حرف من حروف الجرمعنى أصلي أو حقيقي، وقد يخرج إلى معان أخرى،وذلـك على النحو الآتي:

أولا: من

١- تفيد ابتداء الغاية الزمانيةأو والمكانية.

خرجت من البيت قاصداً المدرسة.(ابتداء الغاية المكانية).

خرجتُ من السابعة صباحاً. (ابتداء الغاية الزما نية).

٢- بيان الجنس:

(وَيَلْبَسُونَ ثِيَابًا خُضْرًا مِنْ سُنْدُسٍ وَإِسْتَبْرَقٍ) (الكهف:من الآية ٣١).

(أَكَفَرْتَ بِالَّذِي خَلَقَكَ مِنْ تُرَابٍ ثُمَّ مِنْ نُطْفَةٍ ثُمَّ سَوَّاكَ رَجُلًا)(الكهف:٣٧).

لبست الفتاة ليلة زفافها خاتماً من اللؤلؤ.

٣- التبعيض:

وعلامتها أن تسد كلمة بعض مسد حرف الجر.

(وَمِنَ النَّاسِ مَنْ يَقُولُ آمَنَّا بِاللَّهِ)(البقرة: من الآية ٨).

(لَنْ تَنَالُوا الْبِرَّ حَتَّى تُنْفِقُوا مِمَّا تُحِبُّونَ) (آل عمران: من الآية ٩٢).

(وَمِنْ آيَاتِهِ أَنْ خَلَقَ لَكُمْ مِنْ أَنْفُسِكُمْ أَزْوَاجًا) (الروم: من الآية ٢١).

ادخر من غناك لفقرك.

(لاحظ أنك تستطيع استبدال حرف الجر (من) بكلمة بعض).

٤- البدل:

وعلامتها أن تسد كلمة (بدل) مسد حرف الجر.

(أَرَضِيتُمْ بِالْحَيَاةِ الدُّنْيَا مِنَ الْآخِرَةِ) (التوبة من الآية ٣٨)

٥- التعليل:

لم أحتمل البرد من شدّة برودته.

(مِمَّا خَطِيئَاتِهِمْ أُغْرِقُوا) (نوح من الآية: ٢٥) أي بسبب.

٦- زائدة للتوكيد: ويشترط لزيادتها أن تسبق بنفي أو نهي أو استفهام.

(أَنْ تَقُولُوا مَا جَاءَنَا مِنْ بَشِيرٍ وَلَا نَذِيرٍ) (المائدة: من الآية ١٩) (هَلْ يَرَاكُمْ مِنْ

أَحَدٍ) (التوبة: من الآية ١٢٧)، لاتهمل من دروسك.

٧- المجاوزة (عن):

(فَوَيْلٌ لِلْقَاسِيَةِ قُلُوبُهُمْ مِنْ ذِكْرِ اللَّهِ) (الزمر: من الآية ٢٢).عن ذكر الله.

٨- الاستعلاء (على):

(وَنَصَرْنَاهُ مِنَ الْقَوْمِ الَّذِينَ كَذَّبُوا بِآيَاتِنَا) (الأنبياء: الآية ٧٧) أي على القوم.

٩- الظرفية (في):

(مَاذَا خَلَقُوا مِنَ الْأَرْضِ) (فاطر: الآية ٤٠) أي في الأرض.

<u>ثانياً: إلى</u>

١- انتهاء الغاية الزمانية والمكانية:

صمت من الفجر إلى غروب الشمس،نمت إلى الظهر.

قرأت القصة إلى نهايتها،وصلت إلى جانب السور.

٢- المصاحبة (مع)

اجمع ثروتك إلى ثروة أبيك (مع ثروة أبيك).

٣-التبيين (عند) وتقع بعد اسم تفضيل أو فعل تعجب.

ما أبغض الكذب إلى المسلم.

<u>ثالثاً: عن</u>

١- المجاوزة (البعد) الحسي أو المعنوي:

أقلعت عن التدخين، رميت السهم عن القوس، تجاوز عن هفوات صديقك.

٢- البدل: تسلمت الجائزة عن أخي.(بدل أخي).

٣- التعليل: لم أفارق زملائي إلا عن ميعاد ينتظرني.(بسبب ميعاد)

٤- **بمعنى (بعد):**دع المتكبر فعن قليل سيندم (بعد قليل).

بمعنى (على):(وَمَنْ يَبْخَلْ فَإِنَّمَا يَبْخَلُ عَنْ نَفْسِهِ ج) (محمد: الآية٣٨).

<u>رابعا: على</u>

١-الاستعلاء الحقيقي أو المجازي:

(وعليها وعلى الفلك تحملون) (**المؤمنون: ٢٢**)

للوالدين على أبنائهم حقوق.

٢- التعليل:

يُعاقب المسيء على اساءته.(بسبب اساءته)

٣- **المصاحبة (مع):**

(وَيُطْعِمُونَ الطَّعَامَ عَلَى حُبِّهِ) (الانسان: من الآية ٨)

٤- **الظرفية (في):**

انتشر الأمن على عهد عمر – رضي اللـه عنه- (في عهد عمر).

حبذا السهر على ضوء القمر (في ضوءالقمر)

٥- **الإضراب (لكن):**

قد يفشل المرء على أنه لاييأس (لكنه).

خامسا: في

١- **الظرفية حقيقة أو مجازاً:**

(لَقَدْ كَانَ لَكُمْ فِي رَسُولِ اللَّهِ أُسْوَةٌ حَسَنَةٌ) (الأحزاب: الآية ٢١)

أقيمُ في مدينة الزرقاء منذ سنوات.

تعطل المدارس في حزيران.

٢- **التعليل:**

دخلت امرأة النار في هرّة حبستها(بسبب).

٣- **المقايسة (الموازنة):**

ما أنا في علم استاذي إلا قطرة في بحر(بالقياس لعلم استاذي).

٤- **المصاحبة (مع):**

(رَبِّ فَلَا تَجْعَلْنِي فِي الْقَوْمِ الظَّالِمِينَ(٩٤)) (المؤمنون: ٩٤).أي (مع القوم).

٥- **بمعنى إلى:**

(وَلَوْ شِئْنَا لَبَعَثْنَا فِي كُلِّ قَرْيَةٍ نَذِيرًا(٥١) (الفرقان: ٥١) (إلى كل قرية).

سادساً: الباء

١-الإلصاق الحقيقي أو المجازي:

أمسكتُ باللص.

(وَإِنْ عَاقَبْتُمْ فَعَاقِبُوا بِمِثْلِ مَا عُوقِبْتُمْ بِهِ) (النحل: من الآية ١٢٦)

٢-الاستعانة:

أعوذ بالله، بسم الله.

بريتُ بالمبراة.

٣- التعليل:

(فَكُلًّا أَخَذْنَا بِذَنْبِهِ) (العنكبوت: من الآية ٤٠)(بسبب ذنبه).

٤- التعدية (تعدية الفعل اللازم):

(ذَهَبَ اللَّهُ بِنُورِهِمْ) (البقرة: من الآية ١٧)

أي (أذهبَ نورَهم)، فالحدث وهو الذهاب وهو فعل لازم وقع على النور فصار الفعل متعدياً بالباء.

٥- زائدة للتوكيد:

تكثر زيادتها في خبر(ليس) و(ما):

(أَلَيْسَ الصُّبْحُ بِقَرِيبٍ(٨١)) (هود: من الآية ٨١)

(وَمَا رَبُّكَ بِظَلَّامٍ لِلْعَبِيدِ (٤٦)) (فصلت: من الآية٤٦).

كما تزاد بعد (كفى) وصيغة (أفعِل ب)

٦- الظرفية (بمعنى في):

(وَلَقَدْ نَصَرَكُمُ اللَّهُ بِبَدْرٍ) (آل عمران: من الآية ١٢٣) أي (في بدر)

أقمت في بدمشق عشرين سنة (في دمشق).

٧- البدل (العوض):

اشتريت الكتاب بخمسة دنانير(بدل خمسة).

خذ الدار بالفرس(بدل الفرس).

٨- المجاوزة (عن):

(فَاسْأَلْ بِهِ خَبِيرًا(٥٩)) (الفرقان: الآية٥٩) أي (عنه).

سابعاً: الكاف

١- التعليل:

(وَاذْكُرُوهُ كَمَا هَدَاكُمْ) (البقرة: من الآية ١٩٨) أي (بسبب هدايتكم)

٢- التوكيد (زائدة):

(لَيْسَ كَمِثْلِهِ شَيْءٌ) (الشورى: من الآية ١١)

٣- التشبيه: الجندي كالأسد.

٤- الاستعلاء (على): كن كما أنت (على الصورة التي أنت عليها).

ثامناً: اللام

١- الملك: الحمد لله، المنزل لي.

٢- الاختصاص: السجن للمجرم، السرج للحصان.

٣- التعليل: ذهبت إلى الحديقة للتنزه.

٤- بمعنى(إلى): صمت رمضان لآخره (إلى آخره).

تاسعاً: الواو: وتكون للقسم، نحو: و الله لأخدمنّ وطني.

عاشراً:التاء: وتكون للقسم ولا تستعمل إلاّ مع لفظ الجلالة نحو:تالله لن أفقدَ الأمل.

حادي عشر: رُبَّ: للتعليل وهي حرف جرّ شبيه بالزائد مثل:رُبَّ أخٍ لكَ لم تلدهُ أمّك.

ثاني عشر: حتى: تفيد انتهاء الغاية الزمانية أوالمكانية.

أ- قمنا الليل حتى مطلع الفجر.(زمانية)

ب- يمتد حوض نهر الأردن من جبل الشيخ حتى البحر الميّت(مكانية)

ثالث عشر: مُذْ ومنذ: وهما اسمان إذا وقع بعدهما فعـل، وحرفا جـرّ إذا وقع بعدهما اسم، وتكونان في الحالة الأخيرة لابتداء الغاية(أي بمعنى مِن) مثل: مـا رأيتـه مُذ أو منذ البارحةِ.

تدريب: بيّن معنى كل حرف من حروف الجر فيما يلي:

١- خالد كالأسد.

٢- سافرت من عمان إلى العقبة.

٣- نشرت الخشب بالمنشار.

٤- الملك لله.

٥- دع المتكبر فعن قليل سيندم.

٦- لا أفضلت في حسب عنّي.

٧- بكل تداوينا فلم يشف ما بنا على أنّ قرب الدار خير من البعد.

٨- (وَلَا تَأْكُلُوا أَمْوَالَهُمْ إِلَى أَمْوَالِكُمْ) (النساء من الآية ٢).

٩- أقيمُ في عمان منذ سنوات.

١٠ – (وَأُزْلِفَتِ الْجَنَّةُ لِلْمُتَّقِينَ(٩٠)) (الشعراء:٩٠)

. الإضافة .

الإضافة: هي نسبة بين اسمين، مثل: (غلام زيدٍ)و(سارقُ البيت).
ركنا الإضافة هم المضاف والمضاف إليه.مثل: (قلعة الكرك شاهدةٌ على التاريخ)
المضاف: قلعة . والمضاف إليه: الكرك .

تقسم الإضافة إلى قسمين: معنوية ولفظية

١- المعنوية: وهي ماتفيد تعريف المضاف أو تخصيصه وهي نسبة اسم إلى آخرعلى معنى حرف من حروف الجرّ(من، في، اللام) نحو: (غلامُ زيدٍ) أي غلامٌ لزيد. (درس المساء) أي (درسٌ في المساء) (خاتمُ ذهبٍ) أي(خاتم من ذهب) بخلاف اللفظية.

٢-**اللفظية:**هي اضافة الصفة إلى موصوفها نحو(سارق البيت)
وهي الإضافة التي لايكتسب فيها المضاف تعريفاً أو تخصيصاً، وإنما يكتسب أمراً لفظياً وهو تخفيف التنوين أو حذف النون من آخره إذا كان مثنى أو جمع مذكر سالماً.مثل:(يفوز كافلُ اليتيم بالجنة)
الإضافة حذفت تنوين كلمة كافل لأنها أصبحت مضافاً وجُرّت كلمة اليتيم لأنها أصبحت مضافاً إليه.
هل أعجبك معلمو المدرسة؟ حُذِفت نون جمع المذكر السالم (معلمون) لأنها وقعت مُضافاً.
(الفرق بين المعنوية واللفظية أنّ المعنوية تفيد التعريف والتخصيص واللفظية لا تفيد التعريف ولا التخصيص لكن تكون لمجرّد تخفيف اللفظ.

ويشترط في المضاف إضافة لفظية:

أن يكون اسماً مشتقا، كاسم الفاعل(كاتب)، وصيغة المبالغة (مِعطاء) والصفةالمشبهة(طيِّب)واسم المفعول(مُهذ ّب،مكتوب)

أقسام الفعل باعتبار زمنه

يقسم الفعل باعتبار زمنه الذي يحصل فيه إلى ثلاثة أقسام:

١-الفعل الماضي ٢- الفعل المضارع ٣- فعل الأمر

١-الفعل الماضي

هوكل فعل د لّ بنفسه على حصول عمل وقع في الزمن الماضي قبل بدء النطق به، نحو:(قرأ الطالب القصّة). فالقراءة حدث تم في الزمن الماضي،ويقبل الفعل الماضي دخول تاء التأنيث الساكنة عليه نحو:(أجادتْ فاطمة فنَّ التطريز) وتاء المتكلم نحو(كتبْت الشعرَ) وتاء المخاطب نحو:(أنتَ أجدتَ كتابة الشعر)والمخاطبة نحو: (أنتِ أجدت إلقاء القصيدة).

إنَّ الأصل في الفعل الماضي هو البناء، وهو يُبنى على:

أ- الفتح إذا لم يتصل به شيْ، مثل: كتبَ الطالبُ الدرسَ.

كتبَ: فعل ماض مبني على الفتح.

ويبقى مبنيّاً على الفتح إذا اتّصلت به:

تاء التأنيث الساكنة، مثل كتبَتْ الفتاة رسالة لوالدها.

أو ألف الاثنين مثل: دَرَسَا كتا بيْهما.

ب- السكون إذا اتصل به أحد ضمائر الرفع المتحركة وهي:

(تاء المتكلّم وتاء المخاطب أو المخاطبةأو نون النسوة) نحو: كتبْتُ رسالة لوالدي. هل أرسلْتَ لِي رسالة ؟(الأمهات سهِرْنَ على راحة أبنائِهن)،أو (نا) المتكلمين الدّالة على الفاعل).

نحو: (بدأْنا نتفهم المسألة) بدأْنا: فعل ماض مبني على السكون لاتصاله بضميرالمتكلمين (نا) ونا: ضمير متصل مبني في محل رفع فاعل.

ج – الضم إذا اتّصلت به واو الجماعة نحو: (المحامون حافظُوا على شرف المهنة)

حافظوا: فعل ماض مبني على الضم لاتصاله بواو الجماعة، وواو الجماعة ضمير متصل مبني في محل رفع فاعل.

✍إعراب:

✍كتبْتُ رسالةً.

كتبْتُ: فعل ماض مبني على السكون لاتصاله بضمير الرفع المتحرك،والتاء ضمير متصل مبني على الضم في محل رفع فاعل.

رسالة: مفعول به منصوب وعلامة نصبه الفتحة.

✍ فَهِمَت فاطمة الدرس بسرعةٍ.

فهمَت: فعل ماض مبني على الفتح، والتاء للتأ نيث حرف مبني على السكون لامحل له من الإعراب.

✍الطلابُ فهموا الدرسَ.

الطلاب :مبتدأ مرفوع وعلامة رفعه الضمة الظاهرة.

فهموا: فعل ماض مبني على الضم لاتصاله بواو الجماعة،

وواو الجماعة ضمير متصل مبني في محل رفع فاعل.

الدرسَ: مفعول به منصوب وعلامة نصبه الفتحة الظاهرة.

٢- الفعل المضارع

هو كل فعل يدل على حصول عمل في الزمن الحاضرأو المستقبل وفي حالة أن يكون للمستقبل نسبقه(بسين) أو(سوفَ) فنقول مثلا: سَنقرأ ، سوف نقرأ ،وهكذا، ونصوغه من الفعل الماضي بزيادة أحد حروف المضارعة في أوّلِه، وهي (الهمزة والنون والياء والتاء)، وتجمعها كلمة (نأتي)نحو) أَلعبُ الكرة مساءً) (نكتبُ دروسنا قبل أن ننام) (يفتحُ الولد البابَ) (أختي تُطالع الصحيفة صباحاً) (سأراجعُ دروسي غداً)

ويكون الفعل المضارع مرفوعا بالضمّة إذا لم يسبقه ناصب أو جازم. ويرفع المضارع بثبوت النون إذا كان من الأفعال الخمسة.

✍ المجاهدون يُكبِّرون فرحاً بالنصر.
يُكبِّرون:فعل مضارع مرفوع وعلامة رفعه ثبوت النون لأنه من الأفعال الخمسة والواو ضمير متصل مبني في محل رفع فاعل.

✍اعراب: لتنجَحانِّ أيّها المجدّان
(أصل هذا الفعل تنجحان + نون، فاجتمعت ثلاث نونات، نون الفعل هي علامة الاعراب في الأفعال الخمسة، ونون التوكيد الثقيلة التي هي نونان،فحذفت نون الفعل للتخفيف، ونقول في إعرابه:
فعل مضارع مرفوع بثبوت النون المحذوفة لالتقاء الأمثال، والألف ضميرمبني على السكون في محل رفع فاعل، والنون حرف توكيد مبني على الفتح لامحل له من الاعراب.)

✍ **نموذج في الإعراب:**
✍١ يحفظُ الطالبُ القصيدة :
يحفظُ: فعل مضارع مرفوع وعلامة رفعه الضمة.
الطالب: فاعل مرفوع وعلامة رفعه الضمة الظاهرة على آخره.
القصيدة : مفعول به منصوب وعلامة نصبه الفتحة.
✍٢- المطالعة تغذي العقل.
المطالعة: مبتدأ مرفوع
تغذي: فعل مضارع مرفوع وعلامة رفعه الضمة المقدّرة على الياء، منع من ظهورها الثقل والفاعل ضمير مستتر تقديره هي.
العقلِ: مفعول به منصوب وعلامة نصبه الفتحة (والجملة الفعلية في رفع خبر المبتدأ)
✍٣- يسمو الإنسانُ بإيمانه:
يسمو: فعل مضارع مرفوع، وعلامة رفعه الضمة المقدرة على الواو، منع من ظهورها الثقل.

✍ **أعرب:**
يشكر المعلم الطالب على إجابته .
يلقى المجتهدُ نتيجةَ اجتهادهِ.

نصب الفعل المضارع:

يُنصب الفعل المضارع إذا سبقه أحد أحرف النصب التالية:
لن،أن،كي،إذن،حتى،لام التعليل، فاء السببية،لام الجحود.
لن،نحو: لن أتخاذلَ في الدفاع عن الوطن.(ولن هي حرف نفي ونصب واستقبال)(للنفي في المستقبل).
أن، نحو:أبهجني أن تحضرَ حفلَ نجاحي.(وهي حرف ونصب واستقبال) ومعنى المصدرية أنها يمكن أن تؤول مع الفعل المضارع بعدها بمصدر.
كي: (للتعليل) نحو:انتبهْ كي تفهمَ خطبة الجمعة.(وهي حرف مصدرية ونصب واستقبال).
إذن: (تكون في جواب كلام قبلها) نحو:(بذلتُ جهداً في اللاستعداد- إذن،تتفوّقَ).(وهي حرف جواب وجزاء ونصب واستقبال)
حتى(للغاية أو للتعليل) نحو:(إذا عنّ لي سؤال أنتظر حتى يُكملَ المعلّمُ كلامَه).
لام التعليل، نحو: ذهب الرجلُ إلى السعوديةِ ليعملَ.
فاء السببية: (وهي تفيد أن ما قبلها سبب لما بعدها) وتكون مسبوقة بنفي أو طلب)والطلب يشمل الأمر والنهي والاستفهام)
نحو: كونوا يدًا واحدة فتفوزوا(تفوزوا: منصوب بحذف النون).
لام الجحود: (أي لام الانكار) وتسبق بفعل كان المنفي.
مثل: لم أكن لألهوَوالأمر جدّ (ألهوَ: فعل مضارع منصوب بالفتحة.
* يُنصَب الفعل المضارع بفتحة ظاهرةعلى آخره إذا كان:

* منتهيا بالواو أو الياء، نحو: (لَنْ نَدْعُوَ مِنْ دُونِهِ إِلَهًا). (الآية ١٤ من سورة الكهف)

ونحو: (على الطا لب أن يعتنيَ بنظافة مدرسته).

- إذا كان الفعل منتهياً بالألف فإنّهُ يُنصبُ بفتحةٍ مقدّرةٍ على آخره نحو: (إنَّ اللـه يُحبُ أنْ يرى أثر نعمته على عبده).

- ينصب الفعل المضارع بحذف النون إذا كان من الأفعال الخمسة.

مثل: الأعداء لن يربحوا الحرب إن شاء اللـه.

تمارين:

عيّن حرف النصب والفعل المضارع المنصوب وعلامة نصبه فيما يلي:

١-لأن يضعني الصدق، وقلّما يفعل، أحبُّ إليّ من أن يرفعني الكذب، وقلّما يفعل.

٢-إننا لن نحول عن عهد مصرَ أو ترونا في التربِ عظماً رميما. ((حافظ ابراهيم))

٣- قال تعالى: ((فَرَجَعْنَاكَ إِلَى أُمِّكَ كَيْ تَقَرَّ عَيْنُهَا)) (سورة طه: آية ٤٠)

٤- من اشترى مالا يحتاج إليه يوشكُ أن يبيعَ ما يحتاج إليه.

٥- قال تعالى:((وَلَا يَزَالُ الَّذِينَ كَفَرُوا فِي مِرْيَةٍ مِنْهُ حَتَّى تَأْتِيَهُمُ السَّاعَةُ)) (سورة الحج: آية ٥٥)

٦- قال تعالى((إِنَّا فَتَحْنَا لَكَ فَتْحًا مُبِينًا (١) لِيَغْفِرَ لَكَ اللَّهُ مَا تَقَدَّمَ مِنْ ذَنْبِكَ وَمَا تَأَخَّرَ)) (سورة الفتح: آية ١-٢).

٧- قيلَ لأعرابي: ما اسم المرق عندكم ؟قال: السَّخين.

قيل: فإذا برد؟ قال: لا ندَعه حتى يبرد.

اعراب:

ما أجملَ أن تردّ السلام أن: حرف مصدري ونصب. تردّ : فعل مضارع منصوب بأن وعلامة نصبه الفتحة الظاهرة على آخره، والفاعل ضمير مستتر تقديره أنت . (فَهَلْ لَنَا مِنْ شُفَعَاءَ فَيَشْفَعُوا لَنَا) (الأعراف ٥٣) فيشفعوا: الفاء فاء السببيّة. يشفعوا: فعل مضارع منصوب ب(أن المضمرة) بعد فاء السببيّة، وعلامة تصبه حذف النون، لأنه من الأفعال الخمسة. الواو: واوا الجماعة، ضمير متصل مبنيّ على السكون، في محل رفع فاعل.

أعرب ما تحته خط:

حضراللاعبونَ كي يلعبوا المباراةَ النهائية . لن نسْتسلِمَ لأعداءِ الوطن ((نحن قوم لا نأكل حتى نجوعَ)) (حديث شريف) يجب أن نتوحّدَ لنُعلِيَ من شأن أمتنا.

جزم الفعل المضارع:

يجزم الفعل المضارع إذا سبقه حرف من الحروف التالية:(لم،لمّا،لاالناهية،لام الأمر).

*علامة جزم الفعل المضارع الصحيح الآخر السكون.

يُجزم الفعل المضارع إذا سبقته إحدى أدوات الشرط الجازمة.

لم + لمّا:

ويشتركان في أن كلاً منهما حرف نفي مُختص بجزم مضارع واحد وبنفي معناه وقلب زمنه إلى الماضي

- (لم يكتبِ التلميذ الدرس) لم:حرف نفي وجزم وقلب.

يكتبْ: فعل مضارع مجزوم بلم،وعلامة جزمه السكون. وحرك بالكسر منعاً لإلتقاء الساكنين.

- انتظرنا الفرج ولمّا نفقدِ الأمل. كُسرالفعل المضارع (نفقد) منعاً من التقاء الساكنين.

- لاالناهية، نحو لاتتدخَّلْ في ما لا يَعنيك.

- لام الأمر،نحو قال تعالى: (لِيُنْفِقْ ذُو سَعَةٍ مِنْ سَعَتِهِ)[سورة الطلاق، الآية٧]

*** علامة جزم الفعل المضارع المعتلّ الآخر:**

يُجزم الفعل المضارع المعتلّ الآخربحذف حرف العِلّة من آخره إذاكان:

١- منتهياً بالياء،نحو:(بَرَد الطعام ولمّا يأتِ الضيوف) أصلها يأتي

٢- منتهياً بالواو،نحو: (لِتدعُ إلى الوفاق بين أصحابك) أصلها تدعو

٣- منتهياً بالألف،نحو(لاتنهَ عن خُلقٍ وتأ تيَ مثله).أصلها تنهى.

* الفعل المضارع إذا كان من الأفعال الخمسة يجزم بحذف النون من آخره،

مثل:الطلاب الكسالى لمْ ينجحوا في الامتحان.

لمْ: حرف نفي وجزم مبني على السكون لا محل له من الاعراب.

ينجحوا: فعل مضارع مجزوم بلم وعلامة جزمه حذف النون لأنه من الأفعال الخمسة.

الواو: واوا الجماعة ضمير متصل مبني على السكون في محل رفع فاعل

تمرين: عيّن الفعل المضارع المجزوم وعلامة جزمه فيما يلي:

١- لا ترجُ غير اللـه.

٢- إذا غضبَ أحدنا فليستعذْ بالله.

٣- ولم أرَ في عيوب الناس شيئا كنقص القادرين على التمام (المتنبي)

٤- إذا أردت أن تنفرد بسرّك فلا تودعه أحداً.
٥- قالوا: الدهرُ يومان:يومٌ لك ويومٌ عليك، فإن كان لك فلا تبطرْ،وإن كان عليك فلا تضجرْ.
٦- (من كان يؤمن بالله واليوم الآخر فليقل خيراً أو ليصمت).(حديث شريف)
٧- ولا تجزعْ لحادثة الليالي فما لحوادث الدنيا بقاءُ. ((الشافعي)).

نموذج في الإعراب:

وَمَنْ يَتَّقِ اللَّهَ يَجْعَلْ لَهُ مَخْرَجًا(٢) (سورة الطلاق، ٢)
مَنْ: اسم شرط جازم، مبني على السكون في محل رفع مبتدأ.
يَتّقِ: فعل مضارع مجزوم لأنه فعل الشرط، وعلامة جزمه حذف حرف العلة من آخره. والفاعل ضمير مستتر تقديره هو يعود على مَن.
اللـهَ: لفظ الجلالة، مفعول به منصوب،وعلامة نصبه الفتحة الظاهرة على آخره.
يجعلْ: فعل مضارع مجزوم، لأنه جواب الشرطوعلامة جزمه السكون الظاهرة على آخره والفاعل ضمير مستتر تقديره هو يعود على لفظ الجلالة اللـه.
له: اللام حرف جر لامحل له من الإعراب، والهاء: ضمير متصل مبنيّ على الضم في محل جرّ بحرف الجرّ.
مخرجاً: مفعول به منصوب وعلامة نصبه الفتحة الظاهرة على آخره، وجملة فعل الشرط وجوابه في محل رفع خبر المبتدأ.

لا تؤجل عمل اليوم إلى الغد.
لا: حرف نهي وجزم مبني لامحل له من الإعراب.
تؤجل: فعل مضارع مجزوم وعلامة جزمه السكون. والفاعل ضمير مستتر تقديره أنت.
عملَ:مفعول به منصوب وعلامة نصبه الفتحة الظاهرة على آخره.وهو مضاف.
اليومَ: مضاف إليه مجرور، وعلامة جرّه الكسرة الظاهرة على آخره.
إلى: حرف جر.
الغد: اسم مجرور بإلى، وعلامة جرّه الكسرة الظاهرة على آخره.

🖎 **أعرب ما تحته خط:**
لم ينجح الكسولُ.
لا ترجُ السماحة من بخيلٍ
لتلقَ المعتذر إليك بالابتسامةَ.
وصلت المدرسة ولمّا يصلْ أخي.

٣- فعل الأمر
هو كلُّ فعل يُطلب به حصول عمل في الزمن الحاضر أو المستقبَل.
نحو: (أكرمْ ضيفكَ)
ويقبل فعل الأمر دخول ياء المخاطبة عليه نحو: (سامحي من أساءَ إليك)

فعل الأمر فعل مبني، يبنى على:

أ- السكون إذا لم يتصل به شي ء أو اتصلت به نون النسوة، مثل:احترمْ معلمك. أقبلْنَ إيتها الطالبات،على العلم.
ب- حذف حرف العلّة من آخره إذا لم يتصل به شئ وكان مُعتلّ الآخر، مثل:- أيّها العربي احْمِ وطنك من كيد الأعداء.
ج- الفتح إذا اتّصلت به نون التوكيد الثقيلة أو الخفيفة، مثل: اصدقنَّ في شهادتك؛لأنّك مسؤول عنها أمام الله.
د- حذف النون من آخره إذا كان متّصلاً بألف الاثنين،أو واو الجماعة أو ياء المخاطبة. مثل: عودا أيّها الأخوين إلى التآلف. عودوا أيّها الأخوة إلى التآلف. عودي أيَّتها الأخت إلى التآلف.

🖎 **نماذج في الإعراب.**

🖎**استشر حكيماً**
استشرْ: فعل أمر مبني على السكون، والفاعل ضمير مستتر تقديره أنت.
حكيماً: مفعول به منصوب، وعلامة نصبه الفتحة الظاهرة.

☜ استغفروا ربّكم.

استغفروا: فعل أمر مبني على حذف النون لاتصاله بواو الجماعة

واوالجماعة: ضمير متصل مبني على السكون في محل رفع فاعل.

ربكم:مفعول به منصوب، وعلامة نصبه الفتحة الظاهرة على آخره وهو مضاف

والكاف: ضمير متصل مبني في محل جرّ مضاف إليه، والميم علامة الجمع.

☜ سَلْ ما بدا لك.

سل: فعل أمر مبني على السكون، والفاعل ضمير مستتر تقديره أنت.

ما: اسم موصول مبني على السكون في محل نصب مفعول به.

بدا:فعل ماض مبني على الفتح المُقدّر على الألف، والفاعل ضمير مستتر تقديره هو.

لك: جار ومجرور.

الفعل اللازم والفعل المتعدي

الفعل اللازم:هو الفعل الذي يكتفي بفاعله لتكوين جملة ذات معنى تام ولا يحتاج إلى مفعول به لإتمام معناه ولذلك يسمى أيضاً الفعل القاصرولا يقبل دخول ضمير النصب المتصل في آخره نحو: فاز المُجدُّ، نزلَ المطرُ، نهض النائم،تحسّن الجوّ .

ومن جهة الصيغ فيعرف اللازم بإحدى الصيغ الآتية بالأضافة لصيغ أخرى:

١- صيغة فعل – صعب – حَسن.

٢- صيغة انفعلَ مثل: انكسر – انطلق – انفتحَ.

٣- صيغة أفعل مثل: أغبر – أحمر- أصفر.

٤- صيغة افعال مثل: اشهاب.

٥- صيغة افعنلل مثل احرنجم .

٦- افتعلى مثل: احرنبى: يقال (احرنبى الديك أي انتفش للقتال)

الفعل المتعدي: هو الفعل الذي لايكتفي بالفاعل بل يحتاج إلى مفعـول بـه واحـد أو أكثرلإفـادة معنـى تـام وعلامتـه قبـول ضـمير النصـب في آخـره نحـو:(سـاعد مالـكٌ جارَهُ)،(جعل المعلم الدرسَ سهلا).

يتعدى الفعل اللازم إلى مفعول به واحد بزيادة:

أ- همزة في أوّله، نحو: نزل المطرُ: أنزلَ الـلـهُ المطرَ.

ب- تشديد الحرف الثاني منه، نحو: سَهُلت المسألةُ: سهَّلَ المعلمُ المسألة.

ج- زيادة الألف والسين والتاء على أوَّله، نحوعظم الأمرُ: استعظمتْ فاطمة الأمرَ.

د- زيادة الألف بعد الحرف الأول منه، نحو: رجعَ المسافرُ، راجع محمدٌ نفسَه في السفر.

- إذا زيـدت الهمـزة في أوّل الفعـل المتعـدي إلى مفعـول بـه واحـد أو ضـعِّف الحرف الثاني منـه يصـبح مُتعـدياً لمفعـولين اثنـين. (قـرأ خالـدٌ القصـةَ):(أقـرأ خالـدٌ صديقَـهُ القصّـةَ).

* هناك أفعال متعدية تنصب مفعولين ليس أصـلهما مبتـدأ وخـبر وتسـمى (أفعـال العطاء)لأنها بمعنى أعطى،ومن هذه الأفعال: أعطى،منح، كسا،ألبسَ أطعمَ، منع.

أمثلة: أعطى الغني الفقيرَ دينارا.

منحت الجامعة الطالبَ شهادةَ تقديرٍ.

كسوت الفقير ثوبا.

منع رجل الأمن اللصَ السطوَ على المنزل.

ألبس الضابط الجنديَّ وساماً.

- لاحظ أنّ المفعولين لا يُكوِّنان جملة اسمية.

* هناك أفعال تنصب مفعولين أصلهما مبتدأ وخبروتنقسم بحسب المعنى الذي تفيده إلى ثلاثة أقسام:

١- أفعال اليقين: وهي أفعال تدرك بالعقل ومعانيها قائمة في القلب ومنها: (رأى،علمَ، وجدَ، ألفى، درى). وكلها بمعنى (اعتقد).

أمثلة: رأيتُ اللـهَ أكبرَ كلِّ شيءٍ.
درى الطالبُ المسألةَ سهلةً.
وجدتُ الصدقَ فضيلة.
ألفى المعلمُ قولَ الطالبِ صوابا.
(لاحظ أن هذه الأفعال إن خرجت عن معنى الاعتقادأخذت مفعولاً واحداً)
مثل: رأيت المعلمَ (أبصرتُ) وجد الطالب الحقيبة (لقي)
٢- أفعال الظن أو الشك أو الرجحان، أي ترجيح وقوع الحد ث ومنها:
(ظنّ، حسِبَ، خالَ،زعم، عدَّ، هبَّ). وكلها بمعنى الظن.
أمثلة:
ظننتُ المسألةَ صعبةً.
خال الظمآن السرابَ ماءً.
يحسبُ المرء المالَ سعادةً.
زعمَ اليهودُ فلسطينَ وطنهم.
عدّ الأمرَ سهلاً.
٣- -أفعال التحويل: التحول من حالة إلى حالة ومنها:
(صيّر،ترك، جعلَ، اتّخذ)
أمثلة:
صيّرتُ الطحينَ خبزاً، ترك الزلزال المدينة خراباً،
يجعل اللـه عمل الكافر هباءً، اتّخذتُ الصديقَ أخاً.
*أعلم وأرى وأنبأ ونبّأوأخبر وخبّر وحدّ ث، أفعال تتعدى إلى ثلاثة مفاعيل.
مثل:
أرى المعلمُ الطلابَ الحلَّ واضحاً.
أعلمت صديقيَ الخبرَصحيحاً.
أنبأتُ أمي الخبر كاذباً.
نبأت المعلم الخبرَ صحيحا... وهكذا.

♦ تمرين(١)

حوّل الأفعال اللازمة إلى أفعال متعدية،وأجر ما يلزم من تغيير على هذه الجمل.

١- طار العصفورُ.   ٢- قَبُحَ الظلمُ.

٣- وقفت الحافلة.   ٤- سال الماء.

٥- صدق نزار.

♦ نموذج في الإعراب:

♦ نزلَ المطرُ ونمت المزروعاتُ.

نزل: فعل ماض مبني على الفتح.

المطرُ: فاعل مرفوع وعلامة رفعه الضمة الظاهرة على آخره.

الواو: حرف عطف.

نمَت: فعل ماض مبني على الفتح. وتاء التأنيث حرف مبني لا محل له من الإعراب.

المزروعات: فاعل مرفوع وعلامة رفعه الضمة الظاهرة على آخره

♦ ظنّ الرجل السراب ماءً.

ظنّ: فعل ماض مبني على الفتح يأخذ مفعولين.

الرجلُ: فاعل مرفوع وعلامة رفعه الضمة.

السرابَ: مفعول به أوّل منصوب وعلامة نصبه الفتحة.

ماءً: مفعول به ثان منصوب وعلامة نصبه الفتحة.

♦ أعرب:

يفوز المجتهدُ.

وهبَ اللـه الإنسان عقلاً.

. المعلوم والمجهول .

إذا علمنا من الذي أحدث الفعل أو قام به ولم نقم بحذف الفاعل لسبب من الأسباب -لإننا نذكر الفعل على صورته التي وردت في اللغة ويسمى الفعل حينئذ مبنياً للمعلوم مثل: (فهم الطالب الدرسَ)أمّا إذا كنا لانعرف من الذي أحدث الفعل أوكنا نعرفه ولكننا نريد حذفه لهدف من الأهداف كما سنرى لاحقاً فإننا حينئذ ننسب الفعل إلى المفعول به أو الظرف أو الجار والمجرور أوالمصدر ويشترط في اسناد الفعل إلى الظرف أن يكون متصرفاً مُختصاً بوصف ونحوه مثل: صيمَ رمضانُ، كُسرَ الزجاجُ.

<u>ينقسم الفعل باعتبار فاعله إلى معلوم ومجهول.</u>

فالفعل المعلوم: ما ذُكِرَ فاعلهُ في الكلام نحو: (برى التلميذُ قلماً).

والفعل المجهول: ما لم يُذكر فاعلهُ في الكلام وجُعِلَ المفعول به نائباً عنه، نحو:(بُرِيَ القَلَمُ) ويحذفُ الفاعل في المبني للمجهولً لغرض من الأغراض:إما رغبة في للإيجازأو الإبهام،اعتماداً على ذكاء السامع، أو للعلم به،وإمّا للجهل به،وإمّا للخوف عليه أو منه، وإمّا لتحقيره... وأمور أُخرى.

. **فائدة-** المجهول يختصُّ بالفعل المتعدّي أو بالواسطة،نحو:(مُرَّ بزيدٍ ولا يأتي من اللازم إذ لامفعول له لِيُسند إليه ولا يكون منهُ أمرٌ بل ماضٍ ومضارعٍ لاغير.

يبنى المجهول من المتعدّي المعلوم:

* فإذا صيغَ من الماضي يُكسر ما قبل الآخر ويُضم كل مُتَحرك قبله،

نحو: أكلَ الرجل الطعام (أُكِلَ الطعامُ) واستخرجَ الأردنّ النفط (اسْتُخرِجَ النفط)

لاحظ أن الفاعل تم حذفه وحلّ مكانه <u>المفعول به</u> الذي أصبح <u>نائباً للفاعل</u>.

* إذا صِيغَ من المُضارع يُفتح ما قبل آخره ويُضم حرف المضارعة مُطلقاً،

نحو:(يُؤكَلُ)و (يُستخرَجُ).

* إذا كان الفعل متعدياً لأكثر من مفعول، ثم بُني للمجهول ناب المفعول الأول مكان الفاعل وبقي ماعداهُ منصوباً مثل: أُعلِمَ عَليٌّ اليأسَ مُضراً.

تدريب

ابن الأفعال الآتية للمجهول: كتبَ خالدٌ الدرسَ - كُتِبَ الدرسُ. يبيع المسافرُ الأثاث - بِيعَ الأثاثُ.

تدريب: (١)

ابن الأفعال الآتية للمجهول وضعها في جملة مفيدة: خاصمَ، جاء، يستغيثُ، شدّ.

تدريب:(٢)

استخرج الأفعال المبنية للمحهول والمبنية للمعلوم فيما يأتي: (وَقِيلَ يَا أَرْضُ ابْلَعِي مَاءَكِ وَيَا سَمَاءُ أَقْلِعِي وَغِيضَ الْمَاءُ وَقُضِيَ الْأَمْرُ وَاسْتَوَتْ عَلَى الْجُودِيِّ). (سورة هود، ٤٤) (تَبَارَكَ الَّذِي بِيَدِهِ الْمُلْكُ وَهُوَ عَلَى كُلِّ شَيْءٍ قَدِيرٌ (١) الَّذِي خَلَقَ الْمَوْتَ وَالْحَيَاةَ لِيَبْلُوَكُمْ أَيُّكُمْ أَحْسَنُ عَمَلًا وَهُوَ الْعَزِيزُ الْغَفُورُ(٢))(سورة الملك:١، ٢).

. توكيد الفعل.

يكون الفعل مؤكداً متى لحقته نون التوكيد ثقبلة كانت أم خفيفة نحو (ليَبتهجنَّ ولَيَفرَحَنْ).

*(إنّ الغاية من إلحاق نون التوكيد بالفعل إظهار عزم المتكلّم على إتيانه بلا تردد، والتوكيد بنون التوكيد الثقيلة أشدّ منه بالخفيفة لأن زيادة البناء تد ل على زيادة المعنى غالباً)

التوكيد بالنون

١- الفعل الماضي:إنّ النون لا تلحق الماضي مُطلقاً وهذا يعني أنه يمتنع توكيد الفعل الماضي بالنون.

٢- فعل الأمر: يجوز دخول النون على الأمر بدون شرط وهذا يعني جواز توكيد بالنون، نحو: اصنع المعروف: اصنَعَنَّ المعروف.

الفعل المضارع:

* يجب توكيد الفعل المضارع عندما يقع جواباً لقَسَم وكان القسم مثبتا أصلاً وغير مفصول عن لامه بفاصل مثل (و الله لأقومنَّ بواجبي).

* يجوز توكيد المضارع عندما يتعيّن للاستقبال ويكون ذلك في سبعة مواضع:

- بعد الاستفهام نحو(هل تذهَبنَّ ؟)
- بعد النهي نحو(لا تتهاونَنَّ في الحق)
- بعد الترجّي نحو(لعلّك ترفَقَنَّ بي)
- بعد العرض أي الطلب بلين نحو (ألا تجودَنَّ بمقابلتك)
- بعد التحضيض أي الطلب بعنف نحو(هلا تُجاهِدَنَّ)
- بعد التمني نحو:(ليتك تحْفَظَنَّ القرآنَ).
- بعد النفي نحو:(أحب الحق ولا أقبلنْ البا طل)

وبعد إمّا، نحو: (إمّا تُسافِرَنَّ تتعلَم)

- ا - يمتنع توكيد المضارع إذا كان جواباً لقسم ولم يستوفِ شروط وجوب التوكيد. مثل (وحقـِّك لَسوْف أخدمُ الوطن) و(وأبيكَ لا يفْلَحُ المُسْتهترُ).
ب- أن يكون للحال، نحو(و الله لتذهبُ الآن)

طريقة توكيد الأفعال:

إذ خلا الفعل من واو الجماعة أو ياءالمخاطبةأو ألف الآثنين أو نون النسوة يُفتح آخره عند توكيده بالنون مثل:

أ- الصحيح الآخر:هو يدرسُ، هي تدرُسُ،أنت تدرسُ، أنا أدرُسُ،نحنُ ندرُسُ، ليدرُسَنَّ، لَتَدرسَنَّ، لأدرُسَنَّ،لندرُسَنَّ.

ب -المعتل الآخر با لياء، هو يرمي،هي ترمي،أنت ترمي أنا أرمي، نحن نرمي، ليرمِيَنَّ، لترمِينَّ،لأرمِيَنَّ،لنرمِينَّ.

ج- المعتل الآخر بالألف:هو يسعى، هي تسعى،أنت تسعى،أنا أسعى،نحن نسعى،ليسعيَنَّ لتسعينَ، لأسعيَنَّ،لنسعيَنَّ.

د- المعتل الآخر بالواو:هو يسهو، هي تسهو، أنت تسهو،أنا أسهو، نحن نسهو، ليسهوَنَّ، لتسهونَّ،لأسهونَّ، لنسهونَّ.

* إذا أُسند الفعل إلى ألف اثنين تُكسر نون التوكيد بعدها وتحذف نون الاعراب نحو (هلاّ تصطلحان)

- إذااسند الفعل إلى واو الجماعة تُحذ ف مع نون الاعراب ويبقى الآخر على ما كان له من الحركة نحو (لِينصُرُنَّ وانصُرُنَّ ولا تنصُرُنَّ) ولا يخرج عن ذلك سوى الناقص المفتوح العين فتثبت فيه واو الجماعة نحو (هل تَرْضَوُنَّ الهوان ؟)

* إذا أسند الفعل إلى نون النسوة زيدت ألف بين النونين وكُسِرت نون التوكيد نحو (لِينْصُرْنانّ ولِيدْعُوْنانّ)

*إذا اسند الفعل إلى ياء المخاطبة تُحذف مع نون الاعراب ويبقى الآخر على ما كان له قبل الحركة نحو (لا تَنْصُرِنَّ) ولا يخرج على ذلك سوى النا قص المفتوح العين فتثبت فيه ياء المخاطبة مكسورة نحو (ألا تسْعينَّ)

* مثال على توكيد الأمر

أنصُرَنَّ، أُنصُرانّ، أنصُرُنَّ، أنصُرِنَّ، أُنصُرانّ ، أنصُرنَان .

- الفعل المضارع المجزوم بحذف آخره،وفعل الأمرالمبني على حذف آخره يُرد إليه المحذوف إذا كان واواً أو ياءً ثم فتحة أمّا إذا كان المحذوف ألفاً تُقلب ياء وتفتح.

- مثال المضارع: لا ترم : لاترمينّ، لا تسعَ: لاتسعيَنَّ.

- مثال الأمر: ارم : ارمينَّ، اسعَ: اسْعَينَّ، ادعُ: ادعوُنَّ.

المُخاطبيْنِ والمُخاطبتيْنِ والمخاطبات (اعْلُوَا،اعْلُوَا، اعْلُوْنَ).

وإن كان آخره ألِفاً (نهى، ينهى)حُذفت عند إسناده إلى ضميرالمخاطب(انْهَ) وواو الجماعة (انْهَوْا) وياء المخاطبة (انْهَيْ) ورُدّت إلى أصلها وثبتت عند إسناده إلى ضمير المخاطبيْن أو المُخاطبتيْن والمخاطبات (انْهَيا،انْهَيَا، انْهَيْنَ).

وإن كان آخره ياء (جرى،يجري) حُذفت عند إسناده إلى ضمير المخاطب (اجْرِ) وواو الجماعة (اجْروْا) ويا المخاطبة (اجْري)، وثبتت عند إسناده إلى ضمير المخاطبيْن أو المخاطبتيْن والمخاطبات (اجْرِيا،اجْريا، اجْرِيْن).

. الصحيح والمعتـلّ .

١-**الفِعْلُ الصَّحيحُ:**

هوَما كانت جميعُ حروفِهِ الأصليةِ صحيحةً، قد خَلَت من حُروف العلـّة،

وهوَ ثلاثة أنواع:

أ- السالم وهوَ ما كان خالياً من العلة و الهمزة ، ومِنَ التـّضعيف. نحـو: نضجَ الطعامُ.

ب- المهمـوز وهـو مـا كـان أحـدُ حروفِـهِ الأصليَّة همـزةً، نحـو: سألت **الطالبـة** المعلمةَ سؤالاً .

ج- المضعَّف وهو ما كان حرفاه الثّاني والثّالث من جنسٍ واحدٍ .نحو:هبَّ الجـيشُ للدفاع عن الوَطَن.

الفعلُ المُعتلُّ وأقسامه:

هوَ ما كانَ حرفٌ أو أكثرمن حُروفِهِ الأصليَّة حَرْفَ عِلـّة. وحروف العلـة هـي (الألـف والواو والياء)مثل: (وعدَ وقالَ ورمى).

وهوأربعةُ أقسام: مثالٌ،وأجوفٌ، وناقصٌ، ولفيفٌ.

- فيما سيتبع :،

(نقصد بفاء الفعل، الحرف الأوَّل منه الذي يُقابل حرف الفاء في (فَعَلَ)،وعـين الفعـل الحرف الثاني الذي يقابـل حـرفَ العـين في (فَعَـلَ) ولام الفعـل الحـرف الأخيرالـذي يُقابل حرف اللام في(فَعَلَ).

أقسام الفعل المعتلّ:

١- المثال:ما كانت فاؤهُ حرفَ علـّة (أي الحرف الأول)،: مثل: وَعَدَ،وَرِثَ.

٢- الأجوف: ما كانت عينه حرف عِلـّه،مثل: قالَ، باع .

٣- والناقص: ما كانت لامه حرف علـّة،مثل: رضِيَ، رمى.

٤- اللفيف: ما كان فيه حرفان من أحرُفِ العلـّةِ أصليان، نحو: (طوى،وفى).

وهو قسمان:لفيفٌ مقرونٌ، ولفيفٌ مفروق.

فاللفيف المقرون: ما كان حرفا العلـَّة فيهِ مُجتمعيْن ،نحو:(طوى،نوى).
واللفيفُ المفروقُ: ما كان حرفا العلـةِ فيه مفترقيْن (أي يفصل بينهما حـرف صـحيحِ، نحو:) وفى،وقى).
ويُعرف الصحيحُ والمعتلّ مُنَ الأفعال - في المضارع والأمر والمزيد فيه - بالرجوع إلى الماضي المجرَّد.

أحكام الفعل المعتل:

١- إذا كان المثال واوياً مكسور العين في المضارع تحذف فاؤهُ في المضارع والأمر، نحو: (وعدَ - يعِدُ -عُدْ).
٢- إذا اسند الماضي الأجوف إلى ضمير رفع متحرك، ضُمت فاؤه إذا كان مضارعه على وزن(يَفعُل)، وكُسرت إذا كان مضارعه مكسور العين أو مفتوحها، نحو:(جالَ - جُلْتُ) و (مالَ - ملـْتُ) و (نام - نِمتُ).
٣- إذا أُسند الناقص اليائي أو الواوي إلى غير الواو أو ياء المخاطبة لا يحدث فيه تغيير، نحو: (خَشيتُ)و (تخشيان) و(تسموان).
٤- ترد الألف إلى إلى أصلها في الماضي الثلاثي الناقص المسند إلى غير الواو ,إن زاد على ثلاثة أحرف قـُلِبت الألف ياء، نحو: مشيتُ، شكوتُ، استدعيْتُ.
٥- إذا اتصلت تاء التأنيث بالماضي الناقص الذي آخره ألفٌ حُذفت ألفه، نحو: (رعَتِ الماشية العشب).
٦- إذا أُسند الناقص الماضي أو المضارع إلى واو الجماعة، أو المضارع إلى ياء المخاطبة حُذف حرف العلة وبقيت الفتحة قبل الواوأو الياءإذا كان المحذوف الفاً، وضُمَّ ما قبلَ الواو، وكُسِرَ ماقبل الياء إذا لم يكن ألِفا، نحو: (هم قضَوا) و (أنتم تسْعوْنَ) و(أنتِ تسْعيْنَ)و(أنتم تمْشُونَ) و(أنتِ تمشِينَ)
٧- إذا اسند المضارع الناقص الذي آخره ألفٌ إلى ألف الاثنين أو نون النسوة قلبت ألفهُ ياءً،نحو: (أنتما ترْضيانِ) و(أنتنَّ ترضيْنَ).وكذلك الأمر الناقص.

✍ **تدريب نموذجي**:ربيّن الصحيح والمعتل فيما يأتي وبيّن نوعه:

قال تعالى:(أَوْفُوا الْكَيْلَ وَلَا تَكُونُوا مِنَ الْمُخْسِرِينَ (١٨١) وَزِنُوا بِالْقِسْطَاسِ الْمُسْتَقِيمِ (١٨٢) وَلَا تَبْخَسُوا النَّاسَ أَشْيَاءَهُمْ وَلَا تَعْثَوْا فِي الْأَرْضِ مُفْسِدِينَ) (الشعراء١٨١-١٨٣)

الإجابة:

قال: فعل ماض أجوف - تعالى: مجرّده (علا) فعل ناقص

أوفى: مجرّده وفى لفيف مفروق (معتل)

تكونوا: مجرّده الماضي كان أجوف (معتل)

وزنوا: مجرّده الماضي وزن مثال (معتلّ)

لاتبخسو: مجرّده الماضي بخسَ صحيح سالم

ولا تعثوا: مجرّده الماضي عثى معتل ناقص.

✍ **تمرين (١)**: ميّز الأفعال الصحيحة من المعتلة فيما يلي:

وصف تلميذ كتابه،فقال:(لي كتاب هو أنيسي في وحشتي، إن دعوته دنا، وإن سألته شفى وكفى، لا يضنّ إذا ضنّ الزمان،ولا يجفو إذا جفا الخلانّ،يرد المخطىءإذا نأى عن الصواب، ويهدي الحيران إذا حاد عن السّداد،إن وعد أنجز، وإن عاهد وفى،حوى أخبارالماضين، وروى أحاديث الأولين.

✍ **تمرين(٢)**: عيّن الفعل الصحيح فيما يلي، وبيّن نوعه:

١-المواطن الصالح يحب وطنه ويعمل على رفع شأنه.

٢-أمرنا اللـه بالإحسان إلى الوالديْن.

٣- ورد في الحديث الشريف: ((لاتـُبَرِّدوا عن الظالم))؛ أي لاتخفّفواعقوبة المذنب بشتمه والدعاء عليه.

٤- يُقال تجلجَلَ القومُ للسَّفر؛أي تحرَّكوا له.

✍ **تمرين (٣): حوّل الفعل الماضي المعتل إلى مضارع وبيّن سبب التغيير فيما يلي:**

وقـَفَ، وجِلَ

✍ **تمرين (٤): بين سبب التغيير فيما يلي:**

استدعيْتُ، رعَتْ، بكيتُ.

الجملة وشبه الجملة .

الجملة هي ميدان علم النحو،والجملة العربية نوعان لا ثا لـث لهـما؛ جملة اسـمية وجملة فعلية.

١- الجملة الاسمية:

هي كل جملة تبتديء باسم.

وللجملة الاسمية ركنان أساسيا ن متلازمـان تلازمـا مطلقـا،هما: المبتـدأ والخبر،،نحو:
اللـهُ أكبرُ. السماءُ صافيةٌ.المؤمن   فائزٌ.

المبتدأ .

هو الاسم الذي يقع في أول الجملـة،لكي نحكـم عليـه بحكـم مـا وهـو المسـند إليه وأساس الجملة الذي يدور حوله الحديث،وسـمي المبتـدأ مبتـدأ لأنـه يقع في بدايـة الجملة الاسميّة.

<u>أنواع المبتدأ:</u>

يكون المبتدأ واحداً مما يلي: -

أ-   اسماً ظاهراً، نحو:(<u>العربية</u> لغة القرآن).

ب- اسم إشارة، نحو: (<u>هذا</u> الجبل مرتفعٌ).

ج- اسماً موصولاً، نحو: (<u>الذي</u> يكذ ب منافقٌ).

د - ضميراً، نحو: (<u>هي</u> تُحبُّ أولادها).

هـ - اسم استفهام، نحو: (<u>كيفَ</u> الحياةُ مع الذلّ)

<u>الابتداء بالنكرة:</u>

ا- الأصل في المبتدأ أن يكون اسماً معرفة نحو: المستقبل   واعدٌ.

مسوغات الإبتداء با لنكرة:

يجوز الابتداء بالنكرة إذا أدّت الجملة المبدوءة بها معنى مفيداً وذلك ضمن المسوغات التالية:

(أ-) إذا دلت النكرة على عموم:مثل قوله تعالى:(كُلٌّ لَهُ قَانِتُونَ) [البقرة:١١٦].

١- مسبوقة بنفي: (ما خلٌ لنا) ما عاملٌ فقير.
٢- مسبوقة باستفهام: هل عالمٌ يغلبُ جاهلاً ؟.
٣- إذا كانت اسم استفهام: (ومَن أحسن من الله حكما ؟)
٤- إذا كانت اسم شرط: من يهن يسهل الهوان عليه.

(ب)-إذا دلـّت النكرة على خصوص:

١- كأن تُنعت نحو: (قليلٌ دائمٌ خيرٌ من كثيرٌ منقطع).
٢- أو تضاف إلى اسم نكرة: نحو (درهم وقاية خير من قنطار علاج).

(ج)-إذا كان الخبر شبه جملة وتقدّم على المبتدأ:

١- للجار حقٌّ.
٢- عندنا مُثُلٌ وقيمٌ.

- إذا دلّ على دعاء، نحو ((سلامٌ عليكم))
- إذا دلّ على تهويل مثل: كارثة في فلسطين.
- إذا دلّ على ذم مثل: خائنٌ بين الصفوف.
- إذا دلّ على مدح مثل: نابغة في القرية.
- إذا أخبر عن النكرة بشيء من خوارق العادة مثل:بقرة تكلمت، شجرة تكلمت.
- إذا وقع بعد ((لولا))، نحو: ((لولا حادثٌ لزرتك)).

١- **أقسام المبتدأ:**

المبتدأ قسمان: أ- مبتدأ له خبر. ب- مبتدأ له فاعل سدّمسد الخبر.

فالمبتدأ الذي له خبر، نحو: زيدٌ قائمٌ.

وأمّا المبتدأ الذي له فاعل سدّ مسد الخبر، فهو كل وصف (١)اعتمد على نفي أو استفهام (٢) نحو:أقائمٌ زيدٌ؟ ما قائمٌ زيدٌ. فقائم في الجملتين السابقتين وصف مشتق (اسم فاعل) وهو مبتدأ مرفوع و(زيدٌ)فاعل لاسم الفاعل سد مسد الخبر.

وقدسبق المبتدأ في الجملة الأولى الاستفهام وفي الثانية سُبق بحرف نفي.

إعراب:

قال تعالى: (قَالَ أَرَاغِبٌ أَنتَ عَنْ آلِهَتِي يَا إِبْرَاهِيمُ؟)
راغبٌ: مبتدأ مرفوع وعلامة رفعه الضمة الظاهرة على آخره.
أنتَ: ضمير منفصل مبني على الفتح في محل رفع فاعل سدّ مسد الخبر.
ما مضروبٌ الزيدان.
مضروبٌ: مبتدأ مرفوع وعلامة رفعه الضمة الظاهرة على آخره.
الزيدان: نائب فاعل سد مسد الخبرمرفوع وعلامة رفعه الألف لأنه مثنى.

* **يأ تي المبتدأ:**

١- صريح،نحو: (الله نور السماوات ولأرض).

٢- ضمير،نحو: نحنُ حُماة الوطن.

٣- مؤوّل، نحو: (وأن تصوموا خيرٌ لكم).

تمارين:

١- جعل مايلي أخبارا لمبتدأ نكرة: فوق السحاب،في الساحة، غائبٌ يرفرفُ، يتصدّقُ، حائر، يبكي.	
٢- بيّن سبب جواز الابتداء بالنكرة فيما يلي مشيراً إلى المبتدأ.	
- شجرةٌ عاليةٌ سقطت.	- كلٌّ مُحاسبٌ على عمله.
- للحلم أوقاتٌ.	- شفاءٌ للمريض
- ويلٌ للمطفّفين.	- شرّ البلاد بلاد لا عدل فيها.

. الخبـر .

هو الحكم الذي نحكم به على المبتدأ وهو الذي يكمـل الجملـة مـع المبتـدأ ويـتمم معناها الرئيسي. والخبر هو المسند إلى المبتدأ.

وسمي الخبر خبراً لأنه يُعطي الخبر عن المبتدأ.

فنقول: العلمُ نورٌ. فنحن حكمنا على العلم وهو المبتدأ بكلمة نور وهي الخبر.

فالعِلمُ محكوم عليه فهو المبتدأ ونور محكوم به فهو الخبر.

والمبتدأ والخبر مرفوعان. والخبر يطابق المبتدأ في الإفراد والتثنية والجمع وفي التـذكير والتأ نيث.فنقول: الطالب مجتهدٌ،الطالبان مجتهدان، الطلاب مجتهدون.

الفتاة مهذَّبة، الفتاتان مهذّبتا ن، الفتياتُ مهذّبا تٌ.

أمّا إذا كان المبتدأ جمعاً غير عاقل مثل: الأشـجار، المسـاجد، القصـور، الجبـال، فـإنّ الخبريكون مفردا مؤنثا أو جمعاً مؤنثاً مثل:

الأشـجار مورقـة أو مورقـات، الجبـال شـاهقة أو شـاهقات البنايـات شـاهقاتٌ/ شاهقةٌ.....الخ.

أنواع الخبر:

١- يأتي الخبر مفردا، نحو: السيارة جميلةٌ.

٢- ويأتي جملة فعلية،نحو: القمرُ ينيرُ في الظلا م.

٣- أو جملة اسمية،نحو: القمر نوره ساطعٌ.

٤-أوشبه جملة ظرفاً ، نحو: البيتُ بين الأشجار.

٥- أوشبه جملة جار ومجرور، نحو: الطائرة في الجوّ.

اعراب:

أ- الطالبتان متفوقتان.
الطالبتان: مبتدأ مرفوع وعلامة رفعه الألف لأنه مثنى.
متفوقتان: خبر مرفوع وعلامة رفعه الألف لأنه مثنى.

ب- المحامون مجتمعون في القاعةِ.

المحامون: مبتدأ مرفوع وعلامة رفعه الواو لأنه جمع مذكر سالم.

مجتمعون: خبر مرفوع وعلامة رفعه الواو لأنه جمع مذكر سالم.

في: حرف جر مبني على السكون لا محل له من الإعراب

القاعة: اسم مجرور بفي وعلامة جره الكسرة.

أمّا إذا كان المبتدأ جمعاً لغير العاقل جاز لنا أن نخبر عنه بالجمع أو بالمفردة المؤنثة.

مرتبة المبتدأ والخبر:

الأصل في المبتدأ التقديم لأنه المحكوم عليه وفي الخبر التأخير لأنه المحكوم به.غير أنه قد يعرض ما يوجب أو يجيز العدول عن الأصل.

جواز تقديم الخبر على المبتدأ:

يجوز تقديم الخبر على المبتدأ فيما يلي:

١- إذا أُريد إعطاء الصدارة لمعنى الخبر مثل: ممنوع المرور.

٢- إذا كان الخبر شبه جملة والمبتدأ معرفة مثل: في الكليّة محمد.

* يجب تقديم الخبر على المبتدأ في أربعة مواضع:

١- إذا كان الخبر من الألفاظ التي لها الصدارة في الجملة.

متى السفر ؟ كيف الحال؟ أين الأولاد؟.

٢- إذا كان الخبر شبه جملة ظرفاً أو جاراً ومجروراً والمبتدأ نكرة غير مخصصة بنعت أو إضافة مثل: قول الرسول صلى الله عليه وسلّم:

(على كل مسلم صدقة). [الجامع الصغير ٢]

على: حرف جر مبني على السكون,

كل: اسم مجرور وعلامة جرّه الكسرة الظاهرة على آخره وهو مضاف.

مسلم: مضاف إليه مجرور، وعلامة جرّه الكسرة الظاهرة على آخره.

صدقة: مبتدأ مؤخر مرفوع، وعلامة رفعه الضمة الظاهرة على آخره وشبه الجملة في محل رفع خبر المبتدأ.

٣- أن يكون الخبر محصوراً في المبتدأ بإلا أو إنما نحو:
ما على الرسول إلا البلاغ، إنّما في البيت الأولاد..
٤- أن يكون المبتدأ مشتملاً على ضمير يعود على جزء من الخبر نحو:
في الحديقة صاحبها. على الخيول فرسانها.

✍ تمارين:

أ- بيّن سبب تقديم الخبر على المبتدأ فيما يلي:
١- ما مضمون الرسالة ؟
٢- ما منعشٌ إلا الماء.
٣- تحت الشجرة ثمارها.
٤- في المتحف زوّارُه.
٥- للقلوب حنينها.
٦- إنّما الناجح عصامٌ.

✍ ب- إعراب نموذجي:

✍مَن الطارق؟

مَن: اسم استفهام مبني على السكون في محل رفع خبر المبتدأ.
الطارق: مبتدأمؤخر مرفوع وعلامة رفعه الضمة الظاهرة على آخره.

✍لكلّ عملٍ جزاؤه.

لكلّ: اللام: حرف جرّ،((كل)) اسم مجرور، وعلامة جرّه الكسرة الظاهرة، وهو مضاف، والجار والمجرور متعلقان بخبر المبتدأ المحذوف تقديره:موجود.
عملٍ: مضاف إليه مجرور بالكسرة الظاهرة.
جزاؤه: مبتدأ مؤخر مرفوع، وعلامة رفعه الضمة الظاهرة على آخره، وهو مضاف، والهاء ضمير متصل مبني على الضم في محل جرّ بالإضافة.

✍ أعرب:

١- متى العودة؟ ٢- لكلّ زهرةٍ عبيرٌ ٣- للإيجاز بلاغتُهُ.

* **يجب تقديم المبتدأ على الخبر في ستة مواضع:**

١- أن يكون من الأسماءالتي لها صدر الكلام، كأسماء الشرط، نحو: (مَن يتق اللـه يُفلحْ) وأسماء الاستفهام، نحو: (مَن جاء؟)، و(ما) التعجبية، نحو: (ما أحسن الفضيلة!) وكم الخبرية نحو: (كم كتاب عندي!).والموصول الذي اقترن خبره بالفاء نحو:(الـذي يجيـبُ فله جائزةٌ)

٢- أن يكون خبر المبتدأ جملة فعلية فاعلها ضمير مستتر يعود على المبتدأ نحو:(الحق يعلو)، الجامعات تنفق أموالاً طائلة على البحث العلمي.

٣- أن يكـون كـل مـن المبتـدأ والخبرمعرفـةً أو نكـرةً(متسـاويين في التعريـف أو التنكير)، وليس هناك قرينة بحيث يصلح كل منهما أن يكون مبتدأ. نحو: وطني الأردن. الأردن وطني.

٤-أن يكون المبتدأ محصوراً في الخبر، وذلك بأن يقترن الخبر بإلاّ لفظاً نحو: ((وَمَا مُحَمَّدٌ إِلَّا رَسُولٌ)).أو معنىً،نحو: ((إِنَّمَا أَنْتَ نَذِيرٌ)).

٥-إذا كان الخبر جملة طلبية، نحو: ((القرية لا تهجرها))

تمارين:

١- دلّ على المبتدأ والخبر فيما يلي وبيّن سبب تقديم المبتدأ.

- ما محمدٌ إلاّ رسولٌ.
- ما أحسن الفضيلة .
- كم ديناراً في محفظتك؟
- الأردنّ بلدي.
- من يتّق اللـه يُفلحْ.
- الذي يجتهدُ فله مكافأةٌ
- الأملُ يُطلّ علينا.
- السماء تصفو.

✍إعراب نموذجي:

البحرُ يُقبّلُ بأمواجه الشطآن.

البحرُ: مبتدأ مرفوع وعلامة رفعه الضمة.

يُقبِّلُ:فعل مضارع مرفوع بالضمة وفاعله ضمير مستتر فيه جوازاً تقديره:هو.

بأمواجه: الباء: حرف جرّ.((أمواج)): اسم مجرور بالكسرة.

والهاء: ضمير متصل مبني على الكسر في محل جرّ بالإضافة. والجار والمجرور متعلقان بالفعل ((يُقبّل)).

الشطآن: مفعول به منصوب وعلامة نصبه الفتحة. وجملة ((يُقبّلُ)) الفعلية في محل رفع خبر المبتدأ.

✍ أعرب:

١- ما الصدقُ إلاّ منجاةٌ.

٢- مَنْ يدرسْ ينجحْ

٣- كم ديناراً في جيبك ؟

مواضع حذف المبتدأ وجوبا:

يجب حذف المبتدأ في أربعة مواضع

١-إذا كان خبره مخصوص نعمَ وبئسَ مؤخرا عنهما، مثل:

نعم الفاتح صلاح الدين

وبئس الرجلُ عمرو فصلاح الدين وعمروخبران لمبتدأ محذوف وجوبا والتقدير: هو صلاح الدين أي الممدوح وهو عمروأي المذموم عمرو.

٢- إذا كان خبره نعتاً مقطوعاً للمدح أو الذم أو الترحم،

مثل: في المدح نحو (اقتدِ بعمرَ العادلُ)وفي الذم نحو:مررت بزيد اللئيم أو في الترحم نحو مررت بزيد المسكين (العادلُ، اللئيمُ المسكينُ - بالرفع كل منها خبر لمبتدأ محذوف والتقدير هو العادل هو اللئيمُ هو المسكينُ فحذف المبتدأ وجوباً.

٣-إذا كان خبره مصدراً نا ئباً عن فعله، مثل: ٠صبرٌ جميلٌ)

والتقدير: صبري صبر جميل - صبري: مبتدأ - وصبر جميل خبره، ثم حذف المبتدأ الذي هو صبري وجوباً

٤- إذا كان خبره مُشعراً بالقسم، مثل: (في ذمَّتي لأخلعنَّ رداء الكسل).

والتقدير: في ذمتي يمين أو قسم وإنما وجب حذف المبتدأ هنا لدلالة الجواب عليه وسد مسده لكونه واجب التأخير

٥-إذا كان الاسم مرفوعاً بعد لاسيما نحو: لاسيما زيدُ (برفع زيد) يجب حذف المبتدأ وهذا بيانه:

لا: نافية للجنس.

سي: اسمها منصوب وعلامة نصبه الفتحة الظاهرة وهو مضاف

ما: اسم موصول بمعنى الذي مبني على السكون في محل جر مضاف إليه.

زيد: خبرمبتدأ محذوف وجوباً(والتقدير لا سيَّ الذي هو زيد، والجملة لا محل له من الآعراب صلة الموصول).

✍ تمارين:

١- بيّن سبب حذف المبتدأ وجوباً فيما يلي وقدّره:

- عفوٌ واسعٌ.
- أعجبني الملعبُ ولا سيّما المدرّجاتُ.
- في ذمّتي لأصفحنّ عن الُمخطىء.
- اقتدِ بعمر العادل.
- نعم الكنز القناعة.
- ابتعد عن النمّام الخسيس.
- ساعد الفقير المحتاج.

✍ أعرب:

- هجرةٌ قاسيةٌ.
- نعم الصديقُ عصامٌ.
- في عنقي لأجتهدن .

***مواضع حذف الخبر وجوبا:**

١- إذا كان المبتدأ صريحاً في القسم. مثل: (لعَمْرُكَ لأساعِدنّ الضعيف) والتقدير لعمرك قسمي فعمر مبتدأ وقسمي خبره. ومن هنا نستنتج أن خبر المبتدأ يحذف وجوبا بعد كلام صريح في القسم.

٢- إذا كان المبتدأ بعد((لولا))، نحو: لولا العلمُ لضلّ الناس.

الخبر المحذوف مُقدّر بكلمة (موجود)فلولا هي حرف امتناع لوجود، أي امتناع الشيء لوجود غيره.ولو تأملنا الاسم الواقع بعد لولا لرأيناه مرفوعًا على أنه مبتدأ، وخبره محذوف تقديره موجود وتقدير الجملة: ((لولا العلمُ موجود لضلّ الناسُ))

٣- إذا كان المبتدأ متلواً بواو للعطف تدل على المصاحبة.مثل:(كلّ انسان وعمله)الخبر المحذوف تقديره كلمة(مقترنان)

٤-إذا أغنت عن الخبر حال لا تصلح أن تكون خبراً مثل:(احترامي التلميذ مُهذّباً)وتقدير الخبر كلمة (حاصل).

تمارين:

١- بيّن سبب حذف خبر المبتدأ وقدّره.

- أيمن الله لأ ستسهلنّ الصعبَ..
- كلّ أمة وتاريخها.
- لولا الدّينُ لفسدَ المجتمع .
- كلّ عملٍ وجزاؤه.
- احترامي التلميذ خلوقاً.
- أفضلُ ما تتصدّقُ المالَ مستتراً.

إعراب نموذجي:

✍ **لولا الداءُ ما شربتُ الدواء.** لولا: حرف امتناع لوجود، مبني على السكون لا محل له من الإعراب. الـداء:مبتـدأ مرفـوع وعلامـة رفعـه الضـمة لفظاً وخـبره محـذوف وجوبـاً تقـديره ((موجود)). ما: حرف نفي. شربتُ: فعل ماض مبني على السكون لاتصاله بالتاء. والتاء: ضمير متصل مبني على الضم في محل رفع فاعل. الدواءَ: مفعول به منصوب وعلامة نصبه الفتحة الظاهرة على آخره.

✍ **أعرب ما يلي:** لعمري لأساعدنّ المسكينَ. كلّ انسان وأعماله. تأنيبي الطالب مذنباً

٢- الجملة الفعلية

هي الجملة التي تبدأبفعل غير تام مثل: نجحَ الطا لبُ.

فالجملة فعلية لأن الفعل نجحَ تام.

أدّى المصلّون الصلاة . جملة فعلية لأنَّ الفعل أدّى تام

أمّا لو قلنا كانَ زيدٌ نائماً. فالجملة ليست فعليـة لأنهـا لا تـدل عـلى حـدث قـام بـه فاعل.وإنما هي جملة اسمية د خل عليها فعل ناسخ.

الفاعـل

الفاعل: اسم مرفوع دائماً يأتي بعد الفعل التام مباشرة وأحياناً بعد الفعـل والمفعـول به، وهو يدل على من فعل الفعل، وهو المسند إليه بعد الفعل التام المعلـوم أوشـبه الفعل المعلوم.

علامات رفع الفاعل

١-الضمّة إذا كان مفرداً،

مثل: نزلَ المطرُ.

المطرُ: فاعل مرفوع وعلامة رفعه الضمة

٢- الألف إذا كان مثنى، مثل:تعادل الفريقا ن:

الفريقان: فاعل مرفوع وعلامة رفعه اللألف لأنه مثنى.

٣- الواو إذاكان جمعَ مذكّر سالماً:

مثل:غادر المحامون القاعة.

المحامون: فاعل مرفوع با لواولأنه جمع مذكر سالم

٤-الضمة في جمع المؤنث السالم،

مثل: حضرت المعلما تُ إلى المدرسة.

المعلماتُ: فاعل مرفوع وعلامة رفعه الضمة.

٥- الواو إذا كان من الأسماء الخمسة.

جاء أبوك:

أبوك:فاعل مرفوع وعلامة رفعه الواو لأنه من الأسماء الخمسة.

وهو مضاف.

والكاف: ضمير متصل مبني على الفتح في محل جر بالإضافة.

ويكون الفاعل:-

أ-اسماً ظاهراً، مثل:برى الطا لبُ القلم

ب-ضميراً بارزاً متصلاً، مثل: ألقيتُ قصيدةً في الإذاعة المدرسية.

ج- ضميراً مستتراً، مثل: خرج مسرعاً لاستقبال الضيوف.

د-مصدراً مؤولاً،مثل:سرَّني أن تستقرَّ الأسعار.

هـ اسماً موصولاً مثل: تحقق ما توقعتُ.

و-اسم اشارة، مثل: أقبل هؤلاءالطلاب لمصافحة معلميهم.

ترتيب الفاعل

الأصل في ترتيب الجملة الفعلية أن يأتي الفعل ثم الفاعل ثم المفعول به مثل: قاتل المجاهد الأعداء(فعل ففاعل فمفعول به)

ولكن يجوز أن:

١- يتأخر الفاعل عن الفعل والمفعول به ما لم يحصل التباس في المعنى

مثل: ذبحَ الشاة الجزّارُ فالشاة مفعول به والجزار فاعل.

- يتقدم الفاعل على المفعول به وجوباً في الحالات التالية:

١-إذا خيف الالتباس في تمييز الفاعل عن المفعول به لعدم وجود قرينه لفظية أو معنوية مثل: ضرب محمدٌ أحمد ، فمحمد فاعل وأحمد مفعول به.

٢-إذا حُصر الفعل في المفعول به باستخدام النفي مع إلا أو إنما.

مثل: ما عرفَ عمرُ إلا الحقّ

ما:حرف نفي،عرف:فعل ماض مبني على الفتح

عمرُ: فاعل مرفوع وعلامة رفعه الضمة.

إلا : حرف حصر

الحق: مفعول به منصوب وعلامة نصبه الفتح

نائب الفاعل

١ - كتبَ خالدُ الدرسَ. ١- كُتِبَ الدرْسُ .

كُ ُتِبَ:فعل ماض مبني على الفتح وهومبني للمجهول.

الدرسُ: نائب فاعل مرفوع وعلامة رفعه الضمة الظاهرة.

كُرِّمت المعلماتُ.

كُرِّمَت: فعل ماض مبني للمجهول وتاء التأنيث حرف لامحل له من الإعراب.

المعلماتُ: نائب فاعل مرفوع وعلامة رفعه الضمة لآنه جمع مؤنث سالم.

نائب الفاعل: اسم مرفوع حلَّ محل الفاعل بعد حذفه.

* يرفع نائب الفاعل بالضمة إذا كان:

١- مفرداً. ٢ - جمع تكسير. ٣- جمع مؤنث سالماً

* يُرفع نا ئب الفاعل وعلامة رفعه الألف إذا كان مثنى,نحو: كُرِّمَ الطالبان.

الطالبان: نائب فاعل مرفوع وعلامة رفعه الألف لأنه مثنى.

* يرفع نائب الفاعل وعلامة رفعه الواوإذا كا ن جمعَ مذكر سالماً.نحو: دُحِرَالمحتلّون.

* في حا ل حذ ف الفاعل من الجملة يُصبح المفعول به نا ئباً للفاعل

١- يُبنى الفعل الماضي للمجهول بضم الحرف الأوّل،وكسر الحرف الذي قبل الآخرنحو:كُتِبَ الدّرسُ.

٢- يُبنى الفعل المضارع المبني للمجهول بضم الحرف الأوّل، وفتح الحرف الذي قبل الآخر. مثل: يَقطفُ الفلاحُ الثمر(يُقطَفُ الثمرُ)

٣- إذا كان نائب الفاعل مؤنثاً كان الفعل مؤنثاً.

زرع الفلاحُ الشجرةَ (تُزرَعُ الشجرةُ)

٤- شكرت المديرةُ الطالبات .

شُكِرَت الطالباتُ

*إذا كان الفعل متعدياً لأكثر من مفعول ثم بُني للمجهول ناب المفعول الأوّل مناب الفاعل وبقي ما عداه منصوباً. مثل: يظنّ خالدٌالقطارَ متأخراً، فتصبح الجملة(يُظنُّ القطارُ مُتأخّراً).

أقسام نائب الفاعل

نائب الفاعل كالفاعل، ثلاثة أقسام:

أ- صريح،مثل: يُحَبُّ المُجتهِدُ.

ب- والضمير إمّا متصل كالتاء مثل: (أُكرِمتَ) وإمّا منفصل نحو: (ما يُكرمُ إلاّ أنا).

ج - المؤوّل نحو: يُحمَدُ أن تجتَهِدوا والتأويل (يُحمَدُ اجتهادكُم).

الأشياء التي تنوب عن نائب الفاعل:

١- المفعول به مثل:يُكرمُ المجتهدُ.

٢- المجرور بحرف الجرّمثل: نُظِرَ في الأمر.

٣- الظرف المتصرِّف المختص، مثل: مُشِيَ يومٌ كاملٌ، وصيمَ رمضان.

٤- المصدر المتصرِّف المختص مثل: احتُفِلَ احتفالٌ عظيمٌ.

المفعول به

المفعول به: هو الذي يقع عليه فعل الفاعل إثباتاً أو نفياً.نحو:

(قرأتُ القصّة) (ما قرأتُ القصّة) عرف عمر الحقّ فا تبعه.

والفعل الذي ينصب المفعول به يسمى فعلاً متعدياً،لأنه يتعدى فاعلـه إلى مفعـول به واحد أو أكثر.

١-المفعول به الواحد قد يكون اسماً صريحاً(ظاهرا ً)،فتقول:

- قرأتُ الدرسَ.

الدرسَ مفعول به منصوب وعلامة نصبه الفتحة الظاهرة.

- قاتلَ الجنودُ العد وَّ.

قاتلَ: فعل ماض مبني على الفتح.

الجنود: فاعل مرفوع وعلامة رفعه الضمة الظاهرة.

العدوَّ: مفعول به منصوب وعلامة نصبه الفتحة الظاهرة على آخره.

٢- مصدراً مؤولاً

- أودُّ أن أزوره.

أودُّ:فعل مضارع مرفوع وعلامة رفعه الضمة الظاهرة، والفاعل ضمير مستتروجوباً تقديرهُ أنا.

أن: حرف مصدري ونصب.

أزورهُ: فعل مضارع منصوب بأ ن وعلامة نصبه الفتحة الظاهرة، والهاء ضمير متصل مبني على الضم في محل نصب مفعول به. والفاعل ضمير مستتروجوباً تقديره أنا. والمصدر المؤول من أن والفعل في محل نصب مفعول به.وتقدير الجملة أود زيارته.

٣- ضميراً مُتصلاً:

[قَدْ وَجَدْنَا مَا وَعَدَنَا رَبُّنَا حَقًّا]

وعدنا: الناء: ضمير متصل مبني في محل نصب مفعول به.

٤- ضميرا منفصلاً: إيّاكَ أعني.

إيّاك: ضمير منفصل مبني في محل تصب مفعول به مُقدّم.

٥-جملة:

حسبتكَ تلعبُ.

تلعبُ: فعل مضارع مرفوع وعلامة رفعه الضمة الظاهرة والفاعل ضمير مستتر تقديرهُ أنتَ، والجملة الفعلية في محل نصب مفعول به.

تقدّم المفعول به على الفعل والفاعل:

الأصل أن يتقدم الفعل والفاعل على المفعول به ولكن قد يُعكس الأمر ويتقدّم المفعول به على الفاعل أو على الفعل والفاعل معاً ضمن ضوابط محددة.

١-أن يتصل بالفاعل ضمير يعود إلى المفعول، فيجب تأ خير الفاعل وتقديم المفعول به نحو: أكرمَ المعلمَ طلاّبُهُ. قرأ الكتابَ صا حبُهُ.

٢-أن يكون الفاعل قد وقَعَ عليه الحصرمثل: لا يدركُ المجدَ إلا المثابرُ.

٣- إذا كان من أسماء الصدارة مثل: مَنْ تُكرمْ أكْرم.مَـن: اسم شرط جازم مبني على السكون في محل نصب مفعول به مُقدّم.

٤- إذا كان المفعول به ضميراً مُتصلاً بالفعل، وكان الفاعل اسماً ظاهراً، مثل:يجمعنا تاريخٌ واحد وأهدافٌ مشتركةٌ، يتقدّم هناالمفعول به على الفاعل.

٥- إذا كان من ضمائر النصب المنفصلة مثل: إيّاكَ نَعبُدُ.

٦- أن ينصبهُ جواب(أمّا)وليس لجوابها منصوبٌ مُقدّمٌ غيرُهُ كقوله تعالى: [فَأَمَّا الْيَتِيمَ فَلَا تَقْهَرْ(٩)] (الضحى،٩).

نواصب المفعول به:

*الفعل والمصدرواسم الفاعل شرط أن يتصل بأل الموصولة وصيغة المبالغة واسم الفعل والصفة المشبهة.

*يُنصَب المفعول به بأفعال تنصب مفعولين أو ثلاثة مفاعيل.

*يُنصَب المفعول به بفعل محذوف إذا فُهِمَ من السياق.

أفعال تنصب مفعولين

أفعال تنصب مفعولين أصلهما مبتدأ وخبروهي نوعان:

أ- أفعال القلوب: وهي التي تتعلّق بالعقل والقلب في نسبة المفعول الثاني إلى المفعول الأوّل. وهي نوعان:

١- أفعال اليقين: علم، رأى،تعلـّمَ (بمعنى أعْلمْ)، ألفى.

مثل:

علمْتُ الجدَّ سبيلَ النجاح .
علمتُ: فعل ماض مبني على السكون لاتصاله بضمير رفع متحرك،
والتاء ضمير متصل مبني على الضم في محل رفع فاعل.
الجدَّ مفعول به أوّل منصوب وعلامة نصبه الفتحة الظاهرة,
سبيلَ: مفعول به ثا ن منصوب وعلامة نصبه الفتحة الظاهرة.
النجاح: مضاف اليه مجرور وعلامة جره الكسرة الظاهرة.

٢- أفعال الرجحان: ظنَّ، حَسِبَ، خالَ، زعمَ، هبْ.

✍ظننْتُ خالداً بريئاً.   ظننتُ: فعل ماض مبني على السكون لاتصاله بضمير رفع متحرك،   والتاء ضمير متصل مبني على الضم في محل رفع فاعل.   خالدا : مفعول به أوّل منصوب وعلامة نصبه الفتحة الظاهرة.   بريئاً : مفعول به ثان منصوب وعلامة نصبه الفتحة الظاهرة.

ب- أفعال الصيرورة:وهي التي تفيد معنى التحويل والصيرورة من حال إلى حا ل، وهذه الأفعال هي: جعلَ،تركَ، ردَّ، صيَّرَ،اتّخذ .

نحو: صيَّر الخبازُ الطحينَ خبزاً.

الطحين: مفعول به أوّل منصوب وعلامة نصبه الفتحة الظاهرة.

خبزاً: مفعول به ثان منصوب وعلامة نصبه الفتحة الظاهرة.

١- أفعال تنصب مفعولين ليس أصلهما مبتدأ وخبر،هي:

أعطى،وهب، منحَ،هدى، سألَ(بمعنى طلب)، كسا،سلبَ، جنبَ،منعَ.

نحو: كسا أخوكَ الفقيرَ ثوبا.

الفقيرَ: مفعول به أوّل منصوب وعلامة نصبه الفتحة الظاهرة.

ثوباً : مفعول به ثا ن منصوب وعلامة نصبه الفتحة الظاهرة.

٣- أفعال تطلب ثلاثة مفاعيل:

اشهر هذه الأفعال التي يتفق عليها النحا ة فعلان هما:أعلم وأرى وهما فعلان مزيدان بالهمزة، فالفعل أعلم مجّرده عَلمَ الذي يتعدى لمفعولين، والفعل أرى مجرده رأى الذي يتعدى لمفعولين أيضاً، نحو: أعلمتك زيداً كريماً.

ويذكر النحويون أن هناك أفعالاً أخرى تدل على ما يدل عليهما الفعلان (أعلم) و(أرى) نحو:أنبأ، نبّأ،حدّثَ،خبّرَ،أخبرَ،نحو:

🗡 أنبأتُ (زيدا أخاهُ ناجحاً).

أنبأتُ: فعل ماض مبني على السكون لاتصاله بضمير رفع متحرك،والتاء ضمير متصل مبني على الضم في محل رفع فاعل.

زيداً: مفعول به أوّل منصوب وعلامة نصبه الفتحة.

أخاهُ: مفعول ثان منصوب وعلامة نصبه الألف لأنه من الأسماء الستة،والهاء ضمير متصل مبني على الضم في محل جرّ مضاف إليه.

ناجحاً:مفعول ثالث منصوب وعلامة نصبه الفتحة الظاهرة.

المفعول المُطلق

المفعول المطلق: مصدرٌ منصوب يُذكرُ بعد فعلٍ من لفظه تأكيداً لمعناه،أو بياناً لنوعه أو عدده.

١-التوكيد:وذلك إذا لم يقع بعد المصدر شيء.

نحو:﴾ وَكَلَّمَ اللَّهُ مُوسَى تَكْلِيمًا(١٦٤) ﴿. (الآية ١٢٠ من سورة النساء)

ولعلك لاحظت عزيزي القارىء أن المصدر المنصوب وهو تكليماً ولم يقع بعده شيء، ولعله أكّد مفهوم الفعل المذكور كلّم واشتق من لفظه.

٢- بياناً لعدده: فهو يبيّن المرّات والعدد الذي وقع في الفعل نحو: (وقفتُ وقفتين). قبّل محمدٌ أخاهُ قبلتين.

٣- لبيان نوعه: وذلك إذا وُصف الفعل أو أضيف نحو:(سرتُ سيرَ العُقلاء).

ونحو قوله تعالى:﴾ وَتُحِبُّونَ الْمَالَ حُبًّا جَمًّا(٢٠) ﴿ [سورة الفجر: ٢٠]

أو بدلاً من التلفظ بفعله، نحو: صبراً على الشدائد.

والمفعول المطلق من حيث حركة الإعراب يقع منصوباً بالفتح.

. **فوائد:**

١- هناك كلمات ملازمة للإضافة تُعرب مفعولاً مطلقاً، وهي: (سبحان اللـه)، (معاذَ اللـه)، (حاش لله).

٢- كلمات تستعمل مفعولاً مطلقاً تدل على الترحم والتوجع، مثل: (ويح)وكلمات تدل على التوبيخ مثل: (ويلاً، ويله).

٣- كلمات تستعمل مفعولاً مطلقاً تدل على المثنى، مثل: (لبيكَ وسعديك)،(حنانيكَ)، (دواليك) تعرب مفعولاً مطلقاً لفعل محذوف منصوب بالياء لأنه مثنى والكاف في محل جر مضاف إليه(العامل محذوف منها طبعاً).

٤- وقد يأتي في أقوال سائدة محذوف الفعل، مثل: سمعاً،عفواً،شكراً عجباً حمداً لله، قسماً سنعود، حقاً، فعلاً، قطعاً،ألبته،مرحباً بك،وداعاً.

إعراب:
وقفْتُ وقفتين .
وقفْتُ: فعل ماض مبني على السكون لاتصاله بضمير رفع المتحرك، والتاء ضمير متصل مبني على الضم في محل رفع فاعل.
وقفتين: مفعول مطلق منصوب وعلامة نصبه الياء لأنه مثنى.

تدريب: استخرج المفعول المطلق وأعربه، وبيّن نوعه في كل مما يلي:

١- قال تعالى: (يَنظرونَ إليْكَ نظَرَ المغشِيِّ عليهِ مِنَ الموتِ فأوْلى لَهُم) [سورة محمد٢٠]
٢- دارالمتسابقون حول الملعب دورتين.
٣- أخلص في عملك إخلاصاً.

نائب المفعول المطلق

ينوب عن المصدر فيعطى حكمه في كونه منصوباً على أنه مفعول مطلق.

وأمّا ما ينوب عن المفعول المطلق:

١- صفته،مثل:اذكروا اللـه كثيراً.

كثيراً: نائب عن المفعول المطلق منصوب(لاحظ أنّ اصل الجملة كان: واذكروا اللـه ذكراً كثيراً) حُذف المفعول المطلق(ذكراً وظلت صفته (كثيراً)، فأصبحت نائباً عنه.

٢- نوعه، مثل: رجع القهقرى. (فالقهقرى هو نوع الرجوع) فكأننا نقول(رجع رجوع القهقرى).

٣- عدده،مثل: قرأت القرآن ثلاث قراءات.أو مثل: أنذرتُك ثلاثاً

٤- آلته، مثل:ضرب الفارس الحصان سوطاً.(السوط آلة الضرب)

٥- لفظ كل وبعض وأي، مضافات إلى المصدر،نحو: جدّ الطالبُ كلَّ الجد، وسعيتُ بعضَ السعي، واجتهدتُ أيَّ اجتهاد .

٦- ضميره العائد إليه،مثل: علّمْتكَ تعليماً لا أعلّمهُ أحداً.

اجتهدتُ اجتهاداً لم يجتهدهُ غيري.

٧- مرادفه - أن يكون من غير لفظه، مع تقارب المعنى - مثل:(أكره الجبان مقتاً) و(قمتُ وُقوفاً) فكلمة وقوفاً، نائب عن المفعول المطلق منصوب، وعلامة نصبه تنوين الفتح.

٨- مصدريلاقيه في الاشتقاق،نحو: سلّمتُ على الضيفِ سلاماً حاراً. سلاماً: نائب عن المفعول المطلق منصوب، وعلامة نصبه تنوين الفتح.

* **ملحوظة:**

لوقلت: سلّمتُ على الضيف تسليماً، لأعربنا تسليما: مفعولاً مطلقاً منصوباً، وعلامة نصبه تنوين الفتح.

(تسليم)هي مصدر الفعل(سَلّم) أمّا (سلام) فهي ليست مصدراً لهذا الفعل، ولكنها تشترك مع تسليم في الاشتقاق فكلتاهما من الفعل (سَلم) وسلام هي اسم مصدر.

٩- الاشارة إليه، مثل: أكرمته ذلك الاكرام.(اسم إشارة مبنيّ، في محل نصب نائب عن المفعول المطلق.

١٠- (ما) و(أيّ) الاستفهاميتان أوالشرطيتا ن، نحو(ما أكرمتَ يزيداً؟)

(أيُّ عيشٍ تَعِش ؟) (ما تطلُبْ أطلبْ) (أيّاً تُعاشرْ أعاشرْ).

● تستعمل العربية أسا ليب شائعة في المفعول المطلق يكون فيها العامل محذوفاً ، مثل:

١- قياماً (أي:قوموا قياماً) جلوساً(أي: اجلسوا جلوساً) اللهم نصراً(أي: انصرنا يا ربّ).

<u>العامل في المفعول المطلق:</u>

يعمل في المفعول المطلق أحد ثلاثة عوامل هي:

١- الفعل التام المتصرف، نحو: ٠ توكل على الله توكلاً حقيقياً.

٢- الصفة المشبهة كاسم الفاعل واسم المفعـول.......... نحـو: (رأيته نائماً نوماً عميقاً) و(هذا الرجل محبوبٌ حبّاً شديداً بين اخوانه).

٣- المصدر، نحو: (فرحتُ باجتهادك اجتهاداً حسناً) ومنه قوله تعالى: **(فَإِنَّ جَهَنَّمَ جَزَاؤُكُمْ جَزَاءً مَوْفُورًا(٦٣))** (الأية ٦٣ من سورة الاسراء)

<u>ينوب المصدر عن فعله في بعض الأساليب:</u>

ينوب المصدر عن فعله في ثلاثة أساليب وهي:

١- الدعاء: مثل:

سقياً لك ورعياً.

رحمة للمساكين.

٢- الأمر: مثل:

رفقاً بالضعفاء.

صبراًعلى الأذى.

٣- التوبيخ في الاستفهام:

مثل: أتوانياً وقد جدّ الأمر؟!

أعجباً وقد جدّ الأمر ؟!

أإهمالاًوقد جدّ ألأمر؟!

✍ **تدريبات:**

١-اجعل الكلمات التالية نائباً عن المفعول المطلق:كلّ، بعض طويل،أربع.

٢-عيّن المفعول المطلق ونائبه فيما يلي:

- (وَكَلَّمَ اللَّهُ مُوسَى تَكْلِيمًا(١٦٤)). (سورة النساء، ١٦٤)
- (إِنَّا فَتَحْنَا لَكَ فَتْحًا مُبِينًا(١)).(سورة الفتح، ١)
- (وَآتِ ذَا الْقُرْبَى حَقَّهُ وَالْمِسْكِينَ وَابْنَ السَّبِيلِ وَلَا تُبَذِّرْ تَبْذِيرًا(٢٦))

(الإسراء، ٢٦٢)

- (فَلْيَضْحَكُوا قَلِيلًا وَلْيَبْكُوا كَثِيرًا جَزَاءً بِمَا كَانُوا يَكْسِبُونَ(٨٢))(التوبة،٨٢)
- سار الجيش الهوينا.
- أقرّالمذنب بذنبه اعترافاً.
- سجدتُ ثلاث سجدات .
- يسيرُ على رجليه قليلاً .

✍ **إعراب نموذجي:**

أنام ملءَ جفوني.

أنام: فعل مضارع مرفوع وعلامة رفعه الضمة لفظاً.وفاعله ضمير مستتر فيه وجوباً تقديره أنا.

ملءَ: نائب مفعول مطلق منصوب وعلامة نصبه الفتحة لفظاً. وهو مضاف.

جفوني: مضاف إليه مجرور وعلامة جره الكسرة, وهو مضاف.والياء ضمير متصل مبني على السكون في محل جرّ بالإضافة.

✍ **أعرب:**

- سجدتُ لله خمس سجداتٍ .
- سررتُ بنجاحك كل السرور.
- انتظرتكَ طويلاً .

المفعول لأجله

المفعول لأجله (ويسمى المفعول له، والمفعول من أجلـه): هـو مصدرمنصـوب يُـذكر بعد الفعل لإيضاح سببه ويسترط أن لايكون هذا المصدرمن لفظ فعله الذي يسـبقه، ويستفهم عنه ب(لماذا)؟، نحو:

سجدتُ شكراً لله.

(يَدْعُونَ رَبَّهُمْ خَوْفًا وَطَمَعًا) (السجدة من الآية ١٦).

(وَلَا تَقْتُلُوا أَوْلَادَكُمْ مِنْ إِمْلَاقٍ) (الإسراء من الآية٣١)

(قمْتُ إجلالاً لأستاذي).

. فائدة-

(اجلالاً) مفعولٌ لأجله وهو مصدر يعلـّل الحـدث الـذي قبلـه وهـو القيـام، وهـو يشاركه في الزمان،لأن القيام والإجلال حدثا في وقـت واحـد ويشـاركه في الفاعـل لأن القيام والإجلا ل كانا من فاعل واحد،والمفعول لأجله مصدر فضـلة بمعنـى أنـه يصـح انعقاد المصدر دونه.

ومن هذا نستطيع عزيزي الدارس، أن نتعرف على شروط المفعول لأجله ألا وهي:

١- أن يكون مصدراً.

٢- أن يبيّن سبب ورود الحدث.

٣- أن يشارك في زمان الحدث والفاعل.

ولكي يسهل علينا التعرف على المفعول لأجله، فهو يكون جواباً لكلمـة لماذا فيكـون المفعول لأجله بداية الإجابة عن السؤال.مثل: شربتُ الدواءَ رغبةً في الشفاء.

السؤال: لماذا شربت الدواء؟ الجواب:

رغبةً: مفعول لأجله منصوب وعلامة نصبه تنوين الفتح.

أحوال المفعول لأجله:

للمفعول لأجله المكتمل الشروط ثلاثة أحوال هي:

١- أن يكون نكرة مجردة من الألف واللام، والإضافة، نحو: قمتُ إجلالاً لشـيخي.
ويجوز جره بحرف الجرفنقول: قمتُ لإجلال شيخي. والأفضل نصبه.

٢- أن يكون محلّى بالألف واللام، نحو:(ضربتُ ابني التأديب).ولكن الأفضل جرّه
بحرف الجر في مثل هذه الحال فنقول: (ضربت ابني للتأديب).

٣- أن يكون مضافاً: نحو: (تركت المنكر خشية الـله)ويجوز جرّه فنقول:
تركت المنكر لخشية الـله(وَمِنَ النَّاسِ مَنْ يَشْرِي نَفْسَهُ ابْتِغَاءَ مَرْضَاةِ
اللَّهِ) (البقرة: من الآية ٢٠٧)

● **يجوز تقديم المفعول لأجله على عامله**

نحو: طلباً للتفوّق يجتهدُ خالدٌ،

طلباً: مفعول لأجله منصوب وعلامة نصبه تنوين الفتح(تقدّم على عامله).

طلباً للدفء قضيتُ شهر رمضان في مكة.

● **الفعل ينصب المفعول لأجله، وقد يُنصب بعوامل أخرى هي:**

١- المصدر: لزوم البيت طلباً للراحة ضرورة بعد التعب.

٢- اسم الفاعل:أنا مجتهدٌ طلباً للتفوق.

٣- اسم المفعول: هو مُكرَم تقديراً لأبيه.

٤- صيغة المبالغة: هو مقدام في الحرب طلباً للشهادة أو النصر.

٥- اسم الفعل: صه إجلالاً للقرآن.

🖎 نماذج في الإعراب:

🖎*قال تعالى: (يَجْعَلُونَ أَصَابِعَهُمْ فِي آذَانِهِمْ مِنَ الصَّوَاعِقِ حَذَرَ الْمَوْتِ ج)

(البقرة، من الآية١٩)

حذرَ: مفعول لأجله صريح منصوب وعلامة نصبه الفتحة الظاهرة على آخره.

🖎*قال تعالى: (يُنْفِقُونَ أَمْوَالَهُمُ ابْتِغَاءَ مَرْضَاةِ اللَّهِ)البقرة،من الآية٢٦٥)

ابتغاء: مفعول لأجله منصوب وعلامة نصبه الفتحة الظاهرة على آخره، وهو مضاف ومرضاة مضاف إليه مجرور.

🖎*يصمدُ الجنودُ دفاعاً عن الحق.

يصمد : فعل مضارع مرفوع وعلامة رفعه الضمة.

الجنود: فاعل مرفوع، وعلامة رفعه الضمة.

دفاعاً: مفعول لأجله منصوب، وعلامة نصبه الفتحة.

عن: حرف جر

الحق: اسم مجرور ب(عن)، وعلامة جرّه الكسرة.

🖎 **تدريب**: استخرج المفعول لأجله مما يلي:

١- قال تعالى: (اعْمَلُوا آلَ دَاوُودَ شُكْرًا ج) [سورة سبأ:١٣]

٢- قال تعالى: (وَلَا تُمْسِكُوهُنَّ ضِرَارًا لِتَعْتَدُوا ج) [سورة البقرة:٢٣١]

٣- ثناؤك على الطالب المُبدعِ تشجيعاً له حافزٌ تربويّ.

٤- قال الشاعر: ومن ينفق الساعات في جمعِ ماله مخافة فقرٍ فالذي فعل الفقر.

٥- قال الشاعر: يُغضي حياءً ويُغضى مِن مَهابته فلا يكلم إلاّ حينَ يبتسمُ.

🖎 **أعرب ما يلي:**

١- تجنّب مخالطة السفهاء حرصاً على سمعتك.

٢- اصطفَّ الجنودُ صامتينَ تكريماً للزائر.

٣- وقفت للمعلم احتراماً.

. المفعول فيه .

المفعول فيه: وهو المسمى ظرفاً (اسم منصوب يدل على زمان وقوع الفعل وهو المسمى ظرف الزمان أو مكانه وهو المسمى ظرف المكان)

ويتضمن معنى (في) فإذا لم يتضمن معنى (في) لا يكون ظرفاً، بل يكون كسائر الأسماء،

✍ نحو: يومُ الجمعة عطلة رسميّة، هنا ليست ظرفاً وإنما هي اسم، وإعرابه:
يوم: مبتدأ مرفوع وهو مضاف.
الجمعة: مضاف إليه.
عطلة: خبر مرفوع وهو مضاف.
رسميّة:نعت مرفوع.

ولو قلت:

✍ جاء يوم الجمعة
يومُ: فاعل مرفوع وعلامة رفعه الضمة.
والأصل في المفعول فيه أن يكون منصوباً مثل: عند،فوق،تحت، دون،أبداً يومَ، سنة...إلخ. غير أن بعض الظروف تكون مبنية في محل نصب.

وتقسم إلى:

١- ما يبنى على الفتح في محل نصب: أين،الآن،ثمَّ، أيّانَ.

✍ قال تعالى: (وَقِيلَ لَهُمْ أَيْنَ مَا كُنْتُمْ تَعْبُدُونَ(٩٢)) (الشعراء ٩٢)

أينَ: ظرف مكان مبني على الفتح في محل نصب.
إنّي وصلت الآنَ إلى المحطة.: ظرف زمان مبني على الفتح في محل نصب.
٢-ما يبنى على الضم في محل نصب: حيث ،منذ ، قط، ريث .
٣- ما يُبنى على الكسر في محل نصب: أمس
٤- ما يبنى على السكون: لدى،مذ، إذا، متى، هنا،لدن، لمّا،بينما،بينا، أنّى.

(والظرف في الأصل،ما كان وعاء لشيء.وتسمّى الأواني ظروفاً،لأنها أوعية لما يُجعلُ فيها. وسُمّيت الأزمنة والأمكنة(ظروفاً)،لأنّ الأفعال تحصل فيها،فصارت كالأوعية لها).

ظرفُ زمان وظرفُ مكان

ظرف الزمان:

يأتي ظرف الزمان مبهماً (غير محدود) أو مختصاً (محدوداً). ما يَدلّ ُعلى وقتٍ وقعَ فيه الحدثُ، مثل:

(صباحاً،ظهراً،عصرا خريفاً،صيفاً،سنةً،اسبوعاً بُرهةً...)

هذه الكلمات إذا جاءت منصوبة ودلّت على زمن تُعربُ ظرفَ زمان.

ونحو: (سافرتُ ليلاً).أي في الليل. و(زرتك يوم الأحد صباحاً)

أي في يوم الأحد.

أ- **ظرف الزمان المبهم**: هو النكرة التي تدل على زمن غير معيّن وغير مقدّر، مثل: وقت،حين، برهة، أمد، أبد، دهر.

مثل:

- وقف السائق برهة ثم انصرف.

برهة: اسم نكرة منصوب دل على الزمن الذي وقع فيه الفعل وهو زمن غير معروف أي أنه زمن مبهم فأنت لا تستطيع تقدير الزمن الذي وقفه السائق.

-انتظرتك وقتاً من الزمن في الحديقة.

وقتاً: اسم نكرة منصوب دل على الزمن الذي وقع فيه الفعل وهو زمن مبهم غير معروف لا يمكن تقديره بالضبط.

ب- **ظرف الزمان المختص**(المحدود)وهو الذي يدل على زمن معين محدود ومعروف ومن ذلك:

ظروف الزمان المعرفة بالعلمية أو بأل التعريف أو المعرفة بإضافتها إلى معرفة نحو:

جلست في القاهرة شباط وآذارَ.

شباط: ظرف مختص؛ لأنه عَلَم (اسم شهر يدل على زمن معروف).

ومثال المعرّف بأل:

✍ سأنتظرك الساعة الرابعة في المسجد.
الساعة: ظرف زمان مختص،؛لأنه معرّف بأل وهو يدل على زمن معروف ومعيّن.
ومثال المعرّف بالإضافة:
أمضينا زمن الشتاء في الأغوار.
زمن: ظرف زمان مختص يدل على زمن معيّن ؛ لأنه مضاف إلى معرفة وهوالشتاء.

<u>الأسماء المعرفة بالعلمية هي:</u>

أسماء أيام الاسبوع. السبت، الأحد، الأثنين، الثلاثاء، الأربعاء، الخميس،الجمعة.
أسماء فصول السنة. الصيف، الخريف، الشتاء، الربيع.
النكرة الموصوفة: مثل انتظرتك زمناً طويلاً .
النكرة القابلة للعد نحو: شهر، ساعة،سنة، دقيقة، ثانية.

ظرفُ المكان:

اسم منصوب يدلّ على مكانٍ وقعَ فيه الفعل،مثل:
(فوق، تحت،جنوب، شمال،أمام، خلف، وسط،بين،حول...)
مثال: (وقفتُ <u>تحتَ</u> العَلم).ويكون هو الآخر مبهماً أو مختصاً .

✍ اعراب:

✍ اليومُ مُشرقٌ اليومُ: مبتدأ مرفوع وعلامة رفعه الضمة الظاهرة. مُشرقٌ: خبر مرفوع وعلامة رفعه الضمة الظاهرة.

✍السفرُ غداً السفر: مبتدأ مرفوع وعلامة رفعه الضمة الظاهرة. غداً: ظرف زمان منصوب وعلامة نصبه الفتحة الظاهرة، وشبه الجملة متعلق بمحذوف خبر.

🖐 يحضرُ عليّ غداً.

يحضرُ: فعل مضارع مرفوع وعلامة رفعه الضمة الظاهرة.

عليّ: فاعل مرفوع وعلامة رفعه الضمة الظاهرة.

غداً: ظـرف زمـان منصوب وعلامة نصبه الفتحة الظاهرة،وشبه الجملة متعلق بمحذوف خبر. وتقدير الجملة: السفرحاصل غداً. وهنـاك مـن يعـرب شبه الجملة بذاته خبراً

🖐 السهرُ ليلاً مرهقٌ.

السهرُ: مبتدأ مرفوع وعلامة رفعه الضمة الظاهرة

ليلاً: ظـرف زمـان منصوب وعلامة نصبه الفتحـة الظـاهرة، وشبه الجملـة متعلـق بالسهر.

مُرهقٌ: خبر مرفوع وعلامة رفعه تنوين الضم الظاهر على آخره.

🖐 المؤمن يخشى يومَ القيامة.

يومَ: مفعول به منصوب وعلامة نصبه الفتحة.

سرتُ ميلاً.

ميلاً: ظرف مكان منصوب وعلامـة نصبه الفتحـة الظـاهرة، وشبه الجملـة متعلـق بالفعل سار.

المفعول معه

المفعول معه هو اسم منصوب بعد (واو) بمعنى (مع) مسبوقة بجملة فيها فعل أو ما يشبهه ليدل على من حصل الفعل بمعيته نحو: (سرْتُ والجبلَ) وهو لا يكون جملة ولا شبه جملة ٠ نحو قول الشاعر:

لاتنه عن خُلقٍ وتأتيَ مثله　　　عارٌ عليك إذا فعلت عظيمُ

فإن جملة(تأتي)ليست مفعولاً معه وإن وقعت بعد واو بمعنى مع.

*واو المعيّة،حرف مبني على السكون لامحل له من الإعراب.

العامل في المفعول معه:

١- إن العامل الأصلي الذي يعمل في المفعول معه هو الفعل، وهو يتوصل إليه بواو المعية، نحو: حضرتُ وغروبَ الشمس.

٢- اسم الفعل، نحو: (أنا سائرٌ والشاطىءَ).والشاطىء: الواو: واو المعية: حرف مبني لا محل له من الإعراب، الشاطىء: مفعول معه منصوب وعلامة نصبه الفتحة الظاهرة (العامل فيه: اسم الفاعل سائر)

٣- اسم المفعول، نحو: زيدٌ مُكرَمٌ وأخاهُ. وأخاه : الواو:واو المعية: حرف مبني لا محل له من الإعراب، أخاهُ: مفعول معه منصوب لأنه من ألسماء الستة (والعامل فيه المفعول مُكرَمٌ)

٤-المصدر، نحو: سيركَ والشاطىءَ في الصباح مفيدٌ.والشاطىء: الواو: واو المعية: حرف مبني لا محل له من الإعراب، الشاطىء: مفعول معه منصوب(العامل فيه المصدر: سيرك).

٥- اسم الفعل، نحو: (رويدك والمريض). رويدكَ: اسم فعل أمر مبني على الفتح لا محل له من الإعراب، وفاعله ضمير مستتر وجوباً تقديره أنت.والمريض: الواو: واو المعية: حرف مبني لامحل له من الإعراب، المريض:مفعول معه منصوب (العامل فيه اسم الفعل: رويدك).

شروط النصب على المعية:

١- أن يكون فضلة – أي يمكن الاستغناء عنه في الجملة.

٢- أن يكون ما قبله جملة ؛ فإن سبقه مفرد، نحو: كلّ امرىء وشأنُه كان معطوفاً على ما قبله.

٣- أن تكون الواو الواقعة قبله بمعنى مع فإن لم تفد المعية كانت عاطفة.

إعراب:

سرتُ والشاطئَ.
سرتُ: فعل ماض مبني على السكون لاتصاله بضمير رفع متحرك،
والتاء ضمير متصل مبني على الضم في محل رفع.
الواو: واو المعية، حرف مبني على الفتح لا محل له من الإعراب.
الشاطئَ: مفعول معه منصوب وعلامة نصبه الفتحة.

- زيدٌ مُكرَمٌ وأخاهُ
زيدٌ: مبتدأ مرفوع وعلامة رفعه الضمة الظاهرة.
مُكرمٌ: خبر مرفوع وعلامة رفعه الضمة الظاهرة.
الواو: واو المعية، حرف مبني لامحل له من الاعراب.
أخاه: مفعول معه منصوب وعلامة نصبه الألف، والهاء ضمير متصل مبني على الضم في محل جر مضاف اليه.

رويدك والمريض.
رويدكَ: اسم فعل أمر مبني على الفتح لامحل له من الاعراب، وفاعله ضمير مستتروجوباً تقديره أنت.
الواو: واو المعية
المريض: مفعول معه منصوب وعلامة نصبه الفتحة الظاهرة.
ومعنى الجملة:امهل نفسك مع المريض (العامل فيه هو اسم الفعل رويدك).

إعراب: أعرب الجملتين الآتيتين:

كل جندي وسلاحه.
تمشيت وشارع البطحاء

المفعول به على الاختصاص

هو من الأساليب العربية الشائعه وفيه اسم منصوب يعربه النحاة منصوباً على الاختصاص ويعتبرونه نوعاً من المفعول به.

وهوأن يُذكرُبعد ضمير المتكلم أو المخاطب اسمٌ ظاهرٌ معرفة يقال له المخصوص وهو منصوب بفعل (أخصُّ) المحذوف وجوباً نحو:

(نحنُ معشرَ العلمِ نُصلحُ الأمة).

أنتم- الجنودَ- سياجُ الوطن .

ويمتنع وجوده مع ضمير غائب.

والغرض من الاختصاص الفخر أو التواضع أو زيادة البيان.

وللاسم المختص شروط هي:

١-أن يكون معرفاً بأ ل وهذا هو الغالب، مثل:

✍ نحن المسلمين مُوحّدون. نحن: ضمير منفصل مبني على الضم في محل رفع مبتدأ. المسلمين: مفعول به منصوب على الاختصاص، (أو مفعول به منصوب بالياء لفعل محذوف وجوباً تقديره أخصُّ وفاعله ضمير مستترفيه وجوباً).والجملة من الفعل والفاعل لا محل لها من الإعراب لأنها جملة اعتراضية. موحّدون: خبر مرفوع بالواو.

٢- أن يكون مضافاً إلى مَعرفة،

✍**مثل: (نحن جنودَ الجيش نُدافعُ عن الوطن).** جنودَ: مفعول به لفعل محذوف وجوباً تقديره أخص وفاعله ضمير مستتر وجوباً والجملة من الفعل والفاعل لامحل لها من الاعراب لأنها جملة اعتراضية ندافعُ: فعل مضارع مرفوع وعلامة رفعه الضمة الظاهرة، والفاعل ضمير مستتر وجوباً تقديره نحنُ والجملة من الفعل والفاعل في محل رفع خبر.

٣- أن يكون علماً وهذا نادر،

مثل: (أنا زيداً أُدافِعُ عن الحق).   زيداً: مفعول به لفعل محذوف وجوباً تقديرهُ أخصُّ أو أعني وفاعله ضمير مستتر وجوباً، والجملة من الفعل والفاعل لامحل لها من الإعراب لأنها جملة اعتراضية.

٤- أن يكون كلمة(أي) أو(أية)التي تلحقها (ها) التنبيه،على أن يليها اسمٌ معرفٌ بأل،مثل: (أنا- أيُّها العربيُّ- كريمٌ).

تمارين:

١- دلّ على الاسم المختص وبيّن نوعه وقدّره فيما يلي: - نحن المعلمين سراج الأمة.   - إنـّا- معشرَ الطلاّب- بناةُ المستقبل .   - أنتم -الصالحين – تحاربون الرذيلة.   -أنتم الحكّام محط آمال الشعب.   - أنتم الشعراء أشدّ تأثراً من سائر الناس.   - نحن معشرَ الآباء نضحي بأنفسنا من أجل أولادنا.   ٢- ضع مكان النقط اسماً مختصًّا: نحن.....عنواننا الاجتهاد.   أنتم.......تشعرون بالحنين.   نحن.......سليمو الأجسام.   نحنُ.......نُخرجُ طيّبات الأرض.

✍ **إعراب نموذجي:**

✍ **أنتم الكتّابَ تهدون الناسَ بآرائكم** أنتم: ضمير منفصل مبني على السكون في محل رفع مبتدأ. الكتابَ: مفعول به على الاختصاص منصوب وعلامة نصبه الفتحة. تهدون: فعل مضارع مرفوع وعلامة رفعه ثبوت النون لأنه من الأفعال الخمسة. والواو: ضميرمتصل مبني على السكون في محل رفع فاعل. الناسَ: مفعول به منصوب وعلامة نصبه الفتحة. بآرائكم: الباء حرف جرّ، ((آرائِكم): اسم مجرور وعلامة جره الكسرة، وهو مضاف و(كم): ضمير متصل مبني على السكون في محل جرّ بالإضافة.

✍ **أعرب:**

- نحن معشر الطلاّب عماد المستقبل. - نحنُ- دعاةَ الحقِّ- صامدون. - إنّا فئة المثقفين نسعى إلى محو الأميّة

. الإغراء والتحذير .

الإغراء: تنبيه ودعوة وحث المخاطب إلى أمر محمود ومحبوب ليفعلَهُ ويسمى الأمرالمحبوب (مُغرّى به).

فإذا قُلتَ لصديقك: الإخلاص الإخلاص فأ نت تغري صديقك بالإخلاص فكلمة الإخلاص هنا مغرّى به.

التحذير: هو تنبيه المخاطب إلى أمر مكروه ليجتنبه ويسمى الأمرالمكروه (مُحَذَّرا مِنه).مثل: الكَذبْ، الكسَل الكَسَل.

والمغرّى به والمحذر منه يُعربان دائماً على أنهما منصوبان بفعل محذوف مثل: العمل العمل، الشرف الشرف. فكلمة العمل الأولى وكلمة الشرف ألأولى كل منهما مفعول به منصوب لفعل محذوف وجوباً تقديره(الـزَم) وفاعله ضمير مستتر تقديره أنت وكلمة العمل الثانية والشرف الثانية كل منهما توكيد لفظي منصوب وعلامة نصبه الفتحة الظاهرة على آخره.

صور الإغراء والتحذير:

١- يذكر المُغرّى به أو المُحذَّر منه **مفردا** مثل: (الصدق أيّها العامل).
٢- يُذكر المُغرّى به أو المُحذَّر منه مكرراً مثل: الجدَّ الجدَّ. الكَذبَ الكذ بَ.
٣- يُذكرالمُغرّى به أو المُحذَّر منه معطوفاً عليه مثل:الخير والعدل، يدك والمِداد.
٤- في اسلوب التحذير يُذكر المُحذَّر منه تالياً للفظة إيّاك مثل:
- دون عطف: إيّاك الكسل.
- معطوفاً بالواو: إيّاك والكسل.
- مجروراً بمن:إيّاكَ من الكسل.

✍ **تمارين:**

✍ **١- ميّز الإغراء والتحذير فيما يلي:**

العلمَ العِلمَ يا أبناء وطني، إنه خير سبيل للتطور. والصدق والوفاء في المعاملة، فإنهما خير حلية للإنسان، إيّاك والإسراف يا بنيّ، وإيّاك والنميمة، إنها تزرع الحقد في النفوس، والأدب الأدب، إنه زينة الإنسان، المزاح والثرثرة إنهما يؤديان إلى المذلة الهوان.

✍ **إعراب نموذجي:**

✍ **نفسك والشهوة:**

نفسك: مفعول به منصوب وعلامة نصبه الفتحة الظاهرة وفعله المحذوف تقديره احفظ والفاعل: ضمير مستتر تقديره أنتَ.

الكاف ضمير متصل مبني في محل جر مضاف إليه.

والشهوة: الواو: حرف عطف.

الشهوة:مفعول به لفعل محذوف تقديره احذر وفاعله ضمير مستتر تقديرهُ أنت **(معطوف).**

✍ **إياك إيّاكَ والإهمال.**

إياكَ: مفعول به منصوب،والكاف حرف خطاب مبني لا محلّ له من الإعراب.

الفعل محذوف تقديره احذر والفاعل ضمير مستتر تقديره أنتَ.

إيّاك(الثانية) توكيد في محل نصب

الاهمال: مفعول به ثان للفعل المحذوف.

✍ **إيّاك والإهمال:**

إياك: مفعول به منصوب لفعل محذوف تقديره احذر والفاعل ضمير مستتر تقديره أنت.

والاهمالَ: الواو حرف عطف، الاهمالَ: مفعول به ثان لفعل محذوف تقديره ابغض.

✍ **الجدَّ فإنه طريق النجاح.**

الجدَّ: مفعول به منصوب لفعل محذوف تقديره الزم وفاعله ضمير مستتر تقديره أنت

🖋 الصدقَ الصدقَ يا أولي الأَلباب.

الصدقَ: مفعول به لفعل الإغراء المحذوف تقديره (الزموا)، وعلامة نصبه الفتحة الظاهرة على آخره.

الصدقَ: توكيد لـ(الصدق) منصوب وعلامة نصبه الفتحة الظاهرة على آخره.

يا: حرف نداء.

أولي: منادى منصوب وعلامة نصبه الياء لأنه ملحق بجمع المذكر السالم. وهو مضاف

الألباب: مضاف إليه مجرور وعلامة جره الكسرة.

🖋 أعرب:

إيّاك إيّاك أن تبتلّ بالماء.

النار النار أيّها الأطفال.

الجدَّ والمثابرة أيّها الأصدقاء.

. الاشتغال .

الاشتغال: أن يتقدّم اسم على عامل من حقه أن ينصبه، لولا اشتغاله عنه بالعمل في ضميره، نحو(خالدٌ أكرمْتُهُ).

(إذا قلتَ: خالداً أكرمتُ،فخالداً :مفعول به لأكرم. فإن قُلتَ: خالدٌ أكرمتُهُ فخالدٌ حقه أن يكون مفعولاً به لأكرم أيضاً، لكن الفعل هنا اشتغل عن العمل في ضميره، وهو الهاء، أي(ضميرالفاعل الذي يعود عليه وهذا هو معنى الاشتغال).

والأفضل في الاسم المتقدّم الرفع على الابتداء، كما رأيت. والجملة بعده خبره.ويجوزنصبُهُ نحو: خالداً رأيتُهُ.

- يجب نصب الاسم المشتغل عنه إذا وقعَ بعدَ أدوات التحضيض والشرط والاستفهام غير الهمزة،مثل: هلا الخير فعَلتَهُ، إن سعيداً لقيتَهُ فسلّمْ عَليه، هل علياً أكرمتَهُ؟.

يرجّح نصب الاشتغال في خمس صُوَر:

١- أن يقع بعد الاسم أمر، مثل: (خالداً أكْرِمْهُ)و(علياً لِيكرمْهُ سعيدٌ).

٢- أن يقع بعد نهيٌ، مثل: (الكريمَ لا تُهِنْهُ).

٣-أن يقَعَ بعدهُ فعلٌ دُعائي، مثل: (اللهمَ أمري يسّرْهُ،وعملي لا تُعسّرْهُ) وقد يكون الدعاء على صيغة الخبر،مثل: (سعيداً غَفَرَ اللهُ له، وعلياً هداهُ الله).

٤-ان يقع الاسم بعد همزة الاستفهام كقوله تعالى:(أبَشراً منّا واحداً نتّبِعُهُ ؟).
(وإنما ترجح النصبُ بعدها لأن الغالب أن يليها فعلٌ، ونصب الاسم يوجب تقدير فعل بعدها)

٥-أن يقع جواباً لمُستفهَم عنه منصوب، كقولك: علياً أكرمتُهُ، في جواب مَن مثل: (مَنْ أكرمتَ؟).(وإنما ترجح النصب لأن الكلام في الحقيقة مبنيّ على ما قبله من الاستفهام).

ويجب رفعه في ثلاثة مواضع:

١- أن يقع بعد (إذا الفجا ئية) مثل: (خرجتُ فإذا الجوُّ يملؤُهُ الضبابُ). (وذلك أن إذا الفجائية لم يؤولها العرب إلا مبتدأ أو خبراً فلو نُصِبَ الاسم بعدها،لكان على تقدير فعل بعدها، وهي لا تدخل على الأفعال).

٢- أن يقع بعد واو الحال، نحو: (جئتُ والفرسُ يركبُهُ أخوكَ).

٣- أن يقع قبل أدوات الاستفهام، أو الشرط، أو التحضيض،أو ما النافية، أو لام الابتداء،أو ما التعجبيّة،أو كم الخبريّة،أو(إنّ)وأخواتها مثل:
زهيرٌ هل أكرمتَهُ؟سعيدٌإن لقيتهُ فأكرمهُ، خالدٌ هلا دعوتهُ، الشرُّ ما فعلتُهُ، الخيرلن أفعلهُ، الخُلُقُ الحَسَنُ ما أطيبَهُ !، زهيرٌ كم أكرمتُهُ!،صلاحٌ إني أُحِبُهُ.
(فالاسم في ذلك كله مبتدأ والجملة بعده خبر)

✍ تمارين:

✍١- دلّ على المشغول عنه فيما يلي وبيّن حكمه مع ذكر السبب.

أ- إن الحديقة دخلتها فلا تقطف أزهارها -هلا المُتحفَ زرتَهُ

- القطارَ ركبتُهُ
- هل العمل الصالح تأباهُ؟جئتُ والفرس يركبها أخوك.
- خرجتُ فإذا الجوّ تعكره العواصف.
- الكتب النافعة اقْرأها دائماً.
- اللهمّ نفوسَنا ارحمْها.

ب- سعيدٌ أقنعْتُهُ.

ج- الضيفُ هلاّ أكرمته.

د- دخلت الصفَ فإذا الدرسُ يشرحُهُ المُعلّم .

هـ- هل الواجب أنجزتهُ

✍ **إعراب نموذجي:**

✍ **إذا الحق قلته ارتاح ضميرك.**

إذا: ظرف لما يستقبل من الزمان متضمن معنى الشرط، مبني على السكون في محل نصب مفعول فيه، متعلق بجوابه.

الحقّ:مفعول به لفعل محذوف يفسره ما بعده، منصوب وعلامة نصبه الفتحة الظاهرة على آخره.

قلْتَهُ: فعل ماض مبني على السكون لاتصاله بالتاء، والتاء ضمير متصل بني على الفتح في محل رفع فاعل، والهاء ضمير متصل مبني على الضم في محل نصب مفعول به.

ارتاح: فعل ماض مبني على الفتح الظاهر.

ضميرك: فاعل مرفوع وعلامة رفعه الضمة الظاهرة على آخره، وهو مضاف،والكاف ضمير متصل مبني في محل جرّ بالإضافة.

✍ **أعرب:**

-هلاّ خالدا أكرمتَهُ.

-الضيفُ هل احترمْتَهُ ؟

- كلامك إن قُلْتَهُ فَزِنْهُ.

. التنازع .

التنازع هو توجه عاملين إلى معمول واحد متأخر عنهما نحو:

(قابلتُ وأكرمتُ زيداً)

فالفعلان قابلتُ وأكرمتُ يطلبان زيداً بالمفعولية، أي يتنازعانه.

(ولما كان من غير الجائز أن يتسلطَ عاملان على معمولٍ واحد، كان أحق العاملين بالعمل هو الثاني. لاحظ في الجملة المذكورة أن العاملَ الأوّل أفادني، يطلب الرفع والعامل الثاني،يطلب النصب، وجاء المتنازع عليهِ (أخاكَ)منصوباً لقرب العامل الثاني منه ولأنه لم يَنفصل عنه).

ما أجمَل وأبدعَ منظرَ الأفلاك.(تنازع بين فعلي تعجُب).

(أكرمتُ أخاكَ وأها نني) توسط المنتزع عليهِ فانتفى التنازع، وأصبح مفعولاً به لأكرمت).

ولا يجوز التنازع بين حرفين ولا بين فعلين جامدين ولا بين اسمين غير عاملين.

ولا بين فعل متصرف وآخر جامد، أو فعل متصرف واسم غير عامل ويشترط في العاملين أيضاً شرط ثا ن، وهو: أن يكون بينهما ارتباط فلا يجوز أن تقول: (قام قعد أخوك) لأنه لا ارتباط بين الفعلين

. الحال .

الحال: وصف نكرة منصوبة يُؤتى به بعد تمام الجملة لتُبين هيئة صاحبها عند صدور الفعل. مثل:جاءالفارسُ راكبا ً، هذا خالدٌ مقبلاً.

شروط الحال:

يشترط في الحال أربعة شروط:

١- أن تكون صفة متنقلة لا ثابتة (وهو الأصل فيها)، نحو: طلعت الشمسُ صافيةً.

وقد تكون صفة ثابتة، نحو: (وَيَوْمَ أُبْعَثُ حَيًّا(٣٣)) (مريم، من الآية٣٣) (هذا أبوك رحيماً).

٢- أن تكون نكرة، لامعرفة.، ويجوز أن تكون معرفة إذا صحَّ تأويلها بنكرة. نحو: (آمنت بالله وحده).أي: منفرداً. ونحو: (أُدخلوا الأول فالأوّل) أي: مرتبين.

٣- أن تكون نفس صاحبها في المعنى، نحو: (جاء سعيدٌ راكباً) فإن الراكب هو نفس سعيد. ولا يجوز أن يقال: (جاء سعيد ركوباً)، لأن الركوب فعل الراكب وليس هو نفسه.

٤- أن تكون مشتقة، لاجامدة.

وقد تكون جامدة مؤولة بوصفٍ مشتق: وذلك في ثلاث حالات:

أ- أن تدل على تشبيه، نحو: كرَّ عليٌّ أسداً. أي شجاعاً كالأسد.

ب- أن تدل على مُفاعلة، نحو: (بعتك الفرس يداً بيد) أي متقابضين

ج- أن تدل على ترتيب، نحو: (دخل القومُ رجلاً رجلاً) أي: مرتبين.

وقد تكون جامدة،غيرمؤولة بوصف مشتق، وذلك في سبع حالات:

١-أن تكون موصوفةً، كقوله تعالى:(إِنَّا أَنزَلْنَاهُ قُرْآنًا عَرَبِيًّا لَعَلَّكُمْ تَعْقِلُونَ)[يوسف٢]

وقوله:(فَتَمَثَّلَ لَهَا بَشَرًا سَوِيًّا(١٧)).(من سورة مريم)

٢-أن تدل على تسعير، نحو: (بعتُ القمحَ مُدّاً بعشرةِ قروشٍ . واشتريت الثوبَ ذراعاً بدينارٍ).

٣-أن تدل على عددٍ، كقوله تعالى:(مِيقَاتُ رَبِّهِ أَرْبَعِينَ لَيْلَةً).(الأعراف، من الآية١٤٢).

٤- أن تدلّ على طور، أي حال واقع فيه تفضيل، نحو:(العنبُ زبيباً أطيبُ منهُ دِبساً).

٥- أن تكون نوعاً لصاحبها، نحو: (هذا مالك ذهباً).

٦- أن تكون فرعاً لصاحبها، نحو: (هذا ذهبكَ خاتماً) ومنه قولهُ تعالى: (وتنحِتونَ الجبالَ بُيوتاً).

٧- أن تكون أصلاً لصاحبها، نحو: (هذا خاتمُكَ ذهباً)ومنه قوله تعالى: (أأسجدُ لِمن خلقت طيناً؟).

<u>عناصرالحال هما:</u>

١- الحال ٢- صاحب الحال.

مثال: أقبل الطالب باسماً:

الطالب: صاحب الحال.

باسماً: هو الحال.

<u>أنواع صا حب الحال:</u>

١- الفاعل: وقفَ العالِمُ خاطباً في القوم . حال منصوبة وصاحبها العالِمُ.

٢- المفعول به: شربتُ الماءَ صافياً.حال منصوبة وصاحبها الماء.
(وقد يكون صاحب الحال الفاعل والمفعول به معاً،مثل:
(صافحَ أحمدُ صديقَهُ واقفيْن).

٣- المجرور بحرف الجرّ أو الإضافة:
مررتُ بالفارس راكباً حصانه،صا حب الحال الفارس.
ساءني قطع الأشجار مثمرةً،صاحب الحال المضاف إليه الأشجار

٤- المبتدأ: المعلم مخلصاً لطلا ّبه، صاحب الحال المُعلِّم المبتدأ.
٥- الخبر: نحو: (هذا الهلال طالعاً) طالعاً: حال تبين هيئة الخبرالهلال وهوصاحبها.
٦- نائب فاعل: خُلق الانسانُ هلوعاً، صاحب الحال الانسان نائب فاعل.

- **قد يأتي صاحب الحال معرفة وقد يأتي نكرة:** صلى الرسولُ قاعداً وصلى وراءهُ رجالٌ قياماً. فقاعداً حال (الرسول)معرفة، وقياماً حال وصاحبها (رجال)نكرة.

- **يجوز أن تتعدد الحال، وصاحبها واحد أو متعدد.** فمثال تعددها وصا حبها واحد قوله تعالى: (فَرَجَعَ مُوسَى إِلَى قَوْمِهِ غَضْبَانَ أَسِفًا) (طه: الآية٨٦)

وقد تتعدد الحال ويتعدد صاحبها، فإن كانت من لفظٍ واحدٍ ومعنىً واحدٍ ثنيتها أو جمعتها، نحو:
جاء سعيدٌ وخالد راكبيْن .
سافر خليل وأخواه ماشيينَ.

- **واو الحال**:

واو الحال: ما يصح وقوع إذ الظرفية موقعها، فإذا قلت: (جئتُ والشمس تغيب) صحَّ أن تقول: (جئتُ إذ الشمس تغيب).
ولا تدخل إلا على الجملة، كما رأيت، فلا تدخل على حال مفردة ولا حال شبه جملة.
وأصل الربط أن يكون بضمير صا حب الحا ل. وحيث لا ضمير وجبت الواو لأن الجملة الحالية لا تخلو من أحدهما أو منهما معا.فإن كانت الواو مع الضميركان الربط أشد وأحكم.وواو الحال، من حيث اقتران الجملة الحالية بها وعدمه، على ثلاثة أضرب:
أ. واجب. ب. جائز. ج.ممتنع.

أحوال الحال:

١- حال مفردة (اسماً ظاهرا): مثل: أقبلَ محمد ضاحكاً.

٢- حال جملة اسميّة: رجعَ الجنودُ وسيوفُهم مشهورةٌ

٣- جملة فعلية نحو قوله تعالى (وَجَاءَ أَهْلُ الْمَدِينَةِ يَسْتَبْشِرُونَ).(الحجر، آية٦٧)

٤- حال شبه جُملة:

جار ومجرور،مثل:نظرتُ العصفورَ على الغُصن .

ظرف، مثل: رأيتُ الهلالَ بينَ السحابِ.

*قد تتعدد الحال فيكون للفعل أكثر من حال،نحو:

حضر العامل نشيطاً فرحا مسروراً.

*الجمل بعد النكرات صفا ت وبعد المعارف أحوال.

جاء الولدُ يضحكُ (يضحك جملة فعلية من الفعل والفاعل في محل نصب حال)

جاء ولدٌ يضحك(يضحك جملة فعلية من الفعل والفاعل في محل نصب صفة).

تمرين:

بيّن الحال ونوعها وصاحبها، ورابطها إن وُجد:

١- جاء المسلمون مهللين.

٢- دخلت المكتبة أبوابها مفتحة.

٣- قال تعالى: ((وَجَاءُوا أَبَاهُمْ عِشَاءً يَبْكُونَ(١٦))) (يوسف: آية ١٦)

٤- يغني الطائر فوق الأغصان.

٥- يصلّي المسلم في خشوع.

٦- سمعت الطالبات وهنّ يتحدثن.

٧- شاهدت العدوّ يتسلل في الظلام.

✍

أمثلة واعرابها:

✍ **أقبلَ عليّ ضاحكا ،**

حال منصوب وعلامة نصبه الفتحة الظاهرة.

✍ **ظهر البدرُ كاملاً،**

حال منصوب وعلامة نصبه الفتحة الظاهرة.

✍ **دخلوا القاعة ثلاثة ثلاثة.**

ثلاثة: حال منصوب وعلامة نصبه الفتحة الظاهرة.

ثلاثة:معطوف بحرف محذوف هو الفاءأو ثمَّ. ويمكن اعرابه توكيداً.

(الحال: ثلاثة يمكن تأويلها بمشتق هو: مترتبين.)

✍ **سلّمته الكتاب يداً بيد .**

يداً: حال منصوب وعلمة نصبه الفتحة الظاهرة.

بيد :جار ومجرور متعلق بمحذوف صفة في محل نصب (والموصوف هو كلمة يداً الواقعة حالاً) (الحال: يدا مع صفتها (بيد)يمكن تأويلها بمشتق: مقابضة أو ما في معناه)

✍ **جاء خالدٌ (وهو فرح) جملة اسمية في محل نصب حال.**

✍ **رأيتُ الطفل يبكي:**

يبكي: فعل مضارع مرفوع والفاعل ضمير مستتر تقديره هو والجملة من الفعل والفاعل في محل نصب حال.

✍ **هذا كتابك في الحقيبة.**

هذا: اسم إشارة مبني على السكون في محل رفع مبتدأ.

كتابك: خبر مرفوع وعلامة رفعه الضمة، والكاف ضمير متصل مبني في محل جر مضاف إليه.

في الحقيبة: في: حرف جرّ، الحقيبة اسم مجرور وشبه الجملة من الجار والمجرور في محل نصب حال. والتقدير: هذا كتابك (كائناً) في الحقيبة.

* **ملحوظات:**

✍ **هناك كلمات تُعرب حالاً، ومنها:**

جميعاً، كافةً، قاطبةً، وحد (مضافة إلى ضمير)

١- يختلف الناس جميعاً في بصماتهم.

٢-(وَمَا أَرْسَلْنَاكَ إِلَّا كَافَّةً لِلنَّاسِ) (سبأ: من الآية ٢٨)

٣-نجح الطلبة قاطبةً.

٤- ادرس وحدك.

✍ **(كيف) أداة استفهام لها محلان من الإعراب:**

١- إذا جاء بعدها فعل تام أعربت في محل نصب حالٍ.

✍مثال: كيف تحضر إلى المدرسة؟

كيف: اسم استفهام مبني في محل نصب حال.

✍كيفَ أديت ألامتحان؟

كيف: اسم استفهام في محل نصب حال.

٢-إذا جاء بعده اسم أعربت خبراً.

✍مثال:كيفَ الامتحان؟

كيفَ: اسم استفهام مبني في محل رفع خبر مقدّم.

✍كيف النجوم ؟

كيف: اسم استفهام مبني في محل رفع خبر مقدم.

. التمييز .

التمييز: اسم نكرة مفرد يُذكر بعد مبهم ليزيل ابهامه ويبين المراد منه.

المميز: وهو الاسم الذي يحدده التمييز ويوضحه،

وهو نوعان:

أ-التمييز الملفوظ: وهو الاسم المبهم الملفوظ به قبل التمييز

ويسمى أيضاً تمييز المفرد أو تمييز الذات لأنه أزال الإبهام عن كلمة واحدة، وهو أربعة أنواع: اسم وزن، اسم كيل، اسم مساحة،اسم عدد.

ب- ملحوظ: وهو الذي يُلحظ في الكلام من غير أن يُذكر،

ويسمى تمييز النسبة.

استعمالات التمييز الملفوظ:

١- بعد الوزن، مثل: اشتريتُ جراما ذهباً(جراماً مُميز وذهباً تمييز منصوب وعلامة نصبه الفتحة)

٢- بعد الكيل،مثل:باع التاجرُ إردبّا شعيراً(إردبّاً مميّزوشعيراً تمييز منصوب وعلامة نصبه الفتحة.

٣- بعد المساحة، مثل:زرعنا من أرض بستاننا دونماً فاكهةً. (دونماً مميّز وفاكهة تمييز منصوب وعلامة نصبه الفتحة).

ويجوز في تمييز:

الوزن والكيل والمساحة أربعة أوجه:

أ- نصبه على إنه تمييز مباشرة،عندي رطلٌ زيتاً.

ب- جرّه على أنه مضاف إليه،عندي رطلُ زيتٍ.

ج- جرّه بالحرف مِن،عندي رطلٌ من زيتٍ.

د- والرفع على البدلية، عندي رطلٌ زيتٌ.

٤- بعد العَدد، مثل: قرأتُ عشرين قصيدة.

قصيدة: تمييز منصوب وعلامة نصبه الفتحة.

✍ رأيتُ خمسة عشر طالباً.

طالباً: تمييز منصوب وعلامة نصبه الفتحة الظاهرة

. ملحوظة: إذا جاء بعد اسم التفضيل اسم نكرة منصوب يعرب تمييزاً مثل: القـاهرة أكثر ازدحاماً من الاسكندرية. ازدحاما: تمييز منصوب وعلامة نصبه الفتحة.

تمييز العدد

*الأعداد من(٣-٩)يكون تمييزها جمعاً مجروراً ومعها العشرة مفردة ويعرب في هـذه الحالة مضافاً إليها

✍ نحو:أكلتُ ثلاثَ برتقالاتٍ: أكلتُ:فعل ماض وفاعل ثلاثَ: مفعول به منصوب وهو مضاف. تفاحات: مضاف إليه مجرور(تمييزالعدد)

*الأعدادمن (١١-٩٩) يأتي تمييزها مفرداً منصوباً ويعرب تمييزاً.

✍ كتبتُ خمسةً وتسعين موضوعاً. كتبتُ: فعل ماض وفاعل خمسة: مفعول به منصوب وتسعين: الواو حرف عطف، تسعين: معطوف على خمسة. موضوعاً: تمييز منصوب وعلامة نصبه الفتحة.

✍ تمرين:

✍ ١- اجعل الفاعل أو المفعول به فيم يأتي تمييزاً.

فجّرنا عيون الأرض.

طابت نفس زيد.

غرست شجر الأرض.

ازداد تقدّم العلم.

قوي احتمال الرجل.

✍ ٢-عيّن التمييز وبيّن نوع المميز في الجمل الآتية.

- إنّ لله تسعة وتسعين اسماً.

- حرثث قيراطا برسيماً.

- حضر عشرون رجلاً.

-اشتريت فدّاناً قصباً.

- (وَالْبَاقِيَاتُ الصَّالِحَاتُ خَيْرٌ عِنْدَ رَبِّكَ ثَوَابًا وَخَيْرٌ أَمَلًا (٤٦)) (الكهف: ٤٦)

. المستثنى .

الاستثناء:هو إخراج الاسم الواقع بعد(إلاّ)أو احدى اخواتها من حكم ما قبلها.
نحو:(جاء التلاميذ إلا خالداً) فكلمة خالدا خارجة من حكم المجيء الداخل فيه التلاميذ.. مثل:

حضر المدعوون إلا واحداً.

فالحكم هو خروج المدعويين وواحد من هؤلاء المدعوين خرج من الحكم فهو لم يحضر، وقد فصلنا بين جزأي الجملة بأداة الاستثناء إلا . والمُخرَج يسمى (مستثنى) وهو الاسم الذي لايشمله الحكم.

فالمستثنى اسم منصوب يقع بعد أداة من أدوات الاستثناء ليخالف ما قبلها في الحكم. والمخرج منه يسمى(مستثنى منه) وهو الاسم الذي يسند إليه الحكم.

عناصر اسلوب الاستثناء:

١- مستثنى منه ٢- مستثنى ٣- اداة الاستثناء

أنماط اسلوب الاستفهام:

أ- تام موجب: وهو ما كان المستثنى منه مذكوراً فيه، ولم يتقدمه نفي أو شبه نفي وحكمه النصب (حضر الضيوفُ إلاّ خالداً).

ب- التام المنفي:وهو ما كان المستثنى منه مذكوراً فيه وتقدمه نفي أو شبه نفي وحكمه النصب أو الاتباع، ما قام القوم إلا زيدٌ،وإلا زيداً.

- المتصل وهو ما كان فيه المستثنى من جنس المستثنى منه، نحو: (جاءَ التلاميذ إلاّ اخاكَ).

فأخاك هو أحد التلاميذ.

- المنقطع وهو ما كان فيه المستثنى من غير جنس المستثنى منه وحكمه النصب.

مثل:(حضرَ القومُ إلا مواشيهم).

- المفرغ وهو ما حُذِفَ فيه المستثنى منه، ما جاء إلاّ زيدٌ إن كانت جملة الاستثناءغير تامة وغير موجبة ألغيت (إلا) واعرب مابعدها حسب موقعه من الجملة،وسمي الاستثناء مفرغاً أي أنّ ما قبل الحرف تفرغ للعمل فيما بعده،

✍مثل: ما جاء إلاّ زيدٌ

ما: حرف نفي

جاء: فعل ماض مبني على الفتح.

إلا:حرف استثناء ملغى

زيدٌ: فاعل مرفوع وعلامة رفعه الضمة الظاهرة.

أدوات الاستثناء

١- حرف: إلا

٢- اسماء: غير وسوى

٣- أفعال أو حروف:عدا خلا حاشا.

أ- لقد تقدم اعراب إلاّ وما بعدها فيما سبق.

ب-الاستثناء بغير وسوى: (تعرب غير وسوى اعراب الاسم الواقع بعد إلا)

في كل أحواله وأحكامه، مثل:

✍ **نجح الطلبة غير طالب.**

الاستثناء تام مثبت.إذن غيرمستثنى واجب النصب، طالب: مضاف إليه مجرور.

* الاسم بعد غير وسوى يكون مجروراً دائماً ويُعرب مضافاً إليه).

١- النصب إذا كان الكلام تاما مثبتاً.

زرتُ الجامعات كلها غيرَ جامعة .

غيرَ: مستثنى منصوب وهو مضاً ف، جامعة: مضاف إليه.

زرت المدارس كلها سوى مدرسة.

سوى: مستثنى منصوب وهو مضاف، مدرسة مضاف اليه.

٢- النصب أو الاتباع إذا كان الكلام تاماً منفياً.
ما حضر الطلابُ غيرَزيدٍ أوغيرُ زيدٍ.
غيرَ: مستثنى منصوب وهي مضاف وزيدٍ مضاف اليه
غيرُ: بدل مرفوع وزيد مضاف اليه.
٣- تعرب حسب موقعها في الجملة إذا كانت الجملة مفرغة.
ما رأيتُ سوىَ طالبٍ. مفعول به منصوب
لم يحضرْ غيرُ معلم. فاعل مرفوع وعلامة رفعه الضمة الظاهرة.
ما مررتُ بغيرِ سائحٍ . مجرور بحرف الجرّ.

الاستثناء بخلا وعدا وحاشا

١-لا علاقة لهذه الأدوات بنمط الاستثناء عند الإعراب.
٢- هذه الأدوات الثلاث إما أن تعرب أفعالاً تامة متعدية فيعرب ما بعدها مفعولاً به، والفاعل مستتر وإما أن تعرب حروف جرّ فيعرب ما بعدها اسماً مجروراً بحرف الجر.
عادت الطائرات خلا واحدةٍ (خلا: حرف جرمبني على السكون،طائرة:مجرورة بالكسرة. وتستعمل أفعالا إن سبقتها(ما) المصدرية وينصب المستثنى بعدها مفعولاً به.

✍ حضر الطلابُ ما عدا زيداً

حضر: فعل ماض مبني على الفتح
الطلاب: فاعل مرفوع وعلامة رفعه الضمة.
ما عدا: ما: مصدرية، عدا فعل ماض مبني على الفتح المقدرمنع من ظهورها التعذر،وفاعله ضميرمستتروجوباً تقديره هو، والمصدر المؤول من ما والفعل في محل نصب حال.
زيدا: مفعول به منصوب وعلامة نصبه الفتحة الظاهرة.
تسلّم كل المتفوقين جوائزهم خلا واحداً أو واحدٍ.
لا أبغضُ أحداً عدا المنافق أو المنافق .

اسلوب لا سيّما

نستخدم أسلوب(لاسيما) وهو مكوّن من ثلاث كلمات(لا + سيّ+ ما) لتفضيل ما بعدها على ما قبلها في الحكم.

مثل:

أحبّ الطلاب ولا سيّما المجتهدون أو المجتهدين.

تعجبني الفنون ولاسيّما فنونٌ جديدةٌ أو فنونٍ أو فنوناً.

لو قلتَ: (أحبُ الطلابَ) لفهمنا أنّك تميل إلى الطلاب، ولكن عند إضافة (ولا سيما المجتهدون) فهمنا أنّ نصيب(المجتهدون)يفوق نصيب غيرهم، (وذلك لأنّ سيَّ)بمعنى(مثل)،فكأنك قلت: ولكن المجتهدين لا يماثلهم أحد من الطلاب في محبّتي وتركيب (لاسيّما) مركب من (لا) النافية للجنس،و (سيّ)التي بمعنى (مثل) هي اسمها، وخبرها دائماً محذوف تقديره موجود.

أمّا (ما) فهي إمّا زائدة، وإمّا اسم موصول في محل جر بالإضافة.

وأمّا الاسم الواقع بعد(لاسيّما)فهو إمّا مرفوع وإمّا مجرورإذا كان معرفة كما هو في المثال الأول، ويكون إمّا مرفوعاً، وإمّا مجروراً وإمّا منصوباً إذا كان نكرة كما هو في المثال الثاني.

ففي حالة الرفع الرفع يكون خبر لمبتدأ محذوف تقديره هنا (هم) وتكون(ما) اسماً موصولا في محل جر بالإضافة. وفي حالة الجرّيكون الاسم مضافاً إليه، وتكون(ما) زائدة؛ وفي حالة النصب يكون الاسم تمييزاً، وتكون(ما) زائدة ويكون (النصب) على أنه تمييز لما.

أمثلة في الإعراب. 🖎

اعراب:

العلماءُ محترمون ولا سيّما العاملين. 🖎

العلماء: مبتدأ مرفوع وعلامة رفعه الضمة .

محترمون: خبر المبتدأ مرفوع وعلامة رفعه الواو.

ولاسّما: الواو اعتراضية، ولا نافية للجنس، وسيَّ اسمها منصوب بالفتحة الظاهرة، وهو مضاف، وما زائدة.

العاملين: مضاف إليه مجرور وعلامة جره الياء لأنه جمع مذكر سالم.

أحبُّ الكتبَ ولاسيّما كتبَ الأدب. 🖎

أحبّ : فعل مضارع مرفوع وعلامة رفعه الضمة الظاهرة. والفاعل ضمير مستتر وجوباً تقديرهُ أنا.

الكتبَ مفعول به منصوب وعلامة نصبه الفتحة الظاهرة

الواو: استئنافية

لا: نافية للجنس، حرف مبني على السكون لا محلَ له من الإعراب.

سيّ: اسم لا منصوب وعلامة نصبه الفتحة الظاهرة لأنه مضاف وخبر لا محذوف تقديره موجود.

ما: اسم موصول مبني على السكون في محل جرّ مضاف إليه.

كتبُ: خبر لمبتدأ محذوف وجوباً تقديره هو ، والجملة من المبتدأ والخبر لا محل لها من الإعراب صِلة الموصول.

الأدب : مضاف إليه مجرور وعلامة جره الكسرة الظاهرة.

. النعت .

النّعت (ويسمى الصفة أيضاً)وهو ما يُذكر بعد اسم ليبين بعض أحواله أو أحوال ما يتعلق به. فالأول نحو: (جاء التلميذُ المجتهدُ) والثاني نحو: (جاء الرجل المجتهدُ غلامه)فهو اسم يُوضح صفة من الصفات في اسم قبله، يُسمى المنعوت.

فائدة النعت:

فائدة النعت التعظيم، نحو قولك: (سبحان الله العظيم)أو للمدح كقولك: (مررت بزيد الكريم)

ومنه قوله تعالى: (بِسْمِ اللَّهِ الرَّحْمَنِ الرَّحِيمِ) (الفاتحة، آية١) و(الْحَمْدُ لِلَّهِ رَبِّ الْعَالَمِينَ) (الفاتحة، آية٢).

وللذم، نحو قولك: (مررت بزيد الفاسق) ومنه قوله تعالى (أعوذ بالله من الشيطان الرجيم) وللترَّحُم نحو: (مررت بزيد المسكين)

وللتوكيد نحوقرأت صفحتين اثنتين:

النعت نوعان: أ- نعت حقيقي ب- نعت سببي.

النعت الحقيقي: وهو الذي ينعت اسماً سابقاً عليه، ويتبعه في كل شيء؛ في التذكير والتأنيث والتعريف والتنكيروفي الإفراد والتثنية والجمع، وفي الاعراب.مثل: نجح الطالب المجتهدُ، نجحت الطالبة المجتهدة ، نجح الطلاب المجتهدون.

النعت السببي: وهو لا ينعت الاسم السابق عليه على وجه الحقيقة (وإن كان يسمى في الاصطلاح النحوي منعوتاً أيضاً) لكنه ينعت اسماً ظاهراً يأتي بعده ويكون مرفوعاً به مشتملاً على ضميريعود على الاسم السابق،وهذا الاسم الأخير هو الذي يسمى السببي.

مثل: هذا رجلٌ مجتهدٌ ابنُهُ

هذا رجل مُخلصٌ محبوهُ

* النعت يطابق منعوته في:

١-الإعراب: (الرفع والنصب والجرّ).اذا كان المنعوت مرفوعاً كان النعت مرفوعاً أيضاً.

مثل: حضر الطالبُ المجتهدُ. نعت مرفوع بالضمة لأنّ المنعوت وهو الطالب جاءَ مرفوعاً وهكذا في حالة النصب والجرّ

٢- في التذكير والتأنيث. إذا كان المنعوت مؤنثاً كان النعت مؤنثاً.المعلمةُ الناجحة تنفعُ طالباتها وهكذا في حالة التذكير.

٣-العدد: (الإفراد والتثنية والجمع) إذا كان المنعوت مفرداً كان النعت مفرداً وهكذا في التثنية والجمع. المسلمون الصالحون محبوبون،في الملعب لاعبان نشيطان.

٤- التعريف والتنكير. إذا كان المنعوت نكرة كان النعت نكرة.

مثل: استمعت إلى خطبة ممتعة.وإذا كان المنعوت معرفة كان النعت معرفة.

مثل: أكرمتُ الطالبات الناجحات.

اعراب:

ربح التاجر الأمين :

ربح: فعل ماض مبني على الفتح.

التاجرُ: فاعل مرفوع وعلامة رفعه الضمة.

الأمين: نعت مرفوع وعلامة رفعه الضمة.

يقرأ عليٌ كتاباً مُفيداً.

يقرأ: فعل مضارع مرفوع.

علي: فاعل مرفوع وعلامة رفعه تنونين الضم

كتاباً: مفعول به منصوب وعلامة نصبه الفتحة.

مفيداً: نعت منصوب وعلامة نصبه الفتحة.

✍ أبصرت ُعصفوراً **<u>فوق غصن</u>**
فوق:ظرف مكان منصوب وهو مضاف
غصنٍ :مضاف إليه
وشبه الجملة نعت منصوب.

<u>النعت المفرد والجملة</u>

<u>النعت المفرد</u>: ويجب أن يكون من الأسماء المشتقة العاملة، أو مما يؤول بمشتق، ومن الأسماءالتي تقع نعتاً لأنها تؤول بمشتق:

١- **اسم الإشارة:**

كافأت الطالب <u>هذا</u>

هذا: ها: حرف تنبيه، وذا اسم اشارةمبني على السكون في محل نصب نعت.

٢- **اسم الموصول الذي يبدأ بهمزة وصل:**

✍ نجح الطالب <u>الذي</u> اجتهد

الذي:اسم موصوف مبني على السكون في محل رفع نعت.

٣- **العدد:**

✍ كافأتُ طلاّباً خمسة.

خمسة: نعت منصوب وعلامة نصبه الفتحة الظاهرة

✍ **<u>النعت الجملة:</u>**

الجملة الخبرية إذا وقعت بعد نكرة محضة أعرِبت نعتاً، أو نكرة غير محضة جاز اعرابها نعتاً، بشرط أن ترتبط بضمير يعود إلى المنعوت

مثل: سمعتُ عصفوراً صوتهُ جميل.

الجملة الاسمية(صوته جميل) في محل نصب نعت.

سمعتُ طالباً يقرأ.

الجملة الفعلية(يقرأ) في محل نصب نعت

. التوكيد .

التوكيد (أو التأكيد)تكريريراد به تكرير أمر المُكرّرفي نفس السامع.

نحو: (جاء عليٌّ نفسُهُ) ونحو: قال تعالى: (وَجَاءَ رَبُّكَ وَالْمَلَكُ صَفًّا صَفًّا) (الفجر: ٢٢).

صفاً: حال منصوب. صفاً الثانية: توكيد لفظي منصوب.

التوكيد قسمان:

١- توكيد معنوي ٢- توكيد لفظي

التوكيد المعنوي وأشهر ألفاظه: نفس-عين- كلا- كلتا- كل- جميع- عامة.

وهذه الألفاظ يجب أن يسبقها المؤكد الذي ينبغي أن يكون معرفة، وأن تطابقه في الإعراب، وأن تضاف إلى ضمير يعود إلى المؤكد،

فنقول: جاء زيدٌ نفسُهُ.

رأيتُ زيداً نفسَهُ.

مررتُ بزيدٍ نَفسِهِ.

حضر الأستاذان كلاهما.

نجح المجتهدون كلّهم.

حضر الطلابُ كُلّهم أجمعون.

التوكيد اللفظي: وهوتكرار المؤكَد بلفظه أو بما في معناه، ويُعرب في كل حالاته توكيداً لفظياً تابعاً للمؤگد في الإعراب،

فنقول: الاجتهادُ الاجتهاد طريق النجاح،

الاجتهادُ: مبتدأ مرفوع وعلامة رفعه الضمة الظاهرة.

الاجتهادُ: توكيد لفظي مرفوع وعلامة رفعه الضمة الظاهرة.

✍ تمرين:

عيّن في العبارات الآتية التوكيد والمؤكد، واضبطهما بالشكل، وميّز التوكيد اللفظي من التوكيد المعنوي.

١- (إنّ في الجسد مضغة إذا صلحت صلح الجسد كله...) حديث شريف

٢- حضر الرجال كلّهم.

٣- ركب السيارة عينها.باع الرجل داريه كلتيهما.

٤- الحق الحق أحق أن يُتّبع

٥-إنّ الأمة العربية جميعها قلب واحد.

٦- إنّ العالم عينه مجتهد.

٧- العلم نور العلم نور.

٨- طاعة الوالدين كليهما من طاعة الله.

٩- كتب التلاميذ أعينهم الدرس.

. البدل .

البدل: هو التابع المقصود بالحكم بلا واسطة بينهُ وبين متبوعه نحو:
(واضعُ علم النحو الإمامُ عليٌّ).
فعلي تابع للامام في اعرابه.وهو المقصود بحكم نسبة وضع النحو إليه.
ومع ذلك فهو يتبع اسما سابقاً عليه يسمى المبدل منه.

أقسام البدل

البدلُ أربعةُ أقسام :

١- البدلُ المطابِقُ (ويسمى أيضاً بدل الكل من الكل):وهو الذي يساوي المبدل منه في المعنى مساواة تامة،مثل: (كان الخليفةُ عمرُ عادلاً) فعمر هو الخليفة والخليفة هو عمر، وكقوله تعالى:((اهْدِنَا الصِّرَاطَ الْمُسْتَقِيمَ (٦) صِرَاطَ الَّذِينَ أَنْعَمْتَ عَلَيْهِمْ)) (الفاتحة، آية ٥-٦) فكلمة صراط الثانية مساوية لصراط الأولى.

٢- بدل بعض من كل: وهو الذي يكون جزءاً حقيقياً من المبدل منه ولا بد أن يكون مضافاً إلى ضمير يعود إليه

مثل: عالجَ الطبيبُ المريضَ رأسَهُ.
المريض:مفعول به منصوب وعلامة نصبه الفتحة الظاهرة.
رأسَهُ: بدل بعض من كل منصوب وعلامة نصبه الفتحة الظاهرة، والهاء ضمير متصل مبني على الضم في محل جر مضاف إليه.

٣- بدل الاشتمال:هو بدل الشيءممّا يشتملُ عليه وهو ليس جزءاً من المبدل منه وإنما هو كالجزء منه أو يتصل به اتصالاً من نوع ما، مثل:
(أعجبتُ بزيدٍ خلقِهِ الكريم) خُلقه : بدل اشتمال مجرور وعلامة جره الكسرة الظاهرة، والهاء ضمير متصل مبني على الكسر في محل جر مضاف إليه. فزيد

يشتمل على الخلق مع العلم أن (كلمة خلق ليست جزءاً حقيقياً من زيد وإنما هي كالجزء منه)

٤- بدل المباينة: وهو بدل الشيءمما يُباينه، بحيث لايكون مطابقاً له، ولا بعضاً منه،ولا يكون المبدل منه مشتملاً عليه ويقسمونه إلى ثلاثة أقسام:

أ- بدل غلط، وبدل نسيان،وبدل اضراب وبدل الغلط: ماذُكرَ ليكون بدلاً من اللفظ الذي سبق إليه اللسانُ فذُكِرَ غلطاً،

مثل: الإسكنرية القاهرة عاصمة مصر

القاهرة: بدل غلط مرفوع وعلامة رفعه الضمة الظاهرة.

ب- بدل نسيان مثل:(سافر خالد إلى دمشق، بعلبك)، ذكرت دمشق لأنك نسيت فقد كنت تريد ذكر بعلبك وهي جهة السفر الحقيقية فتذكرت بعلبك بعد أن ذكرت دمشق.

ج- وكذلك في بدل الإضراب ويسمى أيضاً بدل البداء وهو أن يكون البدل والمبدل منه مقصوداً استعمالها في نية المتكلم قصداً صحيحاً إلا أنه يعدل عن الأول إلى الثاني بقصد البدل، نحو: (خُذ القلم الورقة) أمرتهُ يأخذ القلم ثم أضربت عن الأمربأخذه إلى أمره بأخذ الورقة فجعلت الأول في حكم المتروك. (والبدل المباين بأقسامه لايقع في القرآن الكريم)

العطف .

العطف: تابع يتوسط بينه وبين متبوعه أحد حروف العطف

العطف نوعان: عطف بيان وعطف نسق.

١- <u>عطف البيان</u>: هو تابع جامد، يُشبه النعت في كونه يكشف عن المراد كما يكشفُ النعتُ، وهو تابعٌ جامد أشهر من متبوعه،مثل: (جاء صاحبك زيدٌ) زيدٌ: عطف بيان على (صاحبك)وهو أشهر منه يزيده بياناًففائدة عطف البيان ايضاح متبوعه.

تلقيتُ منه كتاباً رسالة. فكلمة رسالة عطف بيان من كتاب.

وفائدة عطف البيان تخصيص متبوعه إذا كان نكرة، نحو:(اشتريتُ حُليّاً:سواراً)

ومنه قوله تعالى ((أَوْ كَفَّارَةٌ طَعَامُ مَسَاكِينَ))(المائدة، من الآية٩٥). وعطف البيان

يتبع متبوعه في الإعراب وفي التعريف والتنكيروفي التذكير والتأنيث، وفي الإفراد والتثنية والجمع.

🖎 اعراب:

🖎 قرأتُ مدائح الشاعر <u>المتنبي</u> للأمير <u>سيف</u> الدولة.
المتنبي: عطف بيان من الشاعر.
سيف الدولة: سيف: عطف بيان من الأمير.
قرأتُ كتاباً <u>رسالة</u>.
رسالةً: عطف بيان من كتاب.

٢- <u>عطف النسق</u>:(وهو العطف بحرف من حروفه المعروفة ولعلهم سموه نسقاً لأنه يُنسّق الكلام بعضهُ على بعض)

الواو – الفاء- ثم- أو – حتى – أم- لكن- لا- بل.

الواو والفاء وثمَّ وحتّى:تفيد مشاركة المعطوف للمعطوف عليه في الحكم والإعراب دائماً.

✍ **نماذج في الاعراب:**

✍**١- لم أذهبْ إلى المدرسة لكن الجامعة**

لم: حرف جزم مبني على السكون لا محل له من الإعراب.

أذهبْ: فعل مضارع مجزوم بلم وعلامة جزمه السكون. والفاعل ضمير مستتر تقديره أنا.

إلى: حرف جر مبني لا محل له من الإعراب.

المدرسة: اسم مجرور بإلى وعلامة جرّه الكسرة.

لكن: حرف عطف.

الجامعة: معطوفة على المدرسة مجرور وعلامة جرّه الكسرة.

ونلاحظ أنّ المعطوف والمعطوف عليه مفردان.

✍ **لا تصاحب اللئيم بل الكريم**

اللئيمَ: مفعول به منصوب، وعلامة نصبه الفتحة

بل: حرف عطف.

الكريم: معطوف على اللئيم منصوب وعلامة نصبه الفتحة.

✍ **انتصر الحق لا الباطل.**

انتصر: فعل ماض مبني على الفتح.

الحقّ: فاعل مرفوع وعلامة رفعه الضمة الظاهرة على آخره.

لا: حرف عطف مبني لا محل له من الإعراب.

الباطلُ: اسم معطوف على الحق مرفوع، وعلامة رفعه الضمة.

حروف العطف:

أولاً:الواو:

١- الواو،تفيد الجمع والمشاركة. حضر قصيٌ وسعيد. فقد يكون المجيء معاً، وقد يكون مجيء قصي أولاً وسعيد بعده أو العكسَ.

٢- تفيد الترتيب، نحو: ﴿ وَلَقَدْ أَرْسَلْنَا نُوحًا وَإِبْرَاهِيمَ﴾ (الحديد: من الآية ٢٦)

٣- تقيد المصاحبة، نحو: ﴿وَإِذْ يَرْفَعُ إِبْرَاهِيمُ الْقَوَاعِدَ مِنَ الْبَيْتِ وَإِسْمَاعِيلُ﴾ (البقرة: من الآية١٢٧)

ثانيا: الفاء:

١- الفاء، تفيد الترتيب والتعقيب. نحو:خرج المعلمُ فالطلابُ.

ثالثا: ثمّ:

١- ثم، وتفيد الترتيب مع المهلة. زرتُ البتراءَ ثمَّ جرش.

رابعا: أو:

١- أو،وتفيد التخيير. اقرأ كتاباً أو قصةً.

٢- الإباحة: كل فاكهة أو خبزاً.جالس محمداً أو خالداً.

٣- التقسيم: الكلمة اسم أو فعلٌ أو حرف.

٤- الشك: قضيتُ في بيروت ثلاثين أو أربعين يوماً.

خامساً: بل:

١- بل وتصلح للعطف بعد النفي والإيجاب وتفيد الإضراب والعدول عن المعطوف عليه إلى المعطوف.مثل: ما جاء زيد بل محمد، رأيتُ ثلاثةً بل أربعةً.

سادسا:ً أم:

١- أم،ويطلب بها التعيين. نحو: (أيّهما أنفع: العلم أم الأدب؟) ونحو: أعِلـْمٌ التدريس أم فنٌّ؟).

سابعا: لا:

- لا، وتقيد نفي الحكم عمّا بعدهاوإثباته لما قبلها. كتبتُ مقالاً لاخاطرةً.

ثامنا:حتى:

١- حتـّى، وتفيد التميُّز والغاية، نحو: خرجَ الناسُ للجهاد حتى الشيوخُ.

تاسعا:لكن:

ويعطف بها بعد النفي أو النهي شريطة أن لاتسبق بالواو

١- لكن، تفيد الاستدراك. ما أكلتُ تينا لكن عِنباً.

التمرينات:

١- عيّن حروف العطف والمعطوف والمعطوف عليه في الأمثلة التالية.

أ- أحضرِ الكتابَ والدفترَ.

ب- المعلم (لطلاّبه): هل لديكم أيّةُ أسئلةٍ أو اقتراحاتٍ أو ملحوظاتٍ ؟

ج- الحسنُ ما استحسنته النفسُ لا البصرُ.

د- يُهِمني الجوهر ثمّ الشكل.

٢- بيّن العطف والمعطوف عليه في الأمثلة التالية واشكل آخر كلّ منهما:

- انتقوا الإخوان والأصحاب والمجالس. الحسن البصري

- ((الْمَالُ وَالْبَنُونَ زِينَةُ الْحَيَاةِ الدُّنْيَا)) الكهف: آية ٤٦

- (الوظيفة المدنيّة خدمة وطنيّة لا سلطة مكتبيّة).

- (لسانُ العرب معجم بل موسوعة)

٣- أعرب ما يلي:

- أكتبُ نثراً لا شِعراً.

- ننتظر الفرجَ من الخالق لا المخلوق.

- يتحقق النجاح بالأفعال لا الأقوال.

. ملحوظة:

ثُمّ بضم الثاء حرف عطف كما سبق شرحه. وقد تلحق ثُمّ التاء المفتوحة فتقول ((ثُمَّتَ) مثل قول بن مالك في جمع القلّة: ((أفِعَلة أفعُل ثُم فعْلَة ثُمّتَ أفعل جموع قِلّة)).

أما ثَمّ بفتح الثاء فهو ظرف يشار به إلى المكان البعيد بمعنى هناك. وقد تلحقه التاء المربوطة فيقال (ثَمّةَ) مثل:وثَمّةَ شروط عديدة للنجاح(**أي هناك شروط عديدة للنجاح**)

. المنادى .

النداء: هو توجيه الدعوة إلى المخاطب،وتنبيهه للإصغاء،وسماع ما يريده المتكلم بواسطة حروف خاصة تسمى حروف النداء.

المنادى:هو اسم ظاهر يُذكر بعد أداة من أدوات النداء.

- يكون علماً مفرداً ويبنى على ما يُرفع به،

- يكون مضافاً وينصب وعلامة نصبه الفتحةعلى آخره ويجر المضاف إليه بعده وعلامة جره الكسرة.

وقد عدّه بعض النحاة بأنه نوع من المفعول به، لأنه منصوب بفعل محذوف تقديره أنادي أو أدعو.

أحرف النداء سبعة،وهي:((أ- أيْ- يا – آ – أيا – هَيا – وا)).

(أيْ+ أ): للمنادى القريب.

(أيا،هيا،آ)للمنادى البعيد.

(يا) لكل منادى قريباً كان، أو بعيدا،أو متوسطاً.

(وا) للندبة، وهي التي يُنادَى بها المندوبُ المُتفجعُ عليه،نحو: (وا كبدي، وا حسرتي !).

ينقسم المنادى إلى نوعين، أحدهما مبني والآخر معرب.

* أما المنادى المبني فهو يُبنى على ما يُرفع به في محل نصب، وهو نوعان:

١- العلم المفرد، أي ليس مضافاً ولا شبيهاً بالمضاف مثل:

يا عليٌّ أقبل.

يا فاطمةُ أقبلي.

عليٌّ: منادى مبني على الضم في محل نصب.

فاطمةُ: منادى مبني على الضم في محل نصب.

أمّا إذا وُصِف بكلمة ابن أوبنت فيعرب بالبناء على الضم أوالبناءعلى الفتح.
يا خالد بن الوليد قم فينا:
خالد: منادى مبني على الضم في محل نصب.
بنَ: صفة منصوبة وعلامة نصبها الفتح الظاهر .
وهذا الاعراب هو الأصل.
ويمكن أن ننادي اسم الاشارة، نحو: يا هؤلاء تيقظوا:
هؤلاء:منادى مبني على ضم مُقدّر منع من ظهوره حركة البناء الأصلية في محل نصب.

٢-النكرة المقصودة:

وهي النكرة التي تُقصد قصداً في النداء ولذلك تكتسب التعريف منه لأنه يُحددها من بين النكرات وهي تُبنى على ما تُرفع به في محل نصب.
مثل: يا رجلُ أقبل:
رجلُ: منادى مبني على الضم في محل نصب.
يا حاملاً كتابه:
حاملاً: منادى منصوب (شبيه بالمضاف).
يا أيُّها الانسان:
أيُّ: منادى مبني على الضم في محل نصب نكرة مقصودة.

- **نداء المعرّف ب(أل).**

إذا أُريد نداء ما فيه(أل التعريف) يؤتى قبله بكلمة (أيّها) للمذكر، -(وأيّتها)للمؤنث أو باسم إشارة ملائم،مثل:
-(يَا أَيُّهَا الْإِنْسَانُ مَا غَرَّكَ بِرَبِّكَ الْكَرِيمِ(٦)). (سورة الإنفطار،٦)
-(يَا أَيَّتُهَا النَّفْسُ الْمُطْمَئِنَّةُ (٢٧) ارْجِعِي إِلَى رَبِّكِ رَاضِيَةً مَرْضِيَّةً(٢٨)).
(سورة الفجر،٢٧-٢٨)

- يا هذا الطالبُ، لا تضيّع الوقت.
* إذا كان المنادى لفظ الجلالة(الله) تبقى (ألأ) وتقطع همزتها وجوباً، فتقول: - يا اللهُ، اغفر لنا ذنوبنا.

*المنادى المُعرب ويكون منصوباً وأنواعه:

أ- النكرة غير المقصودة: وهي التي لاتفيد من النداء تعريفاً.

مثل: يا دكتوراً خذ بيدي: منادي منصوب وعلامة نصبه تنوين الفتح الظاهر.

ب- المضاف مثل: يا صانعَ المعروف أبشر-صانعَ:منادى منصوب وعلامة نصبه الفتحة الظاهرة.

ج- الشبيه بالمضاف مثل: يا زارعاً قمحاً أبشر: منادى منصوب وعلامة نصبه الفتحة الظاهرة.

. ملحوظة:

(أ)قد يأتي المنادى ويحذف حرف النداء:

مثل: محمد أقبل (وأصلها يا محمد أقبل)

أيّها المواطنون(واصلها يا أيها المواطنون)

(ب) إذا أُضيف المنادى إلى ياء المتكلم جاز حذف الياء

والاستغناء عنها بالكسرة.

مثل: صديق (في نداء صديقي) يا ابن عم (في نداء ابن عمي)

((وَقُل رَّبِّ زِدْنِي عِلْمًا(١١٤))) (طه، من الآية١١٤) حذف حرف النداء.

تمرينات:

١- بيّن المنادى ونوعه فيما يلي:

١- يا صا ئب، اذكر اللـه.

٢- يا صديقي، اغتنم فراغك قبل شغلك.

٣- يا أمة الهادي، أقيموا شرع اللـه.

٢- ضع منادى مناسباً في المكان الخالي.

أ- هيا........أدوا فريضة الحج.

ب- يا..........إنّ الوطن يرقى بجهدوكم.

ج- أي....... خذ حذرك.

٣- أعرب ما تته خط فيما يلي:

- يا عائشة اذكري اللـه.

- يا رسول اللـه اشفع لي.

- يا سرحانُ فكـّر في الإجابة.

. الاستغاثة .

الأستغاثة نوع من أنواع النداء، لأنك توجه صرختك إلى من يُعينك على دفع شِدّة واقعة، وهي تتكوّن من حرف النداء(يا) ولا يستعمل فيها غيره.

وبعده يكون الاسم الذي تستغيثه ويُسمى (المستغاث) مجروراً بلام أصليّة مبنية على الفتح على الأغلب، ثم المستغاث لهُ مجروراً بلام أصلية مبنية على الكسر. فتقول:

يا للمؤمن للمظلوم.

يا: حرف نداء مبني على السكون في محل نصب.

اللام:حرف جر مبني على الفتح لامحل له من الإعراب.

المؤمن :اسم مجروربااللام في محل نصب لأنه منادى، والجار والمجرورمتعلق بحرف النداء.(لأنّ فيه معنى الفعل: أدعو)

للمظلوم :اللام حرف جر مبني على الكسر لا محل له من الإعراب

المظلوم : اسم مجرور باللام وعلامة جره الكسرة الظاهرة، والجار والمجرور متعلق بحرف النداء.

يا لهذا للضعيف.

يا: حرف نداء مبني على السكون لامحل له من الإعراب.

اللام: حرف جر مبني على الفتح لامحل له من الإعراب.

هذا:اسم اشارة مجرور وعلامة جره كسرة مقدرة منع من ظهورها علامة البناء الأصلي في محل نصب منادى، والجار والمجرور متعلق بحرف النداء.

* المستغاث يُختم بألف نحو (يا قوماً للمظلوم)
* المستغاث المجرور لفظاً (بلام) مفتوحة يبقى منصوب المحل كالمنادى.

ولذلك إذا نُعتَ جازفي نعته الجر تبعاً للَّفظ والنصب تبعاً للمحل، نحو: (يا لـزيدٍ الشجاع للمنكوب).

* لايُجرّ المستغاث بغير اللام ولا يُرخّم.
* المستغاث له،إن وُجد في الكلام، وجب جره بلام مكسورة.

. الندبة .

الندبة هي نداء المتفجع عليه أو المتوجَّع منه أوله. وأداته(وا)مثل:
(وا عنوان الوفاء), و(وا مصيبتاه) و(وا قلباه)

- قد تكون أداة الندبة (يا)(يا ولدي لهفي عليك)
- لا يجوز حذف النداء في الندبة ولاحذف المندوب

للمندوب ثلاثة أوجه:

أن يوصل آخره بالألف نحو(وا يوسفا).
أن تختمه بالألف و(ها)السكت في الوقف نحو(وا يوسفاه)
أن تبقيه على حاله نحو (وا يوسف)

- يشترط في الآسم المند وب أن يكون معرفة مُعينة كالعَلم و(مَن) الموصولة والمضاف إلى معرفة.
- حكم المندوب حكم المنادى في الإعراب والبناء أي يبنى على ما كان يُرفع به إن كان مفرداًمُعيناً وينصب في غير ذلك.

✍ وازيدُ

وا:حرف ندبة (أي حرف نداء)مبني على السكون لامحلّ له من الإعراب.
زيدُ: منادى مبني على الضم في محل نصب.

✍ (وا زيداه)

وا: حرف ندبة مبني على السكون لامحل له من الإعراب.
زيدا: منادى مبني على ضم مقدرمنع من ظهوره حركة المناسبة للألف، في محل نصب.واللألف حرف زائدمبني على السكون لا محل له من الإعراب.
الهاء: هاء السكت حرف مبني على السكون لا محل له من الإعراب

✍ وا رأسي.

وا: حرف ندبة.
رأسي:منادى منصوب وعلامة نصبه الفتحة المقدّرة منع من ظهورها اشتغال الحرف بحركة المناسبة.
الياء:ضمير متصل مبني على السكون في محل جر مضاف إليه.

. الترخيم .

الترخيم: هو المنادى الذي حُذف آخره تخفيفاً.

فتقول (يا حارِ) في ترخيم (حارث).

إذا كان المنادى مختوماً بتاء التأنيث جاز ترخيمه مطلقاً علماً كان أم غير علم نحو: (يا فاطمَ) في فاطمة وياعا ئش في عائشة.

نقول في إعرابها: فاطم : منادى مرخم مبني على الضم على التاء المحذوفة للترخيم في محل نصب.

وإذا كان غيرمختوم بها فشرطه أن يكون عَلماً غير مضاف زائد على ثلاثة أحرف نحو: (يا سعا) في سعاد.

يمتنع ترخيم المندوب والمستغاث والمركب تركيب إضافة أو اسناد والنكرة.وشذ قولهم (يا صاح)في يا صا حب.

والمنادى المرخّم لا يكون إلاّ علماً مفرداً أو نكرة مقصودة

إعراب المنادى المرخّم:

لك في إعراب المنادى المرخّم وجهان:

١-أن يبقى الحرف الأخير على ما كان عليه من حركته الأصلية قبل الترخيم، فمثلاً لو قلنا يا (بثينة) لاحظ عندما نحذف التاء فتصبح الكلمة على شكل (بثينَ) حيث وقع حرف النون مفتوحاً فتبقى حركته على الفتح.

✍ مثل: يا بثينَ

يا: حرف نداء مبني على السكون لا محل له من الأعراب.

بثين: منادى مُرخّم مبني على الضم على التاء المحذوفة في محل نصب.

٢-البناء على الضم على اعتبار أن المنادى لم يُحذف منه شيئاً.

✍ مثل: يا بُثَيْنُ

يا: حرف نداء مبني على السكون، لامحل له من الإعراب.

بثينُ: منادى مرخم مبني على الضم في محل نصب.

. كان وأخواتها .

كان وأخواتها: أفعال نا سخة تدخل على الجملة الاسمية،فترفع المبتدأ ويسمى (اسمها) وتنصب الخبر ويسمى(خبرها).ويقال لها الأفعال الناقصة.

وهي ناسخة، لأنها تدخل على الجملة الاسميةفتغيّر حكمها بحكم آخر، فترفع المبتدأ ويسمى اسمها وتنصب الخبربعد أن كان مرفوعاً ويسمى خبرها.

من أخوات كان: أصبح،أضحى،ظلَّ،أمسى، بات ، صار، ليسَ، ما زال ، ماانفكَ، ما فتىءَ، ما برحَ، ما دام .

وتقسم كان وأخواتها إلى ثلاثة أقسام:

١- متصرفاً تصرفاً تاماً وهي:كان،أصبحَ،أمسى، أضحى،ظلَّ،باتَ، صارَ.

٢- ما يتصرف تصرفاً ناقصاً بمعنى يأتي منه الماضي والمضارع فقط وهي: ما زال،ما انفك، مافتيء،مابرح.

٣- جامد ولا يتصرف أبدا: ليس ومادامَ، فلا يأتي منهما المضارع ولا الأمر.

وتأتي كان وأخواتها تامة باستثناء: ما فتيء وما زال وليسَ.

فمثلاً : كان تكون تامة إذا كانت بمعنى وجَدَ أو حَصلَ.

أمسى:إذا كانت بمعنى د خل في المساء،وأصبح إذا دخل في الصباح وأضحى إذا دخل في الضحى وتكون ظلَّ تامة إذا جاءت بمعنى دام واستمر، وباتَ إذا كانت بمعنى نزل ليلاً أو أدركه الليل وأمّا وصارإذا كانت بمعنى انتقل، وتكون دام تامة إذا كانت بمعنى بقي واستمر.وتأتي انفكَّ تامة،إذا كانت بمعنى انحلَّ أما برح إذا جاءت بمعنى ذهبَ أو فارقَ وجميعها هنا تكتفي بفاعل فقط.

صار: وتفيد التحوّل من صفة إلى أخرى مثل: صار العجين خبزاً

امسى: وتفيد اتصاف اسمها بخبرها في المساء.

أصبح: وتفيد اتصاف اسمها بخبرها في الصباح.

أضحى: وتفيد اتصاف اسمها بخبرها في الضحى.

ظلّ: وتفيد اتصاف اسمها بخبرها ليلاً ونهاراً.

بات: وتفيد اتصاف اسمها بخبره ليلاً.

ليس: وتفيد النفي.

اعراب:

أصبح الجوُّ غائماً.

أصبح: فعل ماض ناقص مبني على الفتح، من أخوات كان.

الجوُّ: اسم أصبحَ مرفوع وعلامة رفعه الضمة الظاهرة.

غائماً: خبر اصبح منصوب وعلامة نصبه الفتحة الظاهرة.

كان البردُ قارساً:

كان: فعل ماض ناقص مبني على الفتح.

البردُ: اسم كان مرفوع وعلامة رفعه الضمة.

قارساً: خبر كان منصوب وعلامة نصبه الفتحة.

ما زال المطر منهمراً.

ما زال: فعل ماض مبني على الفتح.

المطرُ:اسم مازال مرفوع وعلامة رفعه الضمة.

منهمراً: خبر مازال منصوب وعلامة نصبه الفتحة.

ما فتيْ الطالبُ يدرسُ

مافتيء:فعل ماض ناقص.

الطالبُ: اسم ما فتيء مرفوع وعلامة رفعه الضمة.

يدرسُ:فعل مضارع مرفوع والفاعل ضمير مستتر تقديره هو والجملة الفعلية في محل نصب خبر ما فتيء.

اعراب كلمة يَكُ(حذف النون من كان (يَكُنْ):

قال الشاعر:

ومن يكُ ذا فضلٍ فيبخل بفضله على قومه يُستغن عنه ويذمم

ومن: الواو حسب ما قبلها،

من: اسم شرط جازم مبني على السكون في محل رفع مبتدأ.

يكُ:فعل مضارع ناقص مجزوم وعلامة جزمه السكون الظاهر على النون المحذوفة تخفيفاً(يكن)واسمه ضمير مستتر تقديره هو.

ومهما تكن عند امرىء من خليقة وإن خالها تخفى على الناس تُعلَم

ومهما: الواو حسب ما قبلها.

مهما: اسم شرط جازم مبني على السكون في محل رفع مبتدأ.

تكنْ: فعل مضارع ناقص مجزوم.

عند:ظرف مكان متعلق بخبر محذوف لفعل تكن الناقصة وهو مضاف.

امرىء: مضاف إليه

مِن: حرف جرّ زائد.

خليقة: اسم تكن مجرور لفظاً مرفوع محلاً.

وإن: الواو: واو الحال إن: وصلية

خالها: خال: فعل ماض مبني على الفتح،، والفاعل ضمير مستتر تقديره هو.

والهاء: ضمير متصل مبني في محل نصب مفعول به.

تخفى: فعل مضارع مرفوع وعلامة رفعه الضمة على الألف للتعذر والفاعل ضمير مستتر تقديره هي،وجملة تخفى في محل نصب مفعول به ثان لفعل خال.

عل الناس: جار ومجرور.

تُعلَم : فعل مضارع مجزوم لأنه جواب الشرط مبني للمجهول ونائب الفاعل ضمير مستتر تقديره هي.

وجملتا الشرط والجواب في محل رفع خبر مهما.

. إنّ وأخواتها .

وهي حروف تدخل على الجملة الاسمية، فتنصب الاسم ويسمى اسمها وترفع الخبر ويسمى خبرها. وهذه الحروف هي: إنّ - أنّ - كأنَّ - لكن- ليت لعلَّ. أمّا إن وأن فحرفان يفيدان التوكيد.

كأنّ تفيد التشبيه،ولكن الاستدراك،وليت التمني، ولعلّ الرجاء والإشفاق، والفرق بين التمني والترجي أن التمني هو طلب ما لا مطمح في حصوله أو ما فيه عُسر، مثل:

✍ ألا ليت الشبابَ يعودُ يوماً فأ خبره بما فعَل المشيب .

فعودة الشباب غير ممكنة.

وأنّ الترجي لا يكون إلاّ في الممكن من الأمور المحبوبة، نحو:

لعلّ الصديقَ قادمٌ ولعل الله يرحمنا

وأما الإشفاق فيكون في الحذر من الوقوع في المكروه

✍ نحو:لعل العدوَّ قادمٌ.

وخبر هذه الحروف هو خبر المبتدأ، أي يكون مفرداً،نحو (وَأَنَّ السَّاعَةَ آتِيَةٌ)

(الحج، من الآية٧)

أو جملة فعلية، نحو:(وَتَجْعَلُونَ رِزْقَكُمْ أَنَّكُمْ تُكَذِّبُونَ(٨٢)). (الواقعة، الآية٨٢)

أو جملة اسميّة: نحو قول الشاعر:

فإنّ الحق مقطعهُ ثلاثٌ يمينٌ أو نفارٌ أو جلاءُ.

ويأتي شبه جملة تتعلق بمحذوف خبر،نحو: (إنّ عندك الخير).

* لا تتقدم أخبار حروف إنّ وأخواتها عليهن مطلقاً ولا على أسمائهن، إلاّ إذا كان الخبر ظرفاً أو جاراً ومجروراً، كقوله تعالى: (إِنَّ مَعَ الْعُسْرِ يُسْرًا(٦)) (الشرح، من الآية٩)

و(إِنَّ فِيهَا قَوْمًا جَبَّارِينَ) (المائدة، من الآية٢٢) ومنه قوله صلى الله عليه وسلّم: (إنّ من الشعر لحكمة).

✍ **إنّ زيداً خلقه كريم.**

إنَّ: حرف توكيد ونصب.

زيداً اسم إنّ منصوب وعلامة نصبه الفتحة الظاهرة.

خلقهُ: مبتدأ مرفوع وعلامة رفعه الضمة الظاهرة،والهاء ضمير متصل مبني على الضم في محل جر مضاف إليه.

كريمٌ:خبر المبتدأ مرفوع وعلامة رفعه الضمة الظاهرة.والجملة من المبتدأ وخبره في محل رفع خبر إنَّ.

*هناك حرف زائد يدخل على هذه الحروف الناسخة فيبطل عملها هو(ما)الذي نسميه كافاً ومكفوفاً لأنه كفّ الحرف الناسخ عن العمل، وأصبح هو مكفوفاً،

✍ **فنقول: إنما زيدٌ قائمٌ.**

إن: حرف توكيد ونصب.

ما: كافة ومكفوفة، وهي حرف زائد مبني على السكون لا محل له من الاعراب.

زيد: مبتدأ مرفوع وعلامة رفعه الضمة الظاهرة.

قائم: خبر مرفوع وعلامة رفعه الضمة الظاهرة.

وهكذا في باقي أخواتها فيما عدا (ليتَ).فإنه يجوز إعمالها واهمالها لأنها تظل مختصة بالجملة الاسمية.

(لا) النافية للجنس

لا النافية للجنس هي التي نقصدُ بها أن الخبرمنفيّ ٌ عن جميع أفراد جنسها.

فإن قلتَ لابستانٌ مثمرٌ فقد نفيت الاثمار عن جميع أفراد الجنس وعلى هذا لا يصحّ أن نقول،لابستا ن مثمر بل بستانان، لأن هذا يكون تناقضاً.

لا رجل في البيت ٠هذا ينفي أن يكون في البيت أي رجل، ولا احتمال لوجود أي جنس للرجال في البيت.

- تعمل (لا) النافية للجنس عمل إنّ وأخواتها فتنصب المبتدأ ويسمى اسمها وترفع الخبر ويسمى خبرها.
- يُنصب اسمها إذا كان مُضافاً أو شبيهاً بالمضاف، ويبنى على ما ينصب به إذا كان مفرداً.

١- مضافا، مثل: (لا شاهد زورٍ محبوبٌ) وشبيه بالمضاف، مثل: (لا مُقصّراً في واجبه ممدوحٌ)

٢- ومفرد، مثل: (لا سرورَ دائمٌ).

- يُشترط في عملها أن لا يدخل عليها جارٌ وأن يكون اسمها وخبرها نكرتين وأن لا يُفصل الاسم عنها بفاصل؛ فإن فُقد الشرط الأوّل بطل عملها، وإن فُقد شرط من الشرطين الآخرين بطل عملها ولزم تكرارها.

اعراب:

(لا حارسين في البستان)

لا: نافية للجنس حرف مبني على السكون.

حارسين::اسمها مبني على الياء لأنه مثنى..

في البستان: جار ومجرور خبر لا.

(لا صانعَ خيرٍ نادمٌ)

لا: نافية للجنس لا محل لها من الاعراب.

صانعَ: اسم لا النافية للجنس منصوب وهو مضا ف.

خيرٍ : مضاف إليه مجرور.

نادمٌ: خبر لا النافية للجنس مرفوع

الحروف العاملة عمل ليس

أحرف (ليس) هي:أحرف نفي تعمل عملها، وتؤدي معناها، فتبقـي المبتـدأ مرفوعـاً ويسمى اسمها وتنصب الخبر ويسمى خبرها. وهي أربعة:(ما، لا، لاتَ،إنْ).

مثل: ماالأشجار مثمرةٌ، إن أحدٌ خيراً من أحدٍ إلاّ بالتقوى، لاطالـبٌ غائبـاً .لات وقـت ندامةٍ. أصلها،(لات الوقتُ وقتَ ندامةٍ) حُذِف اسمها (الوقتُ) كشرط من شروط عملها.

***-يشترط في عمل (ما) ثلاثة شروط:**

- أن لايتقدم خبرها ولا معموله على اسمها.
- أن لا تزاد بعدها إنْ.
- أن لاينتقض خبرها(بإلا).

نحو: (ما الكسلانُ محموداً)

✍ ما المهملُ ناجحاً

ما: حرف نفي ناسخ مبني على السكون لا محل له من الإعرا ب

المهملُ:اسم ما مرفوع وعلامة رفعه الضمة الظاهرة.

ناجحاً: خبر ما منصوب وعلامة نصبه تنوين الفتح الظاهر بالفتحة الظاهرة.

*- يشترط في عمل(إن) حفظ الترتيب وعدم انتقاض خبره (بإلاّ)

مثل: (إن أحدٌ خيراً من أحدٍ إلاّ بالعقل والعلم)

*-يشترط في عمل (لا) ثلاثة شروط:

حفظ الترتيب وعدم انتقاض خبرها (بإلا)وأن لا يكون معمولاها نكرتين نحو(لا رجلٌ حاضراً).

إذا عُطف على خبر (ما،لا) ب(بَل ولكن)وجب رفع المعطوف نحو: (ما زيدٌ قائماً بل جالسٌ)

- يشترط في عمل(لات)أن يكون اسمها وخبرها من أسماء الزمان (كالحين،والساعة والأوان)ولا بد من حذف اسمها،نحو: (لاتَ ساعةَ ندامةٍ). أي(لات الساعة ساعة ندامةٍ)

. أفعال المقاربة والرجاء والشروع (كاد وأخواتها)

كاد وأخواتهاوتسمى (أفعال المقاربة)وهي أفعال ناسخة تعمل عمل(كان)،وأخواتها تدخل على الجملة الاسميّة فترفع المبتدأ، ويسمّى اسمها،وتنصب الخبر، ويسمى خبرها، ويكون خبرها دائماً جملة فعلية فعلها مضارع. (وليست كلها تفيد المقاربة، وقد سُمي مجموعها بذلك تغليباً لنوع من أنواع هذا الباب على غيره، لشهرته وكثرة استعماله).

مثل: كادت الشمس تشرقُ

كاد: فعل ماض ناقص مبني على الفتح. والتاء للتأنيث.

الشمسُ: اسم كاد مرفوع وعلامة رفعه الضمة.

تشرقُ: فعل مضارع مرفوع وعلامة رفعه الضمة الظاهرة على آخره، والفاعل ضمير مستتر تقديره هي يعود على الشمس والجملةالفعلية في محل نصب خبر كاد.

أفعال المقاربة

وهي ما تدُلّ على قُرب وقوع الخبرولا بُدّ َأن يكون خبرها جملة فعلية فعلهامضارع،وهي ثلاثة:

(كاد وأوشكَ وكرب)،

كاد: يكثر تجريد خبرها من أن ويقل اقترانه بها.

كربَ: يكثر تجريد خبرها من أن ويقل اقترانه بها.

أمّاأوشكَ: فيغلب اقتران خبرها بأن ويقل حذفها منه.

تقول: (كاد المطرُ يَهطلُ)و(أوشكَ الوقتُ أن ينتهيَ) و(كربَ الصبحُ أن ينبلجَ).

أفعال المقاربة كلها جامدة إلا (كاد وأوشكَ) فإنه يُشتق منهما مُضارع

نحو:

(يكاد البرق يخطفُ أبصارهم) و (يوشك الطالب أن يُنجزعلومَه)

أفعال الرجاء

وهي ما تدل على رجاء وقوع الخبر.وهيَ ثلاثةٌ أيضاً:(عسى وحرى واخلولقَ)ولا بدّ أن يكون خبرها جملة فعلية فعلها مضارع.

أمّا عسى: فيغلب اقتران خبرها بأن ويقل تجريده منها. ولم يرد خبرها في القرآن إلا مقترناًبأن كقوله تعالى:(عَسَى رَبُّكُمْ أَنْ يَرْحَمَكُمْ)(سورة الاسراء،٨)

وقوله (فَعَسَى اللَّهُ أَنْ يَأْتِيَ بِالْفَتْحِ).(سورة المائدة، ٥٢).

أمّا حرى واخلولق فيجب اقتران خبرهما بأن، نحو:

(حرى المريضُ أن يشفى).

(اخلولق الكسلانُ أن يجتهدَ).

أفعال الشروع

وهي ما تدل على البدء في وقوع الخبرو الشروع فيه، وهي كثيرة، منها:

(بدأ،وابتدأ وأنشأ وعلِقَ وطفِقَ وأخذَ وهبَّ وجعلَ وقام وانبرى، وهلهل، شرعَ).

بدأ المطر ينهمرُ، شرع الجيشُ يتحركُ.

* يشترط في عمل هذه الأفعال أن يكون خبرها جملة فعلية غير مقترن بأن، نحو: شرع يضحك،جعلَ يُصفّقُ،طفق يركضُ، أخذ يسبحُ،

إعراب:

كاد زيدٌ يصلُ.

كاد: فعل ماض ناقص مبني على الفتح.

زيدٌ:اسم كاد مرفوع وعلامة رفعه الضمة الظاهرة.

يصلُ:فعل مضارع مرفوع وعلامة رفعه الضمة الظاهرة، والفاعل ضميرمستتر جوازاً تقديره هو:والجملة من الفعل والفاعل في محل نصب خبر كاد.

🙰 **عسى خالدٌ أن يفوزَ.**
عسى:فعل ماض مبني على الفتح المقدّر منع من ظهوره التعذّر.
خالدٌ: اسم عسى مرفوع وعلامة رفعه الضمة الظاهرة.
أن: حرف نصب.
يفوزَ: فعل مضارع منصوب بأن وعلامة نصبه الفتحة الظاهرة،والفاعل ضمير مستتر جوازاً تقديره هو. والجملة من الفعل والفاعل في محل نصب خبر عسى.

🙰 **شرع القطارُ يصفرُ.**
شرعَ: فعل ماض ناقص مبني على الفتح.
القطارُ: اسم شرع مرفوع وعلامة رفعه الضمة.
يصفرُ: فعل مضارع مرفوع وعلامة رفعه الضمة، والفاعل ضمير مستتر تقديره هو يعود على القطار، وجملة (يصفر) في محل نصب خبرشرع

كسرهمزة إن وفتحها

يجب أن تُكسر همزة (إن) حيث لا يصح أن يقوم مقامها ومقام معمولها مصدر.
ويجب فتح همزة(إن) إذا صح تأويلها مع اسمها وخبرها بمصدر، مثل: أعجبني أنَّك نشيط. والتأويل أعجبني نشاطك.

يجب كسر همزة إن إذا وقعت:

١- في أوّل الكلام مثل: [إِنَّا فَتَحْنَا لَكَ فَتْحًا مُبِينًا(١)] (سورة الفتح: آية:١)
٢- تقع في أوّل جملة الحال نحو: احترم الطالب إنّهُ نشيطٌ.
٣- إذا وقعت في أوّل جملة الصلة نحو: أُقدِّرُ الذي إنّهُ ناجحٌ.
٤- إذا وقعت في أوّل جملة الصفة نحو.احترم رجلاً إنّهُ مُحسنٌ.
٥- بعد القول نحو: قال المعلم: إنّ محمداً مؤدبٌ.
٦- في خبر اسم ذات مثل:خالدٌ إنّهُ مجتهدٌ.

٧- تقع قبل اللام المُعلقة وهي اللام الواقعة في خبر إن: مثل: علمتُ إنّ محمداً لأمين.

٨- تقع بعد إذ: وصلتُ إذ إنّ البدرَ طالعٌ.

٩- تقع مع ما بعدها جواباً للقسم مثل:[يس (١) وَالْقُرْآنِ الْحَكِيمِ (٢) إِنَّكَ لَمِنَ الْمُرْسَلِينَ(٣)] (سورة ياسين، ١،٢،٣).

١٠- أن تقع بعد (حيث) نحو: ١٠اجلس حيثُ إنّ العلم موجود.

وجوب الفتح:

يجب فتح همزة إن إذا صحّ تأويلها مع اسمها وخبرها بمصدر.

١- الفاعل: أعجبني أنك ناجح والتقدير أعجبني نجاحك.

٢- نائب الفاعل:عُرِفَ أنّك مخلصٌ والتقدير عُرِفَ إخلاصك.

٣- مفعولاً به: علمتُ أنّك عائدٌ والتقدير علمتُ عودتك.

٤- أن يكون المصدر بعد حرف جرّ، فرحتُ بأنّ سعيداً ناجحاً التقديرفرحتُ بنجاح سعيد.

٥- مبتدأ: الثابت أنهُ ظهر الهلال، والتقدير الثابت ظهور الهلال.

٦- المستثنى: تُعجبني أخلاقه إلا أنهُ كثير النسيان، والتقديرتُعجبني أخلاقه إلا كثرة نسيانه.

وجوب الفتح والكسر:

١- أن تقع بعد إذا الفجائية: خرجتُ فإذا إن اللبان واقفٌ.(إنّ اللبان أو أنّ اللبان).

٢- ان تقع بعد الفاء الواقعة في جواب الشرط نحو: من يجتهد فإنّه ناجحٌ. (فإنّهُ ناجحٌ أو فأنهُ ناجحٌ).

٣- أن تقع بعد (لا جرَمَ). لاجرمَ أنّكَ على حقٍ، أو إنّكَ على حق. (ومعنى جرم : حقّ وثبت)

٤- أن تقع مع ما بعدها في موضع التعليل، نحو أكرمهُ،أنّهُ إنّهُ مُستحق الإكرام.

لام الابتداء واللام المزحلقة

لام الابتداء: حرف يأتي في صدر الجملة الآسمية لتوكيدها، وسمي كذلك لوقوعه مع المبتدأ نحو:

🙰 **لخالدٌ ماهر.** اللام: لام الابتداء حرف مبني على الفتح لامحل من الاعراب. خالد: مبتدأ مرفوع وعلامة رفعه الضمة الظاهرة. ماهرٌ: خبر مرفوع وعلامة رفعه الضمة الظاهرة.

فإذا دخلت إن الناسخة على الجملة الاسمية تأخرت اللام (زحلقت) إلى الخبر على النحو التالي:

مع إن:شريطة أن يتأخر الاسم عن الخبر.

🙰 **إن في الكتاب لفائدة** إنّ: حرف توكيد ونصب. في الكتاب: جار ومجرور(وشبه الجملة في محل رفع خبر إن مقدم). لفائدة: اللام، لام المزحلقة، فائدة: اسم إنّ منصوب.

مع خبر إنّ ويشترط:

أ- أن يأتي الخبرمفرداً مؤخراً عن الاسم مثل: إنّ المجتهد لناجح.

ب- أن يكون الخبر جملة اسمية

🙰**مثل: إنّ الرجل لخلقه كريم:** إنّ: حرف توكيد ونصب. الرجل: اسم إنّ منصوب. لخلقه: اللام هي اللام المزحلقة، خلق مبتدأ مرفوع وعلامةرفعه الضمة وهو مضاف والهاء مضاف إليه. كريم: خبر مرفوع وعلامة رفعه الضمة الظاهرة.والجملة الاسمية في محل رفع خبر إنّ.

ج- أن يكون الخبر جملة فعلية فعلها مضارع.

☜ إنّ المضيف ليكرم ضيفه: الجملة الفعلية في محل رفع خبر إن .

د- أن يكون الخبر شبه جملة مثل: إنّ علياً لفي البيت.

☜ شبه الجملة الجار والمجرور(لفي البيت) في محل رفع خبر إنّ.

هـ - أن يفصل بين اسمها وخبرها ضمير فصل:

☜ مثل: إنّ الاسراف لهو طريق الشر.

. أفعال المدح والذم .

لأسلوب المدح والذم أفعال خاصة، أهمها:
أفعال المدح: ((نعم وحبّ وحبّذا))أفعال جامدة.
وأفعال الذم هي: ((بئسَ وساءَولاحبّذا)). **أفعال** جامدة.
وهي أفعال لإنشاء المدح أو الذم فجملها إنشائية غير طلبية، لاخبريّة.
ولا بدّ لها من مخصوص بالمدح أو الذم.
فإذا قلتَ: ((نَعم الرجلُ إبراهيم وبئس الرجلُ فلان)) فالمخصوص بالمدح هو (إبراهيم)، والمخصوص بالذم هو(فلان).

<u>حبّذا وحبّ ولا حبّذا:</u>

حبّذا وحبّ: فعلان لإنشاء المدح.
فأما(حبّذا)فهي مركبة من(حبَّ)و(ذا)الإشارية، نحو:
(حبّذا رجلاً خالدٌ).
(فحبَّ: فعل ماض،و(ذا) اسم إشارة فاعله،ورجلاً تمييز لذا،
وخالد: مبتدأمرفوع مؤخر، خبره جملة (حبّذا) مقدمة عليه).

نِعمَ وبئسَ وساءِ:

نِعمَ فعل للمدح، وبئسَ وساء للذمّ، ويجب في فاعل كل منهما أن يكون مُقترناً بأل، مثل: نعم القائدُ خالد بن الوليد.أو مضافاً للمقترن بها، مثل: بئسَ جليس السوء النمّام. أو ضميراً مستتِراً وجوباً مُميَّزاً بنكرة أو بكلمة (ما). بئس سلاحاً الوشاية. نعمَما تسعى إليه الكسب الحلال.
إذا تأخر المخصوص عن الفعل أُعرِب خبراً لمبتدأ محذوف وجوباً أو مبتدأ خبره الجملة قبله، وإذا تقدمَ الفعل أُعربَ مُبتدأ ليس غير.
*-وقد يأتي بعد أفعال المدح والذم (ما) وهي نكرة تامة في محل نصب تمييز.
مثل: نعمَ <u>ما</u> قلت الصدقُ.

*- قد يأتي بعد نعم أو بئسَ نكرة منصوبة، فتعرب النكرة تمييزاً، والفاعل ضميرا مستتراً، مثل:

✍ نعمَ رجلاً خالدٌ.
نعمَ: فعل ماض جامد مبني على الفتح
رجلاً : تمييز.وفاعل نعم ضمير مستتر.
خالد خبر المخصوص بالمدح.

✍ نموذج في الإعراب:

✍- نِعمَ معلمُ العربيةِ شريف.
نعمَ: فعل ماض جامد مبني على الفتح.
معلمُ:فاعل مرفوع وعلامة رفعه الضمة الظاهرة، وهو مضاف.
العربية: مضاف إليه مجرور وعلامة جره الكسرة.
والجملة من الفعل والفاعل في محل رفع خبر مقدّم.
شريف: مبتدأ مؤخر مرفوع وعلامة رفعه الضمة الظاهرة.

✍ نِعمَ مَنْ تـُصادقُ نعمان
نعمَ: فعل ماض جامد مبني على الفتح.
مَنْ: اسم موصول مبني على السكون في محل رفع فاعل.
والجملة من الفعل والفاعل في محل رفع خبر مقدّم.
تـُصادِقُ: فعل مضارع، والفاعل ضمير مستتر وجوباً تقديرهُ أنتَ والجملة من الفعل والفاعل صلة الموصول لا محل لها من الإعراب.
نعمان: مبتدأ مؤخر مرفوع وعلامة رفعه الضمة الظاهرة.

✍ ساءَ الخلقُ الإهمالُ.
ساء: فعل ماض جامد مبني على الفتح
الخلقُ: فاعل مرفوع وعلامة رفعه الضمة الظاهرة.
والجملة من الفعل والفاعل في محل رفع خبر مقدّم.
الإهمالُ: مبتدأ مؤخر مرفوع وعلامة رفعه الضمة الظاهرة.

حبذا الصدق

حبّ: فعل ماض جامد مبني على الفتح.

ذا: اسم إشارة مبني على السكون في محل رفع فاعل.

والجملة من الفعل والفاعل في محل رفع خبر مقدّم.

الصدق : مبتدأ مؤخر مرفوع وعلامة رفعه الضمة الظاهرة

لا حبذا الكذبُ

لا: حرف نفي مبني على السكون لامحل له من الإعراب.

حبّ: فعل ماض جامد.

ذا: اسم إشارة مبني على السكون في محل رفع فاعل.

والجملة في محل رفع خبر مقدّم.

الكذبُ: مبتدأ مؤخر مرفوع وعلامة رفعه الضمة الظاهرة.

ويجوز أن يأتي بعد ((ذا))تمييز، فتقول:

حبذا صادقاً زيد. فكلمة (صادقاً) تمييز منصوب وعلامة نصبه الفتحة الظاهرة.

أعرب:

١- نِعم المعلمة   تغريد

٢- نعم المساعدُ كاملٌ

٣- لاحبذا الكسلُ.

١٩٠

. التعجب .

التعجب:اسلوب التعجب أسلوب يستعمل للتعبير عن الدهشة أو استعظام صفة في شي ء ما. وبعبارة أخرى:هو انفعال يحدث في النفس فيُعبر الانسان عن شعوره نحو شيء ما باسلوب مخصوص يسمى اسلوب تعجب.

وجملة التعجب تعتبر جملة اسمية أو فعلية لأن لها صيغتين؛إحداهما تبدأ باسم يُعرب مبتدأ،والثانية تبدأ بفعل. يحتاج إلى فاعل.

وهاتين الصيغتين هما:

ما أفعَل - أفعِل به.

ولكي نصوغها على هذين الوزنين فلا بد أن تتحقق الشروط التالية:

١-أن يكون هناك فعْل؛ فلا يبنيان من الأسماء الجامدة، مثل كلمة حمار أو لص أو جبل فمثل هذه الكلمات لا نسطيع التعجب منها، فلا نقول (ما أحمره وما ألصه وما أجبله)وقد ورد شذوذاً ما أرجله (من الرجولة).

٢-أن يكون الفعل ثلاثياً، فلا يشتقان من غير الثلاثي وقد وردت صيغٌ للتعجب من أفعال غير ثلاثية شذوذاً مثل:

من أفقرني إلى اللـه -ـــــ من الفعل افتقر ,

ما أغناني عن الناس ــــــ من الفعل استغنى.

١- أن يكون الفعل متصرفا (أي يأتي منه ماض ومضارع وأمر).

فلا يصاغان من الأفعال الجامدة.

مثل: نعم وبئس وليس وعسى ولا يصاغان من الأفعال الناقصة التصرف، مثل: (كاد) لأنه لا أمر له.

٤-أن يكون معناه قابل للتفاوت والتفاضل والزيادة، كالكرم والبخل والطول والقصر وغير ذلك وأما الأفعال غير القابلة للتفاوت مثل: (مات،فني، غرق،عمي، عور) فلا يصاغا ن منها.

٥- أن لا يكون الفعل مبنياً للمجهول.

٦- أن يكون الفعل تاماً فلا يُصاغان من الأفعال الناقصة،مثل كان وأخواتها.
٧- أن يكون مثبتا غير منفي.
٨- أن لا يكون الوصف منه على وزن أفعل الذي مؤنثه فعلاء مثل أعرج عرجاء،أحور حوراء.

. **ملحوظة:** للتعجب بعض صيغ غير قياسية.
مثل: سبحان اللـه- لله درّهُ- يا له من بطل.

. أحكام:

١- لابد في المتعجب منه أن يكون معرفة، مثل: (ما أكرم خالداً، وأكرم بخالد) أو نكرة مختصة مثل: (أكرم برجل ينفع الناس) إذ لامعنى للتعجب من نكرة.

٢- لا يتقدم معمول فعلي التعجب عليهما فلا يقال (محمداً ما أكرمَ)، ولا: (بمحمدٍ أكرم) لأنهما جامدان ولهذا السبب لا يجوز الفصل بين أجزائهما بفاصل فلا تقول في: (ما أحسن معطيك الدرهمَ): (ما أحسن الدرهم معطيك).
غير أنهم أجازوا الفصل بينهما وبين معموليهما بثلاثة أشياء:
- بالجار والمجرورمثل (ما أطيب - في الخيرات - مسعاك !) و(أطيب في الخيرات بمسعاك)
- بالظرف، نحو: (ما أطيبَ- اليوم-مسعاك!) و(أطيب – اليومَ- بمسعاك).
- النداء: كقول علي - رضي اللـه عنه- وقد مرّ بعمّارفمسح التراب عن وجهه. (أعزز عليَّ- أبا اليقظان- أن أراك صريعاً مُجدّلا).
● وقد أجازوا زيادة (كان) بين جزئي (ما أفعل) مثل: (ما - كان – أحسن كلامك) فهي زائدة لااسم ولا خبر لها.

٣- يلزم الفعلان صورة واحدة على عكس الأفعال المتصرفة فتخاطب المفرد والمثنى والجمع والمذكر والمؤنث بصيغة واحدة فتقول مثلاً:

(أكرم -يا علي - بحاتم !) و(ما أكرم فعلك يا امرأة !)
(وما أحسن قولكما يا رجلان !)
(وما أحسن قولكنّ يا نساء !)

٤- يجوز حذف المتعجب منه وهو المنصوب بعد (ما أفعل)والمجرور بالباء بعد (أفعل) إن كان الكلام واضحاً بدونه، فالأول نحو: جزى اللـه عنّي، والجزاءُ بفضله ربيعة خيراً، ما أعفَّ وأكرما

أي: (ما أعفهم وما أكرمهم) والثاني نحو قوله تعالى: [أَسْمِعْ بِهِمْ وَأَبْصِرْ] (مريم، من الآية٣٨) أي: أبصر بهم.

٥- وردت صيغة (ما أفعل)مصغرة شذوذاً، نحو ما أُمَيْلِحَ غزلاناً، شدنَّ لنا من هؤلياءِ بين الضّال والسَّمُرِ لما كان هذان الفعلين جامدين فانهما يفارقان الأفعال المتصرَّفة في الإعلال، فإذا بنيناهما من الأفعال (قال، جاد،وعاد)فإننا لا نعل العين بل نصححها فتقول (ما أقوله، ما أجوده،ما أعوده) و(أقوِل به،وأجودْ به، وأعود به) ويفارقانها في الإدغام في الصيغة الثانية، فإذا بنيناهما من الفعل (شدَّ،ومدَّ) فإننا نفك الإدغام في هذه الصيغة: (أفعل به) نحو: ما أشدَّ البرد، وأشددْ به، وما أقلّ المال وأقللْ به، وما أمدّ البصر، وأمدد به.

ما أجملَ السماءَ

ما:اسم تعجب مبني على السكون في محل رفع مبتدأ أجملَ:فعل ماض مبني على الفتح، والفاعل ضمير مستتروجوباً تقديرهُ هوَ عائد على ما. والجملة من الفعل والفاعل في محل رفع خبر. السماء:مفعول به منصوب وعلامة نصبه الفتحة الظاهرة.

أجمِل بالسماءِ.

أجمِل: فعل ماض جاء على صيغة الأمر الباء: حرف جر زائد. السماء: فاعل مرفوع وعلامة رفعه الضمة المُقدرة منع من ظهورها اشتغال المحل بحركة حرف الجر الزائد.

. أسلوب القسم .

١- تعريف اسلوب القسم:

أسلوب القسم من أساليب التوكيد.وهو يتكون من أداة القسم والمقسم به وجواب القسم.

مثل: و الـلـه لن يضيع حقنا.

الواو (واو القسم)

الـلـه (لفظ الجلالة مقسم به مجرور بالكسرة)

لن يضيع حقنا (جواب القسم)

وفيما يلي شرح لكل من أركان اسلوب القسم الثلاثة:

(أ) أدوات القسم.

أدوات القسم هي: الواو- الباء- التاء.وهي حروف جرتجر ما بعدها.(ولا تدخل التاءإلا على لفظ الجلالة((الـلـه)).

(ب) المُقسم به:

يكون المقسم به عادة لفظ الجلالة ((الـلـه)) أو بعض الألفاظ التي جرى استعمالها كمقسم به مثل: حقك، حياتك...الخ.

(ج) جواب القسم:

يكون جواب القسم إما جملة اسمية أو جملة فعلية.

- فإذا كان جواب القسم جملة اسمية مثبتة وجب تأكيده بإن وباللام أو بإن وحدها.

مثل: و الـلـه إنّ فاعل الخير لمحبوب(أو و الـلـه إنّ فاعل الخير محبوبٌ).

- وإذا كان جواب القسم جملة فعلية مثبتة وكان فعلها ما ضيًا أكد الجواب بقد واللام أو قد وحدها.

مثل: تالله لقد أطعت أمرك (أو تالله قد أطعت أمرك).

- وإذا كان جواب القسم جملة فعلية مثبتة وكان فعلها مضارعًا أكد بلام القسم ونون التوكيد.

مثل: و اللـه لأحاسبنّ المُقصِّر.

أما إذا كان جواب القسم منفياً فإنهُ لا يؤكد سواء أكان جملة اسمية أم فعلية.

مثل: وحقك لا نجاح إلا بالمثابرة (جواب القسم جملة اسمية منفية)

و اللـه ما يضيعُ مجهودك (جواب القسم جملة فعلية منفية)

٢-اجتماع الشرط والقسم:

سبق أن أوضحنا أن كلاً من الشرط والقسم يحتاج إلى جواب.

وجواب الشرط يكون مجزوما أو مقترناً بالفاء حسب الأحوال، في حين القسم قد يؤكد أولاً طبقا لما تم شرحه. وكثيرا ما يجتمع الشرط والقسم في تركيب واحد. وفي هذه الحالة يكون الجواب للسابق منهما.

مثل: إن أتقنت العمل و اللـه تنجح(تنجحْ: مجزوم لأن فعل الشرط سابق مثل القسم).

و اللـه إن أتقنت العمل لتنجحنّ (لتنجحن : أُكد باللام والنون لأن القسم سابق على الشرط).

. العدد .

اسم العدد هو ما د لّ على كمية الأشياء المعدودة ويقال له الأصلي أوعلى ترتيبها ويقال له العددالترتيبي.

العدد الأصلي أربعة أنواع:

١- مفرد وهو من الواحد إلى العشرة ويتبعهما مئة وألف.

٢- مركّب وهو من أحد عَشرَ إلى تسعة عشَرِ.

٣- عقود وهو من العشرين إلى التسعين.

٤- معطوف وهو من واحد وعشرين إلى تسع وتسعين.

العدد المفرد:

*الواحد والاثنان يُذكران مع المذكّر ويُؤنثان مع المؤنث نحو:

(رجل واحد ورجلان اثنان وامرأة واحدةوامرأتان اثنتان).

وقال تعالى:[قَالُوا رَبَّنَا أَمَتَّنَا اثْنَتَيْنِ وَأَحْيَيْتَنَا اثْنَتَيْنِ] (غافر، من الآية١١)

ويُستعمل العدد (١) مركباً مع العشرة بصيغة(أحد)و(احدى)فقط،فنقول: أحد عشر وإحدى عشرة.

ويستعمل العدد(٢) معها بالتوافق كما سبق: (اثنا عشر، واثنتا عشرة).

ويستعملان معطوفاً عليهما مع ألفاظ العقود بالصيغ التالية:

واحد وعشرون أو حادي وعشرون، واحدة وعشرون أو إحدى وعشرون.

اثنان وعشرون.واثنتان وعشرون، وثنتان وعشرون.

*من الثلاثة إلى العشرة تلحقه التاء مع المذكرويجرّد منها مع المؤنّث نحو: (ثلاثة رجال وثلاث فتَيات).

فهو يخالف المعدود في التذكير والتأ نيث، فإن كان المعدود مذكراً كان العدد مؤنثاً، وإن كان المعدود مؤنثاً كان العدد مُذكراً ويكون المعدود جمعاً مجروراً، ويعرب مُضافاً إليه لا تمييز؛ لأن التمييز مصطلح نحوي يكون اسماً منصوباً فقط،ومثاله قولك: (جاء ثلاثة رجالٍ وثلاثُ نسوةٍ) فتعرب (رجال ونسوة) مضافاً إليه مجرور،

ومنه قوله تعالى: (وَالْمُطَلَّقَاتُ يَتَرَبَّصْنَ بِأَنْفُسِهِنَّ ثَلَاثَةَ قُرُوءٍ ۚ) (من الآية ٢٢٨ من سورة البقرة) وقوله سبحانه:[أَيَتُكَ أَلَّا تُكَلِّمَ النَّاسَ ثَلَاثَ لَيَالٍ سَوِيًّا(١٠)] (من الآية ١٠ من سورة مريم).

فائدة:العدد (٨)
إذا كان مضافاً بقيت ياؤه،مثل: (جاء ثمانية رجا لٍ ورأيتُ ثماني بناتٍ وجاءت ثماني بنات وسلمتُ على ثماني بنات).
وإن كانٍ غير مضاف، وأنت تقصٍد معدوداً مُذكراً بقيت ياؤه مع تأنيثه، فتقول: (جاء من الرجال ثمانيةٌ ،ورأيت من الرجال ثمانيةً)
أمّا إن كان غير مضاف وأنت تقصد معدوداً مؤنثاً عومل معاملة الاسم المنقوص، أي بحذف يائه في الرفع والجر،فتقول:
جاءت ثمان من البنا ت) فتعرب ثمان: فاعلاً مرفوعاً وعلامة رفعه الضمة المقدّرة على الياء المحذوفة.
مررتُ بثمانٍ فتُعرب ثمانٍ :اسماً مجروراً وعلامة جره الكسرة المقدرة على الياء المحذوفة.
ورأيت ثمانيا ً: مفعولا به منصوباً وعلامة نصبه تنوين الفتح الظاهر ويجوز في النصب منعه من الصرف
فتقول:رأيتُ من البنات ثمانيَ: فنعربه مفعولاً به منصوباً وعلامة نصبه الفتحة الظاهرة.
* فائدة: يلتحق بهذا النوع من الأعداد كلمة(بضع) وهي تدل على عدد لا يقل عن ثلاثة ولا يزيد على تسعة وتستعمل الاستعمال نفسه فتقول: (جاء بضعة رجالٍ وجاءت بضعُ نساءٍ)
* المئة والألف يكونان بلفظ واحد مع المذكر والمؤنث نحو: (مئة أو ألف صبي ومئة أو ألف فتاة).
حكم العدد المركّب:
مع **المذكر** يؤنث الجُزء الأوّل ويُذكر الجزء الثاني نحو: (جاء ثلاثةَ عشَر طالباً)
ثلاثة عشر: فاعل مبني على فتح الجزئين في محل رفع. ورجلاً تمييزمنصوب.

مع **المؤنث** يُذكّر الجزء الأول ويُؤنث الجزء الثاني نحو(جاءت ثلاثَ عشرةَ طالبة).
ثلاثَ عشرة : فاعل مبني على فتح الجزئين في محل رفع.وطالبةً تمييز منصوب.

- إلا أحد عشر واثني عشرفانهما يُذكّران مع المُذكرويؤنثان مع المؤنث نحو: (أحد عَشَرَرجلاً وإحدى عشرةَ امرأةً)

إني رأيتُ أحَدَ عشرَ طالباً:
أحد عشر: مفعول به مبني على فتح الجزئين في محل نصب وكوكباً تمييز منصوب.

- إن جُزءي العدد المركّب مبنيان على الفتح

إلا اثني عشر واثنتي عشرة فإ ن الجزء الأول يُعرب اعراب المثنى وتحذف منه النون كما تُحذف عند الاضافة. والجزء الثاني يُبنى نحو:
عندي <u>اثنا عشر قلما</u>:
اثنا: مبتدأ مؤخر مرفوع وعلامة رفعه الألف لأنه ملحق بالمثنى
عشرَ: بدل نون المثنى مبني على الفتح لامحل له من الإعراب.
عندي <u>اثنتا عشرة</u>َ دواةً نفس الإعراب السابق.
(قرأتُ <u>اثنتي عشرةَ</u> قصّةً)
اثنتي: مفعول به منصوب وعلامة نصبه الياء ؛لأنه ملحق بالمثنى.
عشرة : بدل نون المثنى مبني على الفتح لا محل له من الإعراب.
قصّة: تمييز منصوب وعلامة نصبه الفتحة الظاهرة.

<u>**العقود:**</u> وهي من العشرين إلى التسعين ويكون تمييزهُ مُفرداً منصوباً تبقى بلفظٍ واحدٍ مع المُذكّروالمؤنّث فتقول:
(عشرونَ رجلاً وعشرون امرأة).(وتسعون رجلا وتسعون امرأةً)

المعطوف: الجزء الأول منه يُذكّرويؤنَّث كالمفرد والثاني مشترك بين المذكر والمؤنث كالعقود فتقول(واحدٌ وعشرون واثنان وعشرون وثلاثةٌ وعشرون) مع المذكر.
و(واحدة وعشرون واثنتان وعشرون وثلاثٌ وعشرون) مع المؤنث.

اعراب:

جاء ثلاثةٌ وثلاثون رجلاً.
ثلاثةٌ: فاعل مرفوع وعلامة رفعه الضمة.
الواو: حرف عطف مبني على الفتح، ثلاثون: معطوف على (ثلاثة)مرفوع وعلامة رفعه الواو لأنه ملحق بجمع المذكر السالم.
رجلاً: تمييز منصوب وعلامة نصبه الفتحة.

- **هكذا يُعرّف العدد:**

١- المُركّب بادخال أل على الجزء الأول، نحو(جاءالاثنا عشر رسولاً).

٢- والمعطوف بادخال أل على الجُزءين نحو:(قرأتُ الأربعةَ والعشرينَ فصلاً)

العدد الترتيبي: هو ما دلَّ على رُتب الأشياء.

الفاظ العدد الترتيبي إثنا عشر وهي: أوّ لُ ثانٍ ثالثٌ رابعٌ خامسٌ سادسٌ سابعٌ ثامنٌ تاسعٌ عاشرٌ مئةٌ ألفٌ.

• **فائدة** - يُقال أيضاً واحد وواحدة للترتيب.

العدد الترتيبي أربعة أقسام:

*مفرد وهو من أوّل إلى عاشر.

*مركّب وهو من حادي عشر إلى تاسعَ عشر.

*معطوف وهو من واحدٍ وعشرين إلى تاسعٍ وتسعين.

*عقود وهومن عشرين إلى تسعين. وتتبعها المئة والألف.

إنّ العدد الترتيبي يكون على وفق المعدود أي إنه يُذكّر مع المذكّر ويؤنَّث مع المؤنَّث.

إلا العقود وما يتبعها فإنها تبقى بلفظ واحد مع الجميع فتقول:

الفصل الثالث والمقالة الرابعة عشرة .

كنايات العدد

كم الاستفهامية، كم الخبرية،كأيّن، كــذا.

*العدد هو كل كلمة تدل على محدد أو معيّن.مثل: خمسة،أحد عشر،عشرون،سبعون.

● أمّا كناية العدد فهي كل كلمة يرمز بها إلى عدد غير محدد وهي كم الاستفهامية وكم الخبرية وكذا.

كم الاستفهامية:

اسم استفهام مبني على السكون يُستفهم به عن عدد مبهم يراد تحديده، وهي مـن الأسماء التي لها الصدارة في جملتها.

عناصر اسلوب كم الاستفهامية:

ا- كم الاستفهامية ٢- تمييزها ٣- بقية الجملة.

*إعرابها:

تعرب كم الاستفهامية حسب موقع جوابها في الجملة. فتكون:

١- في محل رفع مبتدأ:

أ- إن تبعَها ما يصلح أن يكون خبرمثل: كم طالباً في الصـف؟ كـم: اسم استفهام مبني على السكون في محل رفع مبتدأ.

ب- إذا تبعها فعل لازم مثل: كم ممثلاً اشترك في المسرحية؟ كم: اسم استفهام في محل رفع مبتدأ.

ج- إذا تبعها فعل متعدي استوفى مفعوله مثل: كم كتاباً قرأته في العطلة الصيفية يا خالد ؟ كم: اسم استفهام في محل رفع مبتدأ.

د- إذا تبعها فعل ناقص لم يستوف اسمه مثل:كم كتاباً صـار في مكتبتك ؟ كـم: اسم استفهام مبني في محل رفع مبتدأ.

٢- في محل رفع خبر المبتدأ:

إذا جاء بعدها ما يصلح لأن يكون مبتدأ مثل:كم متراً مُسطحُ بيتك ؟

كم: اسم استفهام مبني في محل رفع خبر المبتدأ

٣- في محل نصب مفعول به:

إذا تبعها فعل متعد لم يستوف مفعوله:كم صحيفة اشتريت هذا الشهر؟

كم: اسم استفهام مبني في محل نصب مفعول به.

٤-في محل نصب ظرف زمان أوظرف مكان إذا تبعها ما يدل على الزمان أو المكان.

مثل: كم ليلة مكثت في لبنان ؟

كم: اسم استفهام مبني في محل ظرف زمان.

٥- في محل نصب مفعول مطلق إذا تبعهامصدر الفعل الذي بعدها:

مثل: كم ركلةً ركلتَ هذه الكرة ؟

كم: اسم استفهام مبني في محل نصب مفعول مطلق.

٦- في محل نصب خبر كان أو احدى أخواتها إذا استوفت اسمها مثل:

كم ديناراً صار رصيدك هذا العام ؟

كم: اسم استفهام مبني على السكون في محل نصب خبر كان.

تمييز كم الاستفهامية:

يكون تمييز كم الاستفهامية مفرداً منصوباً وعلامة نصبه الفتحة.

مثل: كم دفتراً اشتريت من المكتبة ؟ دفتراً: تمييز منصوب وعلامة نصبه الفتحة.

فائدة:

١- قد تُسبق كم الاستفهامية بحرف جر، فتكون اسم استفهام مبني على السكون في محل جر بحرف الجرّ.ويكون تمييزها في هذه الحالة مجروراً ويجوز نصبه، كقولنا: بكم دينارٍ تبرعت ؟أو بكم ديناراً تبرعت ؟

دينار: مضاف إليه مجرور وعلامة جره تنوين الكسر.

ديناراً: تمييز منصوب وعلامة نصبه تنوين الفتح.

٢- يجوز حذف تمييزكم ويدل عليها من السياق مثل: بكم تبرعت؟ والتقدير: بكم دينارٍ تبرعت؟

✍ تدريب:

✍ أعرب كم الإستفهامية فيما يلي:

١- كم طالباً في صفك ؟
٢- كم قصيدة أعجبتك ؟
٣- كم ساعة سهرت الليلة الماضية؟
٤- كم قراءة قرأت الدرس؟
٥- كم رجلاً أعجبك في منطقتك ؟
٦- كم ممثلاً كان في المسرحية ؟

كم الخبرية

هي اسم يكنى به عدد كثير مبهم الكميّة، في جملة خبرية ويكون ما بعـدها مفـرداً، نكرة، مجروراً بالإضافة على الأفصح (لشبهة بمائة وألف) أو مجرور اً(بمن) نحـو: كـم عالمٍ أكرمت وهي من الألفاظ التي لها الصدارة نحو: كم نصيحة نصحتك(كم شهيدٍ وقع على أرض فلسطين) وتقـدير الكلام (كثير مـن النصـائح نصـحتك) و(كثـير مـن الشهداء وقعوا على أرض فلسطين) ويجوز حـذف تمييزهـا إن دلّ عليـه دليـل، نحـو: (كم نصحتك فلم تستمع لنصحي) والتقدير: (كم مرةٍ)

وكم الخبرية اسم مبنـي عـلى السـكون ولهـا محـل مـن الإعـراب حسـب موقعهـا في الجملة.

*** تعرب كم الخبرية في محل رفع مبتدأ وذلك إن تبعها:**

خبر مفرد.

فعل لازم.

فعل متعد استوفى مفعوله.

*تعرب في محل نصب ظرف زمان، وذلك إذا أضيفت إلى ما يدل على الزمان.

* تعرب في محل نصب ظرف مكان، وذلك إذا أضيفت إلى ما يدل على مكان.

* في محل نصب نائب غن المفعول المطلق.

✍ نماذج في الإعراب:

✍ كم مؤمن جاهد في سبيل الـلـه !

كم:مبتدأ مبني على السكون في محل رفع.

مؤمنٍ : مضاف إليه مجرور وعلامة جره الكسرة الظاهرة.

وجملةٌ جاهد في محل رفع خبر(كم).

✍ **كم كتابٍ قرأ محمدٌ!**
كم: مفعول به مبني في محل نصب.
كتابٍ: مضاف إليه مجرور وعلامة جره الكسرة الظاهرة.
✍ **كم ساعةٍ قرأ محمد !**
كم: ظرف زمان مبني على السكون في محل نصب.
ساعة: مضاف إليه مجرور وعلامة جره الكسرة.
✍ **كم ميلٍ سارت السيارة!**
كم: ظرف مكان مبني على السكون في محل نصب.
ميلٍ: مضاف إليه مجرور وعلامة جره الكسرة الظاهرة.
✍ **كم قراءة قرأ محمد !**
كم: مفعول مطلق مبني على السكون في محل نصب.
قراءة:مضاف إليه مجرور وعلامة جره الكسرة الظاهرة.
✍ **كم مرةٍ استفدنا من التجار أُنسانية.**
كم: اسم مبني على السكون في محل نصب نائب المفعول المطلق.
مرةٍ كمضاف إليه مجرور وعلامة جره الكسرة الظاهرة.

- يكون تمييز كم الخبرية مضافاً إليه مفرداً كما في الأمثلة السابقة أو جمعاً

مثل: كم صولات صلنا والنصر حليفنا.
صولاتٍ مضاف إليه مجرور.

<u>أوجه الاختلاف بين كم الاستفهامية والخبرية:</u>

١- كم الاستفهامية يسأل بها عن عدد مجهول أمّا كم الخبريـة فلا يُسـأل بهـا عـن شيءٍ ويقصد بها التعبير عن الكثرة.

٢- كم الاستفهامية تحتاج إلى جواب أمّا كم الخبرية فلا تحتاج إلى جوابٍ.

٣- كم الاستفهامية يأتي تمييزها مفرداً منصوباً أمّا كم الخبرية يأتي تمييزها مفـرداً أو جمعاً مجروراً بالإضافة.

٤- علامة الترقيم التي تلي كم الاستفهامية هي (؟) أمّا التي تلي كـم الخبريـة فقـد تكون علامة التعجب (!) أو النقطة.

٥- كم الاستفهامية يمكن جرّها أمّا الخبرية فلا تجرّ أمّا تمييز كم الاستفهامية لايمكن جرّه أمّا تمييز كم الخبرية فيمكن جرّه.

📖 تدريب:

📖 ميّز كم الاستفهامية من كم الخبرية فيما يلي:

كم مجمعاً للغة العربية في الوطن العربي ؟

كم رواية قرأت فانتفعت بها.

كم قصيدة أعجبتك.

كم ساعة قرأت القرآن البارحة.

كم من ظالم جنى عليه ظلمه.

كـأيّـن

وهي كلمة مبهمة تدل على معنى (كم) الخبرية وهي التكثير، ويقول النحاة إنها مركبة من كلمتين: الكاف، وأي المنوّنة، التي يُكتب تنوينها في الأغلب نوناً، وصلاً أو وقفاً، وهي تختص بالماضي، ولا تكون إلا في صدر الكلام، وهي مبنية على السكون في محل رفع أو نصب ولا تكون في محل جر . ولا بدّ أن يكون مميزها اسماً مجروراً بحرف الجر(من)متعلقاً بها، كقول اللـه تعالى: **(وَكَأَيِّنْ مِنْ نَبِيٍّ قَاتَلَ مَعَهُ رِبِّيُّونَ كَثِيرٌ)** (سورة آل عمران، ١٤٦).

وقول الشاعر:

وكائن ترى من صامتٍ لكَ مُعجبٍ زيادتهُ أو نقصُهُ في التكلُّمِ.

وقد يُنصب على قلّة، كقول الشاعر:

وكائن لنا فضلاًعليكـم ومنَّةً قديماً ولا تدرونَ ما مَنُّ مُنعمِ.

وتعرب اعراب (كم)الخبريـة إلا أنهـا إن وقعـت مبتـدأً لايُخبرعنهـا إلا بجملـة، أو شبه جملة (أي الظرف أو الجار والمجرور)، ولا يُخبر عنها بمفرد، فلا يُقال: (كأيّن مـن رجلٍ جاهلٌ طريق الخير) بخلاف كم، وإليك هذين النموذجين المُعربيْن:

(وَكَأَيِّنْ مِنْ دَابَّةٍ لَا تَحْمِلُ رِزْقَهَا). (من الآية٦٠: العنكبوت)

كأيّن: مبتدأ مبني على السكون في محل رفع.

من دابة: جار ومجرور متعلقان بكأيّن.

لا: حـرف نفـي، تحمـل فعـل مضـارع مرفـوع، والفاعـل ضـمير مسـتترتقديره هـي، والجملة من الفعل والفاعل في محل رفع خبر.

كأيّن من عالمٍ أكرم زيدٌ.

كأيّن:مفعول به مبني على السكون في محل نصب للفعل(أكرم).

كــذا

كذا اسم يكنى به عن عددٍ مبهمٍ كثيراً كان أو قليلاً ، وتكون مسبوقة بكلام، ولا تأتي في صدر الجملة بل بداخلها، نحو: (جاءني كذا وكذا رجلاً) وعن الجملة نحو: (قلت كذا وكذا حديثاً) والغالب أن تكون مكررة بالعطف، كما رأيت في المثالين السابقين وقد تستعمل مفردة بلا عطف، نحو قولك: (كذا رجلاً حضر).

وهي مبنية على السكون ولها موقع من الإعراب حسب العوامل المؤثرة فيها وحكم مميزها أنه مفرد منصوب دائماً ، ولا يجوز جرّه.

أ- تعرب في محل رفع مبتدأ مثل: في الأردنَّ كذا صرحاً للعلم .

ب- في محل رفع خبر مثل: المساجدُ في الأردن كذا مسجداً.

ج- في محل رفع فاعل مثل: حضر كذا مصلياً إلى المسجد .

د- في محل رفع نائب فاعل مثل: كُرِّمَ كذا متفوقاً اليوم.

هـ- في محل نصب مفعول به مثل: اشتريتُ كذا دفتراً من المكتبة .

و- في محل نصب نائب عن المفعول المطلق.مثل: ربح التاجر كذا ربحاً.

ز- في محل نصب ظرف زمان مثل: انتظرتك كذا ساعةً ولم تحضر.

ح- في محل نصب ظرف مكان مثل: مشينا كذا ميلاً مع الشاطىء.

ط- في محل جر بحرف الجر مثل: مررتُ بكذا قريةً في رحلتي.

ي- في محل جر بالإضافة مثل: سأغادر المكان بعد كذا ساعة.

*تستعمل كذا استعمالاً غير استعمالها هذا فتكون مكونة من حرف التشبيه(الكاف)ومن اسم الإشارة(ذا).

مثل: جاء أبي متعباً وجاء أخي كذا.

كذا: شبه الجملة من الجار والمجرور في محل نصب حال للاسم المعرفة (أبي) ويجوز أن تتصل بها هاء التنبيه فتصبح (هكذا).

أمثلة أخرى على كذا:

✍ **سافر كذا وكذا رجلاً.**

كذا: مبني على السكون في محل رفع فاعل.

الواو: حرف عطف، كذا: معطوف على كذا الأولى في محل رفع.

رجلاً: تمييز منصوب وعلامة نصبه الفتحة.

✍ **أُكْرِمَ كذا وكذا رجلاً.**

كذا: نائب فاعل مبني على السكون في محل رفع.

✍ **مررت بكذا وكذا عالماً.**

الباء: حرف جر.كذا: مبني على السكون في محل جر بحرف الجر

كذا: مفعول به مبني على السكون في محل نصب

✍ **عندي كذا وكذا كتاباً.**

كذا: مبتدأ مبني على السكون في محل رفع، وشبه الجملة: متعلق بخبر محذوف تقديره موجود.

✍ **المسافرون كذا وكذا رجلاً**

كذا: خبر مبني على السكون في محل رفع.

✍ **فاز كذا متسابقاً.**

فاز: فعل ماض مبني على الفتح.

كذا: اسم مبني على السكون في محل رفع فاعل.

متسابقاً: تمييز منصوب وعلامة نصبه تنوين الفتح.

اعراب الجمل

يكون للجملة محل من الإعراب في سبعة مواضع:

١-إذا كانت خبراً. مثل: (الزهرةُ رائحتها ذكيّةٌ)

٢-إذاكانت مفعولاً به.مثل:(قال المتهم: إني بريءٌ)

٣- إذا كانت حالاً. مثل: (قَدِمَ الطيّار وهو مستبشرٌ)

٤-إذا كانت مُضافاً إليها. مثل: (أقمنا حيثُ طاب الهواء)

٥-إذا كانت جواباً لشرط جازم مقترنة بالفاء أوْ إذا.

مثل: (إن ظَلَمْتَ فسوفَ تندم)

٦- إذاكانت تابعة لمفرد.مثل: (لنا دار حديقتها فسيحةٌ)

٧- إذاكانت تابعة لجملة لها محل من الإعراب. مثل: (الطفلُ يلهو ويلعبُ)

الجمل التي لا محل لها من الإعراب سبع وهي:

١- الابتدائية: وهي التي في صدر الكلام، أو في أثنائه منقطعة عمّا قبلها. نحو: (الشمسُ أكبر من الأرض)

٢- صلة الاسم الموصول. مثل: (جاء الذي يستحق التكريم)

٣- المفسِّرة. مثل: (هلاّ نفسَكَ هذّبتها !)

٤- الاعتراضية. مثل: (القناعة – وفقك الله – غِنىً)

٥- جملة جواب القسم. مثل: (وحياتِكَ لأجتهدنّ)

٦- جملة جواب الشرط غير الجازم مُطلقاً أوجواب الشرط الجازم وهي غير مقترنة بالفاء أو إذا. مثل: (إذا تمَّ عقل المرء تمّت أُموره)

٧- التابعة لجملة لا محل لها من الإعراب. مثل: (اشتريتُ كتاباً وقرأتُهُ)

. الممنوع من الصرف .

اسم لا يُنوّن ويُجرّ وتكون علامة جره الفتحة نيابة عن الكسرة.

مثل:تعلمتُ في مدارسَ خاصّة.

في: حرف جرّ

مدارسَ: اسم مجروربفي وعلامة جرّه الفتحة نيابة عن الكسرة لأنه ممنوع من الصرف والأسماء التي تُمنع من الصرف، يمكن ترتيبها على النحو التالي:

اوّلاً: اسماء يكفي سبب واحد من عدة أسباب لمنعها من الصرف وهذه الأسباب هي:

١- ما ختم بألف التأنيث المقصورة أو الممدودة،

مثل: (مررتُ بليلى)

ليلى:اسم مجرور بالباء وعلامة جرّه فتحة مقدّرة على الألف منع من ظهورها التعذر

مررتُ بفتاة شقراء.

شقراء: نعت مجرور وعلامة جره الفتحة الظاهرة نيابة عن الكسرة لأنها ممنوعة من الصرف.

٢- صيغة منتهى الجموع،وهي أن يكون الجمع على صيغة مَفاعِل أو مَفاعيل أو ما يشبههما، كل جمع تكسير بعد ألفه حرفان، نحو: مدارس،معابد، جواهرأو ثلاثة أحرف أوسطها ساكن، مثل: مصابيح،مناديل، مساكن.

ثانياً:اسماء يجتمع فيها سببان لمنعها من الصرف

أ- العَلَم:

١- العلم الأعجمي: مثل: ابراهيم،جورج، لندن.اسماعيل،

٢-العلم المؤنث:

تأنيثاً لفظياً: مثل: حمزة، عنترة، طلحة.

تأنيثاً معنويّاً: مثل: دلال،هند.

تأنيثاً لفظياً ومعنوياً: مثل: فاطمة، عائشة، لمياء.

٣- المختوم بألف ونون زائدتين: زيدان، شعبان،رمضان،عمان.

٤- ما جاء على وزن الفعل: مثل:يزيد،تعز،أحمد. ما جاء على وزن فُعَل: مثل: عُمَر، هُبَل،زُفَر.وهو العلم المعدول

٥- فعُمر أصلها عامرومنها ألفاظ التوكيد على وزن فُعَل نحو:جُمع، كُتع,

٦- المركب تركيباً مزجياً: مثل: حضرموت،بعلبك،

ب-الصفات:

١- أن تكون الصفة على وزن الفعل، وذلك بأن تكون على وزن: (أفعل) الذي مؤنثه (فعلاء) مثل: أبيض- بيضاء،أعرج – عرجاء، أهيف- هيفاء.

٢- ماكانت على وزن فعلان مؤنثها فَعلى، مثل: عطشان–عطشى،غضبان–غضبى.

٣- ما كانت على وزن فُعَلْ: مثل: أُخر أو مَفعَلْ: مثل: مَثنى،مثلث،أوفُعال:نحو:خُماس.

جرّالممنوع من الصرف بالكسرة:

يُجر الممنوع من الصرف بالكسرة في حالتين:

١- إذا عُرِّفَ بأل،مثل: من الشعراءِ ما يسحرك شعرهم. فالشعراءِ اسم مجرور بمن وعلامة جرّه الكسرة لأنه مُعرّف بأل.

٢- إذا أُضيف، مثل:مررتُ بأفضلِ الأماكن. فكلمة أفضلِ اسم مجروربالباء وعلامة جره الكسرةالظاهرة على آخره، وهو مضاف (جُرّ الممنوع من الصرف بالكسرة لأنه مُضاف)

. الأسماء الخمسة .

الأسماء الخمسة: وهي: أبٌ،أخ ٌ، حمٌ، فو، ذ و.

ترفع وعلامة رفعها الواو، وتنصب وعلامة نصبها الألـف وتجـرّ وعلامـة جرهـا اليـاء.

(جاء أبوكَ)

أبو: فاعل مرفوع وعلامة رفعه الواو لأنه من الأسماء الخمسة وهو مضاف، والكاف ضمير متصل مبني على الفتح في محل جر مضاف إليه.

(رأيتُ أخاكَ) أخا:مفعول به منصوب وعلامة نصبه الألف لأنه من الأسـماء الخمسـة وهو مضاف والكاف ضمير متصل مبني على الفتح في محل جر مضاف إليه.

(خذ النصيحةَ من ذي العقل..) اسم مجرور بمن وعلامة جره الياء لأنـه مـن الأسـماء الخمسة وهو مضاف، والعقل مضاف إليه مجروروعلامة جرّه الكسرة.

- تسمى الأسماء الخمسة بالأسماء الستة بإضافة (هنوك) وهن: كناية معناه الشيْ.
- إذا ثُـنِّيت الأسماء الخمسة أعربت إعراب المثنى:(أخواك مُجتهدان)أخواك: مبتـدأ مرفوع وعلامة رفعه الألف لأنه مثنى.
- وإذا جُمِعت جمعَ مذكر سالم أ عربت إعرابه.(أكرم ذوي الحاجـة) ذوي: مفعـول به منصوب وعلامة نصبه الياء؛ لأنه ملحق بجمع المذكر السالم.
- إذا جُمعت جمع تكسيراً ُعربت إعرابه بالحركا ت مثـل: (العـربُ أ خـوةٌ) أخـوَةٌ: خبر موفوع وعلامة رفعه الضمة.
- إذا أضيفت إلى ياء المتكلم أعربت بحركات مُقدّرة على ما قبل الياء.

. الأفعال الخمسة .

هي كل فعل مضارع اتصلت به: واو الجماعة،ألف الإثنين، ياء المخاطبة.
مثل: يكتبون،تكتبون، يكتبان، تكتبان، تكتبين.

فهي أفعال مضارعة أسندت إلى:

١- واو جماعة الغائبين، مثل: الركاب يصطفّون في خط واحد.
غرسوا فأكلنا ونغرسُ فيأكلون، لماذا يخرج الطلاب من غرفة الصف يتراكضون؟

٢- أو- واو جماعة المخاطبين، مثل:أنتم قومٌ تستحقون الاحترام، لأنكم تأكلون مما تزرعون وتلبسون مما تصنعون.

٣-أو ألف الاثنين، مثل: الطفلان يتخاصمان ثم يتصالحان المعلم للفائزيْن: أنتما تستحقان المكافأة.

٤-أو- ألف الاثنتين، مثل:

- متى تلتقي القناتان ؟
- تلتقيان الساعة الثامنة.
- المعلمة للفائزتين: أنتما تستحقان المكافأة.

٥-أو ياء المخاطبة، مثل:كيف تنفقين أوقات فراغك ؟
ماذا ترسمين ؟

إعراب الأفعال الخمسة:

تُرفع الأفعال الخمسة وعلامة رفعها ثبوت النون، وتنصب وتجزم وعلامة ذلك حذف النون، مثل:

- (البحارة يُجذ فون) يُجذ فون: فعل مضارع مرفوع وعلامة رفعه ثبوت النون لأنَّهُ من الأفعال الخمسة، والواو ضميرمتّصل مبني في محل رفع فاعل،والجملة الفعلية في محل رفع خبر.

- (لن يستطيعا هزيمتي) يستطيعا: فعل مضارع منصوب بلن وعلامة نصبه حذف النون لأنه من الأفعال الخمسة ,وألف الإثنين ضمير متصل مبني في محل رفع فاعل.

-(أنتِ لم تتدربي على السلاح) تتدربي: فعل مضارع مجزوم بلم وعلامة جزمه حذف النون لأنه من الأفعال الخمسة.وياء المخاطبة:

ضمير متصل مبني في محل رفع فاعل.

الضمائر الثلاثة(واو الجماعة، ألف الإثنين،ياء المخاطبة)

تعرب دائماً ضميراً مُتصلاً مبنياً في محل رفع فاعل للفعل الذي تتصل به،وإن كان الفعل مبنياً للمجهول كانت في محل رفع نائب فاعل. وإذا كان ناقصاً تعرب في محل رفع أسمه مثل لم تكونوا.

قال خليل السكاكيني في كلمة ألقاها في حفلة توزيع الشهادات على خريجي كليتة النهضة في القدس الشريف عام ١٩٤١:

((ستجدون من الناس من هم أشبه بالملائكة ومنهم من هم أشبه بالأبالسة: أما الملائكة فكونوا معهم ملائكة، وأمّا الأبالسة فالويل لهم منكم.ستجدون من الناس من يسرقُ ليعيش، ومنهم من يعملُ ليعيش، فإذا لقيتم النوع الأول فلا تسلّمواعلى أحد منهم قبل أن تعدّوا أصابعَكُم، وإذا لقيتم النوع الثاني فاحنوا رؤوسكم إلى الأرض إجلالاً لهم، احترموا كلَّ من يستحقُ الاحترام، ولكن لا تعبدوا أحداً، عظّموا من يستحقُ التعظيم، ولكن لاتستصغروا أنفسَكم. لاتتعدوا على أحد، ولكن لاتسمحوا لأحد أن يتعدى عليكم. الحياءُ فضيلةٌ، ولكن إذا حاولَ الأشرارأن يستغلوا حياءَكم فلا تكونوا ذوي حياء)).

((المجموعة الكاملة لمؤلفات السكاكيني))(الأدبيات)ص٧-١٣

١- استخرج الأفعال الخمسة المرفوعة من النص السابق، وبيّن علامة رفع كل منها.

٢- استخرج الأفعال الخمسة المنصوبة من النص السابق، وبيّن علامة نصب كلّ منها.

٣- استخرج الأفعال الخمسة المجزومة من النص السابق، وبيّن علامة جزم كل منها.

✍نموذج في الإعراب:

✍قال تعالى: (يَا أَيُّهَا الَّذِينَ آمَنُوا لَا تَدْخُلُوا بُيُوتًا غَيْرَ بُيُوتِكُمْ حَتَّى تَسْتَأْنِسُوا وَتُسَلِّمُوا عَلَى أَهْلِهَا ذَلِكُمْ خَيْرٌ لَكُمْ لَعَلَّكُمْ تَذَكَّرُونَ)(النور:٢٧)

تدخلوا: فعل مضارع مجزوم بلا الناهية وعلامة جزمه حذف النون من آخرهوواو الجماعة ضمير متّصل مبني على السكون في محل رفع، فاعله.

تستأنسوا: فعل مضارع منصوب بحتّى وعلامة نصبه حذف النون من آخره، وواو الجماعة ضمير متصلمبني على السكون في محل رفع، فاعله.

تسلّموا: فعل مضارع معطوف على (تستأنسوا)منصوب،وعلامة نصبه حذف النون من آخره، وواو الجماعة ضمير متّصل مبني على السكون في محل رفع،فاعله.

تذكّرون: فعل مضارع مرفوع لأنه لم يسبقه ناصب أو جازم، علامة رفعه ثبوت النون في آخره لأنه من الأفعال الخمسة، وواو الجماعة ضمير متصل مبني على السكون، في محل رفع، فاعله.

✍ أعرب:

- هل أنتم ممّن يُحسنون الاستماع ؟
- كيفَ تـُعِدّينَ القهوة ؟

(إِنَّ اللَّهَ لَا يُغَيِّرُ مَا بِقَوْمٍ حَتَّى يُغَيِّرُوا مَا بِأَنْفُسِهِمْ) (الرعد: آية١١)

- لا تبالغا في السَّهَرِ.

. الصَّرْف .

الصرف والتصريف في اللغة يطلقان على معان كثيرة منها التحويل والتغييرومن ذلك تصريف الرياح_ وتصريف الخيل والمياه وصرف الله عنك السوء ووحفظك من صرف الزمان وصروفه وتصاريفه.

(معنى الصرف: علم الصرف هوعلْم تُعرف به كيفية صياغة الأبنية العربية وأحوالها.

والأبنية هي هيئة الكلمة، وهذا ما يُميّز علم الصرف عن علم النحو الذي يبحث في الأحوال المتنقلة للكلمة من جهة،ويدرس الكلمة من جهة أخرى.

والتغيير الذي يحدث على بنية الكلمة،إنما يكون لغرض لفظي أو معنوي ولهذا فإنه يراد بالبنية، الهيئة او الصورة الملحوظة من حيث الحركة والسكون وعدد الحروف وترتيبها.

أما التغيّر الذي يطرأ لغرض معنوي،هو كتغيّر المفرد إلى التثنية والجمع وتغير المصدر إلى الفعل والوصف المشتق كاسم الفاعل واسم المفعول أو التصغير والنسب،أمّا التغيير اللفظي فيكون بزيادة حرف أو أكثر أو إبدال حرف من حرف أو قلب حرف علّة إلى حرف علّة آخرأو با لنقل أو الادغام..إلى غير ذلك.

لقد حدد علماء العرب، ميدان الصرف بأنه دراسة لنوعين فقط من الكلمة هما: الاسم المتمكن والفعل المتصرّف، أما الحرف والاسم المبني والفعل الجامد لا تُصرّف في علم الصرف، وإنما في كتب النحو).

فائدة علم الصرف:

إن دراسة الصرف تمنع الدارس من الوقوع في الخطأ واللحن فهو يضبط صيغ الكلمات ويساعد على معرفة الحروف الزائدة والأصلية في الكلمة وبه يُعرف الشاذ والمطرد في العربية وبمراعاة قواعده تخلو مفردات الكلام من مخالفة القياس التي تخل بالفصاحة وتبطل معها بلاغة المتكلمين.

واضع علم الصرف:

كان علماء اللغة في أول عهدهم بالتصنيف في العربية والنحو والصرف والعروض بصفة عامة وكان العلم بالعربية لغوياً نحوياً إخبارياً راوية ثم انفصلت العلوم العربية بتنوع مدارسها وبذالك نستطيع أن نقرر أن أبا مسلم معاذ بن مسلم الهراء كان أول من خصص لمسائل الصرف بالبحث والتأليف وأنه أكثر من مسائل التمرين التي كان الأوائل يسمونها التصريف وأن العلماء من بعده نقلوا عنه.

الميزان الصرفي

الميزان الصرفي:هو مقيا س ضبط الكلما ت، ولمّا كان أكثر الكلمات ثلاثيّاً جعَلَ علـماء الصرف لوزنها ثـلا ثـة أحـرف،(فَ - عَ - لَ) وجُمِعـت بكلمـة (فَـعَلَ) الفـاء تقابـل الحرف الأول من الكلمة وتسمى فاء الفعل والعين تقابل الحرف الثاني وتسـمى عـين الفعل واللام تقابل الحرف الثا لث وتسمى لام الفعل.

مثال: (دَرَسَ: فَـعَلَ) لاحظ أننا وضعنا الفاء محل الدال من (دَرَسَ) والعين محل الراء واللام محل السين. مع ضبط أحرف الميزانأي أنّ(الفتحة) على أحرف دَ رَسَ وضعناها أيضاً على أحرف الميزان (فَعَلَ)

فالحركة على أحرف الكلمة يجب أن تقابلها نفس الحركة على أحرف الميزان.

أمثلة: شَرِبَ:فَعِلَ، كَرُمَ: فَعُلَ، قَـمَرٌ فَعَلٌ. وهذه الأفعال السابقة كلـّها ثلاثية.

لاحظ الآن ألأفعال التالية: دَحْرَجَ، دِرْهَمٌ ، سَفَرْجَلٌ، تجدها كلمات رباعيّة وخماسـية مجـرّدة، ولما كـان الميـزان(فعـل) عـلى ثلاثـة أحـرف لـيس غير،زدنـا عليـه لامـاً في الرباعي،فقلنـا في (دَحْـرَجَ: فَـعْلَـلَ)، وزدنـا لامـين في الخـماسي فقلنـا في(سَـفرْجَل): (فَـعَـلَّـل) وكذلك يُفعل في كل رباعي وخماسي مُجرّدين.

لاحظ الأفعال التا لية: (هذ ّب، فَـهَّمَ،قَـسَّمَ) تجـد أنَّ الحـرف الثـاني فيهـا مضـعّف؛ لذلك ضعّفنا الحرف الثاني في الميزان فقلنا: (هـذَّبَ: فَـعَّلَ) (فَـهَّمَ: فَـعَّلَ) (قَـسَّمَ: فَـعَّلَ)وكذلك يُفعَل في أمثا ل هذه الكلمات.

* لاحظ الكلمات التالية: (لاعَبَ: فاعَلَ، انْصَرَفَ: انْفَـعَلَ، اسْتَـخْبَرَ: اسْتَفْعَلَ) نرى أنها تشتمل على أحرف أصليّة وزائدة، فكلمة (لاعَـبَ) فيهـا الـلام والعـين والبـاء أصـليّة، وفيها الألف وهي زائدة، ويشاهد في ميزانها أنّ الفـاء والعـين والـلام وُضِـعَت مكـان الأحرف الأصلية على الترتيب، وأنّ الِفاً زائدة وُضِعَت مكـان الألـف الزائـدة. ومثـل ذلك يُعمل في كل كلمة تشتمل على أحرف أصلية وزائدة.

*١- صام : فَعَلَ، اصْطَبَرَ: افْتَعَلَ،يَقومُ، يَفْعُلُ،مَرامٌ: مَفْعَلٌ، مَهْدِيٌّ: مَفعولٌ.
٢- قُمْ: فُلْ،عد: عِلْ، اسْعَوْا: افْعَوْا،يَرْمون: يَفْعُونَ، هِبَةٌ: عِلَةٌ، زِنَةٌ: عِلَةٌ.

إذا نظرنا إلى الطائفة الأولى رأينا أن بكلماتها إعلالاً أو إبدالاً، ففي صام إعلال بالقلب، وفي اصطبر إبدال، وفي يقومُ إعلال بالتسكين وإعلال بالقلب، وفي مهدي إعلال بالقلب،وإذا رجعنا إلى ميزان كل كلمة من هذه الكلمات رأيناهُ لم يتأثر بأ ي نوع من أنواع الإعلال أوالإبدال المذكورة، وأنهُ يُعطيك وزنها قبل الإعلال أو الإبدال ويتجاهل حدو ث شيء منها،ومن ذلك نستنبط أنّ الكلمة إذا حصل بها إبدال أو إعلال(بالقلب أو التسكين) توزن على أصلها قبل حدوث الإبدال أو الإعلال.

وعند تأمل المجموعة الثا نية نرى أنّ جميع الكلمات حصل فيها إعلال بالحذف، وإذا رجعنا إلى ميزانها رأينا أنّ الحرف الذي حُذف من الكلمة حُذِفَ مقابلهُ من ميزانها، فالحرف الثاني وهو الواوحُذف من قُم فحُذِفَ من ميزانه الحرف المقابل له وهو العين،ومثل ذلك يُقال في بقية الكلمات، ومع ذلك نستطيع أن نُدرِك أنهُ إذاحُذِفَ من الكلمات حرف أو أكثرحُذِفَ ما يُقا بل ذلك في الميزان.

تطبيق على الميزان الصرفي:

استمرَّ- استفعلَ

اضطراب – افتعال وأصلها اضترب فأبدلت التاء طاء لأن قبلها حرف من حروف الآطباق والإستعلاء.

الاسم المتصرّف وغير المتصرّف

الاسم ما دلّ على معنىً في نفسه غير مقترن وضعاً بأحد الأزمنة الثلاثة(كزيد،كتاب،علم،مفيد).

الاسم قسمان: متصرّف وغير متصرّف.

١- الاسم المتصرف هو الذي يثنى ويجمع ويُصغّر وينسب إليه نحو (مدينة) فإنه يُقال فيها مدينتان ومُدُنٌ ومُدَيْنَةٌ ومدنيٌّ.

٢- الاسم غير المتصرّف هو ما يلازم حالة واحدة مثل (مَن) فيقال (مَن الرجل الآتي) و (مَن المرأة الآتية) بصورة واحدة مع المذكر والمؤنث والمثنى والجمع،

*الاسم المتصرّف نوعان: جامد ومشتق.

تقسيم الاسم إلى جامد ومشتق

الاسم قسمان: جامد ومشتق.

١- الاسم الجامد هوَ كلُّ اسمٍ لم يُؤخذْ من غيرِهِ، وهوَ أصلٌ في ذاته وهو نوعان:

اسمُ ذاتٍ (اسم ذات: يراد بالذات ما قام بنفسه من الأشياء كرجل وبنت.) واسمُ معنىً. (اسم معنى: يراد بالمعنى ما قام بغيره كحياء وشجاعة)

اسم ذات هو ما دلَّ على شيءٍ مُعيّنٍ محسوس يمكن إدراكه بالحواس مثل: جبل، بحر. غصن.

اسمُ معنىً هي أسماء لا تُدرك بالحواس لأنها معانٍ مُجرّدة مثل: العدل، المشي، الحياء.

٢- الاسم المشتق هو ما أُخذ من غيره من الكلمات. مثل: (ثائر) من الثوران، و (مقطوع) من القطع، (ومحمود) من الحمد.

مصادر المشتقات هي الأصول التي يكون منها الاشتقاق، وجميعها من أسماء المعاني

اسناد الأفعال إلى الضمائر

- الإسنادهو نسبة الفعل إلى الفاعل، مثل: أفلح المؤمنون، رفع الطالب العلمَ.

أو نا ئب الفاعل.مثل: رُ فِعَ العلمُ , تُـلِيَ القرآنُ. خُسِفَ القمرُ.

كيفية الإسناد.

* يُسند الفعل إلى الاسم الظاهر كالأمثلة المتقدمة، ويسند إلى الضمائر.

مثل: رجعتَ إلى أهلِك، رجَعْتُما إلى العمـل، رجعـتم مسرـورين،رجَعْتِ سـالمة،رجَعتنّ إلى أهلكنّ،رجعَ عوداً عـلى بـدء، رجعـا أدراجهما،رجعـوا غـانمين، رجَعَـت إلى عادتها القديمة. رجعتا من المشغَل، رجعْنَ مأجورات.

- إذا أسندَ الفعل الماضي الصحيح الآخـر إلى الضـمائر لم يتغـير، ويبقـى عـلى حالـه وأصله من البناء على الفتح عند إسناده إلى ضمير الغائب(قـرأ) والغـائِبَيْن (كتبـا) والغائِبة(دَرَسَتْ) والغائبتين (نجَحَتا).

ويبنى على الضمّ: عند إسناده إلى ضمير الغائبين لمناسبة الواو(آمنُـوا وجاهـدُوا). أمّا عند إسـناده إلى سـائر الضـمائر وهـي الضـمائر المتصلـة المتحركـة فيبنـى عـلى السكون: (عمِلْـتُ،عَمِلْنا،عَمِلْتَ،عَمِلْتُما، عَمِلْتُم، عَمِلْتِ،عَمِلْتُما، عَمِلْتُنّ، عَمِلْنَ).

- إذا أسْنِد الفعل المضارع الصحيح الآخر إلى الضمائر لم يدخلهُ تغيير، إلا أنه يُبنى على السكون.عند إسناده إلى نـون النسـوة.، (يَشرـحْنَ وُجْهـة نَظَـرهنّ، وتَشْرَـحْنَ وُجهة نظركنّ).

- أفعال الأمر لا تُسنَد إلا إلى ضمائر الخطاب (أنتَ،أنتما، أنتم،أنـتِ أنـتما، أنـتُنّ)، (اشكر، اشكرا،اشكروا،اشكري،اشكرا،اشكُرْنَ).

- إذا أسند الفعل الماضي المضـعّف إلى الضـمائر لم يدخلـه تغيـير عنـد اسناده إلى ضمائر الغائب (جدَّ)والغائبين (جدّا) والغائبة (جَدّت) والغائبتين (جَدّتا) ويبقى على أصله البناء على الفتح. أمّا عند إسـناده إلى واو الجماعـة فيبنـى عـلى الضـم لمناسبة الواو (جَدّوا). وأمّا عند اسناده إلى سائر الضمائر، وهي

ضمائر التكلم والخطاب ونون النسوة فيُفكّ تضعيفه ويبنى على السكون (جَدَدْتَ، جَدَدْنا، جَدَدْتما،جَدَدْتُم، جدَدْت ،جَدَدْتما،جَدَدْتُما،جَدَدْتُنّ، جَدَدْنَ).

- إذا أسندَالفعلُ المُضارعُ المُضعّفُ إلى الضمائر جرى على صِيَغ المضارعة إلا عند اسناده إلى نون النسوة وهي ضمير الغائبات والمُخاطبات، فإنّ تضعيفهُ يُفك ويبنى على السكون (يُعْدِدْنَ وَتَعْدِدْنَ).
- إذا أسند فعل الأمر المضعّف إلى ضمائر الخطاب بقي على حاله دون تغيير إلا إذا أسندَ إلى ضمير المُخاطب فإنهُ يجوز فيه التضعيف وفكّ التضعيف (غُضَّ الطرفَ،واغضُضْ من صَوتك) وإلاّ إذا أُسنِدَإلى نون النسوة لإنهُ يَجب فكّ تضعيفه (أعْدِدْنَ واسْتَعْدِدْنَ).

<u>تطبيقات على الإسناد:</u>

<u>الماضي الصحيح الآخر:</u>

مثال: *نقول عند اسناد الفعلين(صَدَقَ وتَصَدّق)إلى الضمائر:
أنا صدقْتُ، وتصدّقْتُ، نحن صَدقنا وتصَدَّقنا، أنتَ صَدَقْتَ وتَصَدّقْتَ، أنتما صَدَقتُما وتَصَدّقْتُما،أنتم صَدَقتُم وتَصَدَّقتُمْ، أنتِ صَدَقْت وتَصَدّقت ،أنتما صدَّقْتُما وتَصَدَّقتما،أنتُنَّ صَدَقْتُنّ وتَصَدّقْتُنَّ، هو صَدَقَ وتَصَدّقَ، هما صَدَقا وتَصَدَّقا،هُم صدَقوا وتَصَدّقوا، هيَ صَدَقَتْ وَتَصَدّقتْ،هُما صَدَقتا وتَصدَّقتا، هُنَّ صدَقْنَ وتَصَدّقْنَ.

<u>المُضارع الصحيح الآخر:</u>

مثال: نقول، عند إسناد الفعلين المضارعين(أعْلَمُ وأستعْلِمُ) إلى الضمائر:
أنا أعلمُ وأستعْلِمُ، نحنُ(المتكلميْن أو المتكلمَتيْنِ) نعلمُ ونستعْلِمُ، نحنُ(المتكلمينَ والمتكلمات) نعلَم ونسْتعْلِم. أنت تعلَم وتسْتعْلِم،أنتما تعلمان وتسْتعْلِمان ، أنتم تعلمون وتسْتعْلِمون، أنتِ تعلمينَ وتسْتعْلِمين، أنتما تعْلَمان وتسْتعْلِمان ،أنتُنّ تعْلمْنَ وتسْتَعْلِمنَ، هو يعلمُ ويسْتعْلِمُ،هما يعْلَمان ويَسْتعْلِمان، هم يَعْلمون ويسْتعْلِمون، هيَ تَعْلَمُ وتسْتعْلِمُ،هما تَعْلمان وتسْتعْلِمان، هنَّ يَعْلمْنَ ويَسْتَعْلِمْنَ.

الأمر الصحيح الآخر:

*نقول، عند إسناد فعلي الأمر (اصبر وتصبّر) إلى ضمائر الخطاب: أنتَ اصْبِرْ وتَـصَبَّرْ، أنتما اصْبِرا وتَـصَبَّرا،أنتُم اصْبِروا وتصَبَّروا، أنتِ اصْبِري وتصبَّري،أنتما اصْبِرا وتـصَبَّرا،أنتنَّ اصْبِرْنَ وتَـصبّرْنَ.

*لاحظ أن أفعال الأمر لا تسند إلاّ إلى ضمائر الخطاب.

الماضي المضعّف:

مثال: نقول، عند اسناد الفعلين الماضييْن المُضَعّفيْن (ردّ واستردّ)إلى الضمائر:

أنا ردَدْتُ واسترْدَدْتُ، نحنُ ردَدْنا واسترْدَدْنا،نحنُ ردَدْنا واسترْدَدْنا،أنتَ ردَدْتَ واسترْدَدْتَ، أنتما ردَدْتُما واستردَدْتُما، أنتم ردَدْتـُم واسترْدَدْتـُم،أنتِ رَدَدْتِ واسترْدَدْتِ،أنتما ردَدْتُما واسترْدَدْتُما،أنتُنّ ردَدْتُنّ واسترْدَدْتُنّ، هو ردّ واسْتردَّ، هُما ردّا واستردّا، هُم ردّوا واستردّوا، هيَ ردّت واستَرَدّت،هما ردّتا واسْتردّتا، هنَّ ردَدْنَ واسترْدَدْنَ.

المضارع المُضعّف:

مثال: نقول،عند اسناد الفعلين المضارعين المضعّفين(يَعِزّ ويعتزّ)إلى الضمائر:

أنا أعِزّ وأعْتزُّ، نحنُ نَعِزُّونعْتزّ، نحنُ نَعِزّ ونَعْتزّ،أنتَ تعِزّ وتعْتزّ،

أنتما تعِزّان وتعْتزّان،أنتم تعِزّون وتعْتزّون، أنتِ تعِزّينَ وتعْتزّينَ،

أنتما تعِزّان وتعْتزّان، أنتُنّ تعْزِزنَ وتعْتزِزْنَ،هو يعِزّ ُويعْتَزّ،هما يَعِزّان ويَعْتزّان، هم يَعِزّون ويَعتزّون،هيَ تعِزّوتعْتزّ،هما تعِزّان وتعْتزّان،هنّ يعْزِزْنَ ويعْتـَزِزْنَ.

الأمر المُضعّف:

مثال:نقول عِندَ اسناد فِعْلي الأمر المضعّفيْن(مُرّ واسْتـَمِرّ) إلى ضمائر الخطاب:

أنت مُرَّ أو امْرُرْواسْتمِرّ أو استمْرِرْأنتما مُرّا واستمِرّا، أنتم مُرّوا واستمِرّوا، أنتِ مُـرِّي واستمِرّي،أنتما مُرّا واسْتمِرّا، أنتنَّ امرُرْنَ واسْتمرِرْن.

<u>اسناد الفعل المعتل:</u>

الفعل المثال:

أ- الفعل الماضي: لايتغيّر فيه شيء مثل الصحيح السالم.

وقفَ: وقفتَ - وقفتُ - وقفنا - وقفتم - وقفتما - وقفنَ - تقِفنَ.

يئس: يئست -يئستُ- يئسنا- يئستم - يئسنَ - يئستن.

ب- المضارع والأمر:

١-إذا كانت فاؤه (الحرف الأوّل) يا: لايتغيّر فيه شيء،

أيأس - ييأس - تيأسان، تيئسنَ.

إيأس- إيأسي - ايأسا - إيأسوا - إيأسن.

٧- إذا كانت فاؤه واواً فتحذف في المضارع والأمر بشرطين:

أ- أن يكون الماضي ثلاثياً مُجرّداً.

ب- أن تكون عين المضارع مكسورة.

مثال: ورِثَ.

<u>١-المضارع</u>: أرث- نرث- ترثان - ترثون- ترثن،

يرثُ- يرثان - يرثون،

<u>٢-الأمر</u>: رِثْ - رِثا - رِثوا - رِثي - رثنَ.

فإذا تخلف الشرطان بقيت الواو دون حذف مثل:واعدَ-يواعد -تواعد...

١- المضارع: أواعد - نواعد- يواعِد- تُواعِد...

٢- الأمر: واعِدْ- واعِدي - واعِدوا.

إذا اسند الفعل الماضي المعتل الآخر إلى الضمائر، وكان مجرّداً آخره ألفٌ (بنى،نما)عادت الألف إلى أصلها وبني الفعل على السكون عند اسناده إلى ضمائر التكلم(أنا،نحن،نحن) والخطاب (أنتَ،أنتما،أنتم،أنتِ أنتُما أنتنّ)وضمير الغائبات (نون النسوة)فنقول:

بنيْتُ، بنيْنا،بنيْتَ، بنيْتما، بنيْتم، بنيْتِ،بنيْتما، بنيْتنّ،بنينَ.

نموْتُ، نموْنا، نموْتَ، نموْتُما، نموْتم، نموْتِ،نموْتُما، نموْتنّ، نموْنَ.

لفإذا اسند إلى ضمير الغائبيْن (هما) عادت الألف إلى أصلها واواً أو ياء وبقي على حاله من البناء على الفتح، فنقول:

بَنَيَا، نَمَوَا.

فإذا أسند إلى ضمير الغائبة(هي) والغائبتين (هما)والغائبين (هم)حُذفت الألف وبقي فتح ما قبلها، فنقول:

بَنَتْ، بَنَتَا، بَنَوْا.

نَمَتْ نَمَتَا، نَمَوْا.

*فإذا كان الفعل الماضي المعتل الآخرمزيداً على أكثر من ثلاثة أحرف (اشترى،ادّعى)جعلتَ ألفهُ ياء، سواء كان أصلها ياء اشترى أم واو ادّعى وبني على السكون عند اسناده إلى ضمائر التكلم والخطا ب ونون النسوة:

- اشتريتُ، اشترَيْنا،اشتريْتَ، اشْتريْتُما،اشْتريْتم،اشْتريْتِ، اشتريْتُما،اشتريْتُنّ، اشترَيْنَ.
- ادّعيْتُ،ادّعيْنا،ادّعيْتَم،ادّعيْتِ ادّعيْتُما، ادّعيْتُنَّ، ادّعيْنَ.

* ونحعل الألف ياء عند إسنادها إلى ضمائر الغائبيْن، فنقول: اشْترَيا، ادّعَيَا.

* وتحذف الألف ويبقى فتح ما قبلها عند إسناده إلى ضمائرالغائبة والغائبتيْن والغائبيْن، فنقول:

اشْترَتْ، اشْترَتا، اشْترَوْا.

ادّعتْ، ادّعَتا، ادَّعَوْا.

* فإذا كان آخر الماضي ياء جرى إسناده إلى الضمائر كالفعل الصحيح الآخر، فنقول:

رضِيْتُ، رَضِيْنا،رَضِيْتَ،رَضِيْتُما، رَضِيْتم، رضِيْتِ، رَضِيْتُما، رَضِيْتُنَّ، رَضِيَ رضِيا،...، رَضِيْ، رَضِيَتَا، رَضِيْن.

*إلا أن ياءهُ تُحذف عند اسـنادهِ إلى واو الجماعـة ويُضـم مـا قبلهـا ملاءَمـة لحركـة الواو، فنقول: رَضُوْا.

* يجري إسناد الأفعال المضارعة المعتلة الآخر إلى الضمائرعلى مثال سائر الأفعال المضارعة في العربية، إلا إذا أسندت إلى واو الجماعة، فإنّ آخرها يُحذف ويبقى فتح ما قبله إن كان ألِفاً (يَنْهى، يَنهَوْن، تنهَوْن)ويبقما قبل الآخر على حاله من الضم إن كان الآخرُ واواً(يرْجُو، يرجُوْن،ترْجُوْن)، ويضم ما قبل الآخر ملاءمة لواو الجماعة إن كان الآخر ياء: يبْكي، يَبْكُون، تبْكُوْن).

* إذا أسند فعل الأمر إلى المعتلّ الآخرإلى ضمائرالخطاب نُظِرَ إلى مُضارعه ؛

فإن كان آخره واو (علا، يعلو)حُذفت عند إسناده إلى ضمير المُخاطب(اعْلُ)وواوالجماعة (اعْلُوا)، وحُذفت وكُسِر ما قبلها إذا أسندَإلى ياء المخاطبة مناسبة للياء(اعْلِي) وتثبت الواو عند إسناده إلى ضمير المُخاطبيْن والمُخاطبتيْنِ والمخاطبات (اعْلُوَا،اعْلُوَا، اعْلُوْنَ).

وإنْ كان آخره ألِفاً(نهى، ينهى)حُذفت عند إسناده إلى ضميرالمخاطب(انْهَ) وواو الجماعة (انْهَوْا) وياء المخاطبة (انْهَيْ) ورُدّت إلى أصلها وثبتت عند إسناده إلى ضمير المخاطبيْن أو المُخاطبتيْن والمخاطبات (انْهَيا،انْهَيَا، انْهَيْنَ).

وإن كان آخره ياء (جرى،يجري) حُذفت عند إسناده إلى ضمير المخاطب (اجْرِ) وواو الجماعة (اجْروْا) ويا المخاطبة (اجْري)، وثبتت عند إسناده إلى ضمير المخاطبيْن أو المخاطبتيْن والمخاطبا ت (اجْرِيا،اجْرِيا، اجْرِيْن).

الفعل المجرّد والمزيد

الفعل المجرّد هو ما كانت فيه الحروف الأصلية وحدها من غير زيادة عليها،ولا يُستغنى عن حرفٍ منها،مثل(نصر)و(دحرج).

الفعل المزيد هو ما أُضيفَ فيه إلى الحروف الأصلية حرف أو أكثرنحو: أكرمَ و(تجمّعَ) و(تجمهرَ).

ومن البدهي أنّ أقل حروف الفعل الماضي المجرّد ثلاثة وأكثرها ستة.

للفعل الثلاثي المُجرّدستة أوزان تُؤخذ من اختلاف حركة عينه ماضياً ومُضارعاً وقد جمعها بعضهم في بيتٍ واحدٍ:

فتحُ كسرٍ فتحُ ضمٍ فتحتان كسرُفتحٍ كسرُ كسرٍ ضمتان.

أوزان المجرّد الثلاثي

فَعَلَ يفْعِلُ مثل جَلَسَ يَجلِسُ

فَعَلَ يَفْعُلُ مثل نَصَرَ يَنصُرُ

فَعَلَ يَفْعَلُ مثل فَتَحَ يَفْتَحُ

فَعِلَ يَفْعَلُ مثل عَلِمَ يَعْلمُ

فَعِلَ يَفْعَلُ مثل حَسِبَ يَحسَبُ

فَعُلَ يَفْعُلُ مثل كَرُمَ يَكرُمُ

الفعل الرباعي المُجرّد

فلهُ وزنٌ واحدٌ،وهو أن يكونَ مُضارِعُهُ مضمومَ حرف المضارعة مَكسورَ ما قبل الآخِر.

مثل: طَمْأَنَ ـ يُطَمْئِنُ،دحرجَ ـ يُدَحْرِجُ.

مزيد الثلاثي ومزيد الرباعي

الفعل المزيد هو ما زيدَعلى حروفِه الأصليَّة حرفٌ واحدٌ أو أكثر،أو ضُعِّفَ فيه حرف أصلي

مزيد الثلاثي: مزيد الثلاثي ثلاثةُ أنواع:

الأول: ما زيد فيه حرفٌ واحد. جاء على ثلاثة أمثلة،نحو:

(فضَّلَ) على وزن: فعَّلَ،(أكرمَ)على وزن: أفْعَلَ،(خاصَمَ)على وزن:فاعَلَ.

والثاني: ما زيد فيه حرفان ويأتي على خمسة أمثلة، نحو:

(انكسَرَ) على وزن:انفَعَلَ،(انتصَرَ) على وزن:افتَعَلَ، (تكرَّمَ، تقدَّمَ) على وزن:تَفَعَّلَ، (تباعَدَ) على وزن: تَفاعَلَ،(ا حمرَّ،اصفرَّ) على وزن:افعَلَّ.

والثالث: ما زيد فيهِ ثلاثةُ أحرفٍ ويأتي على مثالين نحو: (إسْتغفرَ) و(اسْتخرجَ)على وزن:اسْتفْعَلَ.

مزيد الرُّباعي:

الفعل الرُّباعي يُزادُ بحرفٍ واحدٍ أو حرفيْن.

الرُّباعي المزيد بحرف، مثل: (تدحْرَجَ، تزلْزَلَ،تزخرَفَ،تبعثَرَ)

على وزن:تفَعْلَلَ(بزيادة تاء في أوّله).

الرُّباعي المزيد بحرفين، مثل:

(اطمأنَّ،اكفهرَّ،اقشَعَرَّ) على وزن: افْعَلَلَّ.

(افرنقَعَ) على وزن: افْعَنْلَلَ.

. ملحوظة: يُرَدُّ المضارعُ والأمرُ إلى الماضي عندما يُراد معرفة المجرّد والمزيد منهما. مثل: (يَدرسُ، أُدْرُسْ) نَردّه إلى الماضي (دَرَسَ).

✍ تدريب نموذجي:

✍بيّن المجرّد والمزيد من الأفعال الآتية ثمّ زنها:

ظهر، احتجبَ، يئنّ، اعشوشب.

الإجابة:

ظهرَ: ثلاثي مجرّد وزنهُ فَعَلَ.

احتجب: ثلاثي مزيد بحرفين هما الهمزة والتاء ووزنه افتعل ومجرّده حجبَ.

يئن: ماضياً أنّ بمعنى توجع وهو ثلاثي مجرّد ووزنه يَفعِلُ.

اعشوشب: ثلاثي مزيد بثلاثة أحرف الهمزة والواو وتضعيف الشين ومجرّده عشب ووزنه افعوعل.

✍تدريب على المجرّد والمزيد:

١- بيّن المجرّدوالمزيد من الأفعال الآتية ونوع الزيادة وحروفها ثم زنها

يطمئن – اضطر- احتطب- انحدر- اشمأزّ.

٢- مثل لما يلي:رباعي مزيد بحرفين،ثلاثي مزيد بثلاثة أحرف،رباعي مزيد بحرف.

معاني زيادات الأفعال.

كل زيادة تلحق الفعل المجرّد تكون في الأعم الأغلب لغرض معنوي وتفيده معنىً جديداً مثل:

*فإن وزني (أفعَلَ وفَعَّلَ)يكونان غالباً للتعدية نحو(أكرمتُهُ وفرَّحتُهُ)

*وزن(فاعلَ) غالباً يكون للمشاركة نحو(ضارب زيدٌ عُمراً)(أي أنّ كل منهما ضارب ومضروب).

*وزن (تَفَعَّلَ)يكون غالباً لمطاوعة فعَّلَ نحو(أدّبتُهُ فتأدّ ب).

*وزن(تَفاعَلَ) يكون غالباً للمشاركة نحو(تصافح الرَّجلان).

*وزن(انفَعَلَ)يكون لمطاوعة فعلَ لا غيرنحو(قطَعتُهُ فانقطَعَ).

*وزن (افتعَلَ) يكون غالباً لمطاوعة فَعَلَ(جَمَعتهُ فاجتمَعَ).

* وزن(افعلَّ) يكون للدخول في الصفة محو(احمرَّ) أي دخل في الحمرة.

* وزن (استَفْعَلَ) يكون للطلب نحو (استغفَرَ).

*أوزان(افعَوعَلَ) و(افعَوَّ ل) و(افعالَّ)تكون للمبالغة نحو(احدودبَ،واجلوَّذَ واحمارَّ).

*وزن (تَفَعْلَلَ)يكون لمطاوعة مُجرّدهِ نحو(دحرجت الحَجرَ فتدحرَجَ).

وزني(افْعَلَلَّ)و (افعَنْلَلَ) يكونان للمبالغة نحو(اقشعرَّ واحرَنْجمَ).

. الإعلال .

الإعلال هو تغيير يطرأ على حرف العلّة،من حذف حرف العلة، أو قلبه أو تسكينه، تسهيلاً للنطق.

الإعلال بالقلب

قلب الألف والياء واوا

إذا وقعت الألف بعدَ ضمّ تُقلب واواً مثل:(شاهدَ) فعل مبني للمعلوم وإذا ما حولناه للمبني للمجهول يصبح(شُوهِدَ) فلاحظ ان الألف الزائدة في (شاهد) حيث أن أصل الفعل (شهد) قد قُلبت واواً في كلمة (شُوهد) والسبب في هذا التغيير هو حدو ث الضم قبل الألف عندما حولنا الفعل (الضمة الموجودة على حرف الشين في كلمة شُوهد)هي التي قلبت الألف واواً. وكذلك عندما نقول: حاكم حُوكم، سامَحَ سُومِح.

إذا وقعت الياء ساكنة بعد ضمّ تُقلَب واواً مثل:أيْنع الثمر فالثمر مُونِعٌ لاحظ أن الياء في (أيْنَعَ) ساكنة بعد فَتْح أصبحت في اسم الفاعل مُونِع ساكنة بعد ضم لهذا قُلبت واواً. وكذلك نقول في: أيْسَر مُوسِر و أَيْقن مُوقِن.

قلب الواو ياء

١- تقلب الواو ياء إذا اجتمعت هي والياء في كلمة وكانت الأولى منهما ساكنة.

مثل: يَسودُ المرء بأدبه، كن سيِّداً،إنّ أصل كلمة سيِّد هو(سَيْود) قد اجتمعت فيه الياء والواو والأولى ساكنة فقُلبت الواو ياء وأدغمت الياء في الياء. وكذلك عندما نقول: نيّة أصلها نِوْية،وهيِّن أصلها هيْون.

٢- تقلب الواو ياء إذا وقعت ساكنة بعد كسر مثل: أنجز حرٌ ما وعدَ فأنجز المِيعاد.

إنّ أصل كلمة وعدَ هو (مِوْعاد) وفيها الواو ساكنة وما قبلها مكسورلذلك رأيناها أصبحت ياءً في كلمة ميعاد. وكذلك نقول في (وزن مِوزان مِيزان وفي أورق إوْراق، إيراق).

٣- تقلب الواو ياءإذا وقعت متطرفة بعد كسر

مثل: يعدو العادي،يسمو السامي، يعلو العالي

العادي أصلها العادِو والسامي السامِو والعالي العالِوونتيجة لوقوع الواو متطرفةبعد كسر قُلِبَت(ياء). وكذلك كل واو تجمع هذين الشرطين.

٤- تُقلب الواو ياءإذا جاءت الواو عيناً لمصدروكان ما قبلها مكسوراً أو عيناً لجمع تكسير وكان ما قبلها مكسوراًوما بعدها أَلِفاً،مثل:

صيام - صَوَمَ وأصلها صِوام تقلب الواو ياءً لأنها جاءت عيناً لمصدر وكان ما قبلها مكسوراً، وما بعدها أَلِفاً.

٥-أن تكون الواو(لاماً)لصفة على وزن فُعلى مثل الدنيا والعليا وأصلهما من الدنو والعلو.

٦- أن تقع الواو عيناً لجمع تكسير بشرط أن يكون صحيح اللام وقبلها كسرةوبشرط أن تكون معلة في المفرد أو شبيهة بالعلة وهي الساكنة وشرط القلب في هذا أن يكون بعدها في الجمع ألفاً.

٧- أن تقع طرفاً رابعة فصاعداً وقبلها مفتوح سواء كانت في فعل أو في اسم وبشرط أن تكون قد انقلبت ياءافي المضارع تقول في (عطوت - وزكوت) فإذا جئت بالهمزة أو التضعيف تقول أعطيت وزكيت فقلبت الواو ياء.

قلب الواو والياء همزة

*تقلب الواو والياء همزة إذا تطرفت إحداهما بعد ألف زائدة مثل:

دعا: الدعاء، قضى:القضاء،

لاحظ أنّ (دعا وقضى)هي أفعال معتلة ناقصة ألفها منقلبة عن واو أوياءولكننا لا نرى هذه الواو أو الياء في (دعاء وقضاء) إنّ دعاء أصلها (دعاو) وقضاء أصلها (قضاي) ولكن حرف العلة عندما جاء مُتطرّفاً وقبله ألف زائدة قُلِبَ همزة.

*تقلب الواو والياء همزة في اسم الفاعل الأجوف الثلاثي الذي وسطه ألف.

مثل: ساد: سائد،حال حائل، حاد حائد. وذلك لأن سائد أصله ساود، وحائل أصله حاول، وحائد أصله حايد فالهمزة منقلبة عن واو كما في ساود وحاول ومنقلبة عن ياء كما في حايد.

*حرف المد الزائد في مفرد مؤنث يقلب همزة إذا وقع في الجمع بعد ألف صيغة منتهى الجموع. مثل:صحيفة صحائف، عجوز عجائز، رسالة رسائل.

نرى في كل مثال مفرداً وجمعه على صيغة منتهى الجموع,إذا بحثنا في المفردات رأينا أنها مؤنثة ثالث أحرفها حرف مد زائد، ونجد أن هذا الحرف قُلِبَ همزة في جموعها.

- أن تقع الواو أو الياء بعد حرف علة يفصل بينهما ألف مفاعل مثل (نيف ونيائف) وأوّل أوائل.

قلب الواو والياء الفا

إذا تحركت الواو والياءوكان ما قبلهما مفتوحاً تـُقلبان أِلفاً.

١- تقلب الواو أِلفاً إذا كانت متحركة وما قبلها مفتوح فيما يلي:

*الفعل الثلاثي المجرد المعتل الأجوف.

عامَ أصلها عَوَمَ من العَوْم تـُقلب الواوألفاً ؛ لأنها متحركة بالفتحة، وما قبلها متحرك بالفتحة والإعلال هنا قلب الواو ألفاً.

خافَ أصلها خَوِفَ قـُلبت الواو ألفاً؛لأنها متحركة بالكسرة وما قبلها مفتوح، والإعلال هنا قلب الواو أِلفا

***الفعل الثلاثي المجرّد المعتل الناقص.**

دعا أصلها دَعَوَ،تقلب الواو أِلفاً لأنها متحركة بالفتح وما قبلها متحرك.

*تجري القاعدة على الفعل الثلاثي المزيد من الفعل المعتل الناقص،مثل:

اعتدى - عدا - عَدَوَ- أصلها اعتدوا.

٢- تـُقلب الياء أِلفاًإذا كانت متحركة وما قبلها مفتوح وذلك في:

* الفعل الثلاثي المجرّد المعتل الأجوف.مثل:
سار، أصلها سَيَرَفتقلب الياء ألِفاً؛ لأنها متحركة وما قبلها مفتوح.
*الفعل الثلاثي المجرّد المعتل الناقص. مثل:
روى -أصلها رويَ تقلب الياء ألِفاًلأنها متحركة، وما قبلها مفتوح.

قلب الواو والياء تاء

إذا وقعت الواو أو الياء قبل تاء(الافتعا ل)وما تصرّف منه تُقلبُ تاءً.مثل:
وَصَلَ اوْتَصَلَ اتَّصَلَ ، يَسَرَ ايْتَسَرَ اتَّسَرَ
لدينا فعل ثلاثي أولهُ واو أو ياء، مثل وصل , يسر،وأردنا أن نبني منه على صيغة (افتَعَلَ) فالقياس اوتصلَ وايتسر؟ ولكن العرب لم تقل هذا بل قالت: (اتَّصلَ واتَّسرَ) بقلب الواو والياء تاء وإدغام هذه التاء في تاء افتعلَ وهذا الإعلال كما حصل في الفعل الذي على صيغة افتعل، يحصل في مصدره ومشتقاته، كاتصال ومتّصل.

الإعلال بالنقل

ومعناه نقل حركة حرف العلة إلى الحرف الصحيح الساكن قبله ويختص بالواو والياء ولا **يحدث** في الألف لأنها لاتتحرك.
مثال: قالَ أصلها قوَلَ ومصدره قوْل ومضارعه (يقول)وهذا فيه نقل ولذلك فإننا ننقل حركة الواو إلى القاف الساكنة قبلها ليصير الفعل يقول.
يَلينُ وزنها يَفعِل وأصلها يَلْيِنُ، تنقل الكسرةوالتي هي حركة حرف العلّة الياء إلى الحرف الساكن الذي قبله، وسُكّنت الياء،وهذا إعلال بالنقل.
نامَ أصله نَومَ بدليل مصدره(نَوْم) ومضارعه (يَنْوُم)النون ساكنة والواو متحركة، نُقِلَت حركة الواو إلى الساكن الصحيح قبلها فقلبت الواو ألِفاً ليصير الفعل ينامُ، وقد قلُبت الواو هنا ألِفاًلأن الواو مُحرّكة بالفتحة وهي من غير جنس الواو.

وماضع الإعلال بالنقل على النحو الآتي.

١- مَفعَل مثل: معاش، أصلُها مَعْيَش.

٢- مُفْعِل مثل: مُقـيـم،أصلها مقوم.

٣- مُفْعَل مثل: مفاد أصلها مُفيد.

٤- مُسْتفْعِل مثل: مُستعيد أصلها مُستعوِد.

٥- مُسْتَفْعَل مثل: مُستفاد أصلها مُستـفيد.

٦- المصدر على وزن إفعال أو استفعال مثل:إقامة واستقامة أصلهما إقوام–استقوام.

٧- في نقل حركة حرف العلـّة في صيغة مفعول المشتقة من فعل ثلاثي أجـوف مثـل: مصون ومبيع أصلهما مصوون – مبيوع.

الإعلال بالحذف

هو تأثير يُصيب الحرف في حالات مُعيّنة يؤدي إلى حذفه من الكلمة.

والحذف قسمان:

قياسي: وهو ما كان لعلة تصريفية سوى التخفيف مثل الثقل والتقاء الساكنين.

غير قياسي: وهو ما ليس لعلة تصريفية ويقال له الحذف اعتباطاً.

*** يُحذف حرف العلـّة في المواضع الآتية:**

١- الفعل المثال الواوي الذي وزْنه(فَعَلَ- يَفْعِلُ) تحذف واوه في المضارع والأمر ومـن المصدر بشرط أن يُعوّض بالتـاء في آخـره.مثـل: وَعَـظَ: يَعِظُ،عِظْ،عِظَـة.وَعَـدَ:يَعِـدُ عِدْ،عِدَة. وزنَ:يَزِنُ، زِنْ، زِنَة.

٢-إذا كان حرف مَدّ مُلتقياً بساكن بعده مثل: قم- قوم-، قُمت-قومت،يقمن- يقومن.

٣- الفعل الأجوف إذا سُكـّن آخره حُذِفَ وسطه، مثل: طِرْ فعل أمر أصله الثلاثي طارَ- طَيَرَوأصلُهُ طِيْرْ تـُحذف الياء منه لالتقاء الساكنين.

٤-إذا كان الفعل مُعتلّ الآخر،فيُحْذ ف آخره في أمر المفرد المذكـرمثل: اخـشَ، ادعُ،ارم وأصلها:خشى،ادعو ارمي.وفي المضارع المجزوم الذي لم يتصل بآخره شيء، لم يخشَ، لم يَرم ، لم يدعُ.

- ويحصل الإعلا ل بالحذف من آخر المـاضي النـا قـص المفتـوح العـين متـى اتصـل بضمير الغائبة ومثناها نحو: (رَمَت ودَعَت ورَمَتا ودَعَتا) أصـلها (رمَيَـتْ وَدَعَـوَتْ ورَمَيَتا ودَعَوَتا)
- ومن الناقص متى اتصل بواو جماعة أو ياء مُخاطبة مثل: رمـوا ويرمـون وتـرمين أصلها رَميُوا ويَرْميُون وترمِيِـن.
- من آخر المذكر المنقوص منوناً نحو(غازٍ)أصلها غازِوٌ.

. الإبـدال .

الابدال: جعل حرف مكان حرف آخر، ويكون في الحروف الصحيحة بجعـل أحـدهما مكان الآخرمثل: ادخر، وفي المعتلة بجعل مكان حرف العلة حرفاً صحيحاً .

*إذا كان أوّل الثلاثي(دالاً أو ذالاً أو زاياً) وبُني على افتَعَلَ، تُبدّل تاء افتعـل دالاً، ومثل ذلك يحصل في مصدر افتعل ومشتقاته.

(أ-)دعا، ذكرَ، زحَمَ. (ب)- ادتـعى، اذتكرَ، ازتحَمَ

(ج)- ادّعى،اذِدكرَ، ازدحَمَ. بقشم (د-)صَحِبَ،ضَرَبَ،طلعَ، ظلمَ،

(هـ)اصْتحبَ،اضْترِبَ،اطْتـلعَ،اظتلمَ. (و)اصطحب،اضطرب،اطلـعَ، اظّطَـلَمَ.

بقسـم (أ) أفعـال ثلاثيـة مبـدوءة بـدال أوذال أو زاي، وفي قسـم (ب) تـرى الأفعـال نفسها بعد بنائها على صيغة افتعلَ ولكنك إذا نظرت إلى الأفعال بقسـم (ج) لم تجـد تاء افتعلَ ورأيتَ مكانها دالاً.

* إذا كان أوّل الثلاثي صاداً أو ضاداً أو طاءً أو ظاءً وبُنِيَ على افتعلَ، تُبدّل تاء افتعـلَ طاءً، ومثل ذلك يحصل في مصدره ومشتقاته.

وبقسم (د) أفعال ثلاثية مبدوءة بصاد أو ضـاد أو طـاء أو ظـاءوفي قسـم (هــ)تـرى الأفعال نفسها بعد بنائها على افتعلَ ولكنك حين تنظر إلى هذه الأفعال بقسـم (و)لا تجد تاء افتعل بل تجد مكانها طاء، ومن ذلك تحكم بأنَّ كل فعل ثلاثي أوله صـاد أو ضاد أوطاء أوظاء، إذا بُنِيَ على افتعل تـُبدّل فيـه تـاء افتعـل (طـاء)ومثـل افتعـل في ذلك مصدره ومشتقاته.

. الادغـام .

الادغام في اللغة: الادخال: يقال أدغمت اللجام في فم الفرس إذا أدخلته.

وفي الأصطلاح الصرفي: أن تصل حرفاً ساكناً بحرفٍ مثله متحرك من مَخرج واحد دون أن تفصل بينهما بحركة أو وقف فيصبحان لشدة اتصالهمامثل حرف واحد مثل: جلّ وأصلها جلل.

أو أن يكون الصوتان متقاربين في المخرج مثل ادغام اللام في الراء في مثل قوله تعالى (وَقُلْ رَبِّ زِدْنِي عِلْمًا(١١٤)) (من الآية ١١٤، سورة طه).

فتنطقها (وقرب) ويجب في الحرفين المتقاربين من قلب أحدهما إلى آخر فهو في الحقيقة مثل المتماثلين.

<u>أقسام الادغام</u>

١ - إدغام واجب ٢- إدغام جائز ٣- إدغام ممتنع.

وهذه الأقسام الثلاثة تتوقف على شكل الحرفين المتماثلين.

١- الادغام الواجب:

<u>أ- يجب الادغام إذا كان الأول ساكناً والثاني متحركاً مثل:</u>

عظظم – عظّم- حففظ- حفـّظ.

وفي كلمتين مثل (لم يصنع عشاءً) فتدغم عين يصنع في عين عشاءً.

<u>ب- وإذا كان الحرفان المتماثلان في كلمة واحدة وكانا متحركين</u>

مثل: شدد- مدد عدد

نقول فيهما (شدّ- مدّ – عدّ)

وإن كانا في كلمتين وكانا متحركين جاز الادغام مثل (جعل لك)

أمّا في مثل (شهر رمضان) فهذا ممتنع لتحرك المثلين ويمتنع كذلك عن الوجوب إذا كان في كلمة واحدة في صدر الكلمة مثل: دَدَنَ.

واذا كان الحرفان متحركين متماثلين في كلمتين وكان الحرف الذي قبلهما ساكنا (غير لين) امتنع الادغام.

مثل قوله تعالى (وَجَعَلَ الشَّمْسَ سِرَاجًا(١٦) (الآية ١٦ من سورة نوح) فلم تدغم السين في السين وهما متحركان لأن قبلهما الميم الساكنة وهي حرف غير لين.

ج- إذا كان أحد الحرفين مدغماً فيه آخر امتنع الادغام، مثل(مرَّر)

ففي هذا الفعل تجد الحرفين متماثلين متحركين ولكن الحرف الأول مدغم قبل ذلك فلا يجوز إدغامه مرة أخرى.

الادغام الجائز:

ويجوز الادغام والفك في حالتين:

١- في أمر المفرد المضعف مثل: امدد، اغضض، اشدد، ومثل قول الشاعر:

فغض الطرف إنك من نمير فلا كعباً بلغت ولا كلابا.

٢- في مضارع المفردالمضعف المجزوم مثل: لاتمَسَسْهما النار، لا تمنن تستكثر.

٣- وهناك حالة يجوز فيها الادغام ويجوز فيها فك الادغام في فعل الآمر مثل أمرر ومر وفي المضارع المجزوم أيضاً لم يمر، ولم يمرر.

الادغام الممتنع:

ويمتنع الادغام في حالات هي:

أ- إذا اتصل الفعل المضعف بضمير رفع متحرك مثل: رددتُ،شددنا،عددتم.

ب-في الأسماء الثلاثية المتحركة العين لأنه لو صار ادغام لأصبح لبس في المعنى مثل: طَلَل، ظُلل، مَلل.

ج-إذا كان المثلان على وزن(أفعل ب) التعجبية مثل: اشدد بعزيمته، أحبب به.

د- إذا كان الحرف الثاني مزيداً للألحاق، مثل: جلبب، فلو أدعم لصار جَلَبّ على غير شرطه.

. المصْادَرُ .

مفهوم المصدر:

١- المصدر لغة: موضع تصدر عنه الابل.وبذلك فهو المصدر الذي تصدر عنه الأشياء.

٢-أما في الاصطلاح اسم معنى جامدٌ،يدل على حد ث مجرّد عن الزمان والمكان.

وينقسم إلى قسمين:

١- سماعي: وتمثله مصادر الأفعال الثلاثية.

٢- قياسي:وهو غير الثلاثي(الرباعي، الخماسي، السداسي).

مصادرالأفعال الثلاثية:

مصادر الأفعال الثلاثية سماعية،تعرفُ بالسماع، وله ضوابط تقريبية يسهل الانتفاع بها، ويمكن عند الالتباس أن ترجع إليها في المعاجم اللغوية فوضع العلماء بعض الضوابط للتطبيق على قسم من الأفعال الثلاثية وهي:

١- وزن فِعالةٌ فيما دلّ على حِرفة. فنقول: صَرفَ- صِرافة،حاك - حِياكة.

٢- وزن فِعالٌ فيما دلّ على امتناع،مثل: جمحَ - جماحاً، نفرَ - نفاراً.

٣- وزن فَعَلان فيما دلّ على تقلّب واضطراب،مثل: غلى - غليان،طارَ- طيراناً.

٤- وزن فُعْلة فيم دلَّ على لون، مثل: حمرَ- حُمرة، زرق زُرقة.

٥- وزن فُعال أو فَعيل فيما دلَّ على صوت، مثل:صرخَ- صُراخاً، صَهَلَ صَهيلاً.

٦- وزن فُعال فيما دلّ على مرض، مثل: زكمَ - زُكاماً سَعَلَ - سُعالاً.

٧- وزن فَعِيلٌ فيما دلّ على سيْر، مثل: رحَلَ - رحيل.

٨- وزن فَعَل فيما دلّ على عيب،مثل: عَرَجَ - عَرَجاً.

لكن الأفعال الثلاثية كثيرة فإذا لم يد لّ المصدر على شيءٍ من ذلك فالغالب:

ا- في فَعُل أن يكون مصدرهُ على وزن فُعولةٍ أو فَعَالَةٍ مثـل: سَـهُلَ- سـهولة وفَصُحَ فصاحة.

ب- في فَعِلَ اللازم أن يكون مصدرهُ على فَعَل، مثل: فَرِحَ فرَحاً، تعِبَ تعَباً.

ج- وفي فعَلَ اللازم أن يكون مصدرهُ على فُعول، مثل: قَعَدَ قُعوداً ،سَجَدَ سُجوداً

د- وفي المتعدي من وزن فَعِلَ وفَعَلَ فمصدرهُ على وزن(فَعْل) مثل: فَهِمَ فهْماً ،نصَرَ نصْراً، فتَحَ فتْحاً .

مصادرالأفعال الرّباعيّة

مصادر الأفعال الرّباعية لها أوزان قياسيّة وتختلف با ختلاف صِيغ الأفعال.

١- إذا كان الفعل على وزن (فَعْلَلَ) وهو غير مُضعّف، فمصدرهُ على وزن (فَعْلَـلَـةَ)، مثل: زخرفَ زخرَفة، دحرجَ دحْرَجة، فإ ن كان مُضعّفاً جاز أن يكون على وزن(فعْللة)أو(فِعْلال)مثل:زلزَلَ زَلْـزلة أو زلْزالاً ،وسْوسَ وَسْوَسَة أو وسْواساً.

٢- إذا كان الفعل رُباعياً على وزن(أفْعَلَ) فمصدرهُ على (إفْعَال) مثل: أشْرَفَ إشرافاً، أنْكَرَ إنْكاراً، أكْرَمَ إكْراماً .

*أمّا إذا كان الفعل معتلّ العين فتحذف ألف إفعا ل أو عين الفعل ويُعوّض عنها تاء في آخره، مثل: أعانَ إعانة (وزن المصدر إفْعَلة) أبانَ إبانة، أجابَ إجابة.

*وإذا كان الفعل الذي على وزن (أفعَلَ) مُعْتل الآخرقُلِبَ حرفُ العلةِ همزة في المصدر،مثل:أعطى إعطاء، أنهى إنهاء.

٣- إذا كان الفعل على وزن(فَعّـل) بتضعيف العين فمصدره على وزن (تفْعيل)، مثل: وحّدَ توْحيدا،عرّفَ تعْريفاً ، كبّر تكْبيراً .إلاّ إذاكان مُعتل

الآخرفتحذ ف ياء (تفعيل) ويعوض عنها تاء مربوطة في آخره، ويكون المصدر على وزن(تفَعِلَـة)، مثل: نمّى تنمِية، ربّى تربِية،زكّـى تزكِية.

٤-إذا كان المصدر على وزن (فاعَلَ) فمصدرهُ على وزن (فِعال) أو (مُفاعلة) مثل: ناقشَ نِقاشاً ومُناقَشةً، ناضلَ نِضا ل ومناضَلَةً،عاتَبَ عِتاباً و مُعاتبةً.

*هناك بعض الأفعال من وزن (فاعَل) يُكتفى فيها بمصـدر (مُفاعَلَـة) مثـل: سـاعدَ مُساعَدة، شاركَ مُشارَكة.

مصادرالأفعال الخماسيّة والسُداسيّة

مصادر الأفعال الخماسيّة والسُداسيّة قياسية، وهي تختلف باختلاف أوزان أفعالها:

١- إذا كان الفعل الخماسي مبدوءًا بتـاء زائـدة في أوّلـه، كـان مصـدرهُ عـلى وزن(فعله الماضي) مع ضم ما قبل آخره،مثل،تعلّم تعَلّـُماً تـَقَدّمَ تـَقدُّماً، تقاسـمَ تقاسُماً، تبادَ لَ تبادُلاً.

فإذا كان مُعتل الآخر بالألف قلِبَت الألف في المَصدر ياء،وكُسِرَ ماقبلها، مثـل: تفـاني تفا نياً، تعالى تعالياً.

٢- إذا كان الفعل الخماسي أو السداسي مبدوءا بهمزة وصل جاء وزنه عـلى وزن فعله الماضي مع كسر ثالثه وزيادة ألف قبل آخره،مثل:اجتمع اجتِماعاً، اندفع اندِفاعاً،استغفرَ استغفاراً.

ومصدر افعوعل (افعيعال)مثل: اخشوشن اخشيشاناً،ومصدر افعـالَّ (افعِـلال)مثـل: ادهـامَّ ادهيمامـاً، ومصـدرافعوّل (افعِـوّال) اعلـوّط اعلِـوّاط ومصدرافعنْلَـلَ (افعنلال)احرنجم احرنجاماً.ومصدرافعَللَّ (افعِلال)اقشعرّ اقشعراراً.

- إذا كانت لام الفعل ألِفاً قـُلِبَت في المصدرهمزة، مثـل: التقـى التقـاء، اسـتغنى استغناء، استثنى استثناء.

- إذا كان الفعل على وزن استفعلَ وكا نت عينهُ ألفاً حُذِفَت ألِف المصدر، وعُوّض عنها تاء في الآخر، مثل: استقام استقامة،استشار استشارة.

انواع المصادر

قسم علماء اللغة المصادر إلى أنواع مختلفة، فقد ابتدأوا بالمصدر العادي، ثم تلته المصادر المقيدة كالمرّة والهيئة والصناعي والميمي والمؤول.

. المصدر المؤول .

المصدر المؤول صيغة مفردة دالة على حدث تفهم من عبارة لغويّة.

مثل: يسرّني أن تحترمَ معلميك. فعبارة أن تحترمَ يمكن صياغتها بشكل آخر في الجملة دون أي تغيير في المعنى فنقول:(يسرّني احترامكَ معلميك) فكلمة (احترامك) هي مصدر مؤول سدّت مكان التركيب السابق أن تحترم، وإعراب المصدر احترامك في الجملة السابقة هو: فاعل للفعل يَسُرّ.

فلو عدنا لنعرب التركيب (أن تحترم) في الجملة السابقة،نقول: أن: حرف مصدري ونصب، تحترمَ:فعل مضارع منصوب بأن، والمصدر المؤول من أن والفعل في محل رفع فاعل.

***العبارات التي يمكن أن تؤولها بمصادر هي:**

١- أن والفعل، مثل: الحريّة أن يعمل الانسان ما يريد، دون ضَرر بالآخرين. المصدر المؤول هو(عمل)في محل رفع خبر المبتدأ(الحريّة).

٢- أن واسمها وخبرها: ظننتُ أنّكَ ستقدّرُ مدى اهتمامي (تقديرك)

٣-(ما) والفعل، [يجادلونك في الحق بعد ما تبيَّن] (تبيُّنه) و(ما) في هذه الجملة مصدرية وقد تأتي ما المصدريّة ظرفيّة نحوقولك: (لن أنسى فضلك ما حييت) أي مدة حياتي.

٤- (لو) والفعل: [يودُّ أحدهم لو يُعَمَّرُألف سنة] المصدر المؤول هو(التعمير) في محل نصب مفعول به للفعل يودّ ، وتقع لو المصدرية أكثر ما تقع بعد (ودّ) أو (يَودّ)لذا فاعرابها يكون في محل نصب مَفعولاً به.

٥- همزة التسوية والفعل: [سواءٌ عليهم أأنذرتَهُم أم لم تنذرْ هم] (إنذارك)في محل رفع مبتدأ مؤخر وكلمة سواء خبر مقدّم. (المصدر المؤول من همزة التسوية والفعل يكون دائماً في محل مبتدأ مؤخر).

٦- كي والفعل: جِئتَ كي تتعلّمَ (للتعلُّم).((الشرتوني، مبادئ اللغة العربية ص٣٧٥))

* لاحظ أن المصدر المؤول يُعرب حسب موقعه في الجملة.

. المصدر الميمي .

المصدر الميمي هو مصدرٌ لا يختلف في المعنى عن المصدر غير الميمي.

وهو يُبنى مطرِداً من كل فعل بزيادة(ميم) في أوّله،في غيروزن(مُفاعلة) لأنّ المصادر التي على وزن مفاعلة غير ميمية مثل: مشاركة ومعاونة ومقاتلة وأفعالها شارك وعاون وقاتل ويؤدي نفس معنى المصدر.

ويكون المصدر الميمي على أحد وزنين هما: (مَفعِل) و(مَفعَل).

مثل: وعَدَ:مَوْعِد،،قعَدَ:مَقعَد.

<u>بناء المصدر الميمي:</u>

١- إذا كان الفعلُ <u>ثلاثيا</u> مثالاً صحيح الّلام محذوف الفاءفي المضارع، كان مصدره الميميُّ على وزن (مَفْعِل) بفتح الميم و كسر العين.
مثل: وقفَ:مَوْقِف، وَعَدَ:مَوْعِد،وَلدَ:مولد.

٢- إذا كان الفعلُ ثلاثياً، وليسَ مثالاً صحيح اللام محذوف الفاء في المضارع، كان مصدره الميمي على وزن(مَفْعَل) بفتح الميم وفتح العين:
مثل: أكلَ:مَأكل،شَرِبَ:مَشْرَب،لمسَ:مَلمَس.

٣- إذا كان الفعلُ <u>غيرَثُلاثيّ</u>،كان مصدرهُ الميمي على وزن اسم المفعول؛ أي يكون(على وزن مُضارعه، بإبدال حرف المضارعة ميماً مضمومة، وفتح ما قبل آخره).
مثل: أكرَمَ:مضارعهُ يُكرم، المصدر الميمي منه: مُكرَم.
اعتقد – يعتقِدُ – مُعتَقَد.

- قد تُزاد على صيغة المصدر الميمي تاءٌ في آخره.
  مثل: نفعَ:منفَعَة،ودّ : مَودة

التمارين:

١- دُلّ على المصادر الميمية فيما يلي:

-لامَنْجى للكسول من الملام.

- لكل إنسان حرية المعتقد والمُنْطلق شرط أن لا يؤذي أحدًا.

٢-صغ المصدر الميمي مما يلي واضبطه بالشكل:

٣-عاشَ، شَرِبَ، وضَعَ، أخرجَ، أقامَ، استخْرجَ، أمّلَ.

. مصدر المرّة .

اسم المرّة: هواسم مصوغ من فعل (تام)فلا يُصاغ من الأفعال الناقصة مثل كان وأخواتها- متصرف- فلا يُصاغ من الأفعال الجامدة مثل نعم،بئس،عسى ليس.

ومصدر المرّة أو العدد يدلّ على وقوع الفعل مرة واحدة نحو:

(ضربتهُ ضربة) (وأخذتهُ أخذةً)

صياغته من الثلاثي المُجرّد:

ويبنى من الثلاثي المجرّد على وزن (فَعْلَة)بفتح الفاء وسكون العين، مثل:

أكَلَ أكْلَة، ضربَ ضَرْبَة، دقَّ دَقَّة، فتحَ فَتْحة.

فإن كان المصدر على وزن فَعْلَة أصلاً فيجب أن يوصف مثل:

رحم الله الناس رحمة واسعة.

صياغتهُ من غير الثلاثي:

فإن كان الفعل غير ثلاثي أي فوق الثلاثي أُلحِقت تاء التأنيث بمصدره الصريح، مثل:

أكرمتهُ إكرامة، تدحرجَ تدَحرُجةً،أجاب إجابةً مُقنِعَة، استقال استقالة.

إلاّ إن كان المصدر مختوماً بتاء،فإنَّ مصدر المرّة يُصاغُ بالوصف بكلمة(واحدة)نحو:قابلتُهُ مُقابَلة واحدة، استشرت المحامي استشارةً واحدة.

تمرين:

دّلّ على اسم المرّة فيما يلي:

-إنك في الدّنيا بين ظلمة ونور،وترحة وسرور،وهبطة واعتلاء، وغمّة وانجلاء.

- ضحكتُ اليومَ ضحكةً.

- أطلّ الربيعُ إطلالة.

. مصدر الهيئة .

مصدر الهيئة ويسمى مصدر النوع ويصاغ من الاسم الثلاثي فقط ويذكر لبيان نوع الفعل وصفته أي يدل على الحالة التي يكون عليهاالفاعل عند حدوث الفعل وهو بزنة(فِعلة) نحو:

(وقفتُ وِقْفة)أي وُقوفاً موصوفاً بصفة. جلستُ جِلْسَة حَسنة.

فهو يدلّ على هيئة حدوث الفعل.

صياغة مصدر الهيئة:

ويصاغ مصدر الهيئة من الفعل الثلاثي على وزن(فِعْلَـة) بكسر الفاء وسكون العين(مشى:مِشْيَة)(مات: مِيْتة).ولا يصاغ من غير الثلاثي إلاّ ما شذ من قولهم مثل: اختمرت المرأة خِمْرة – انتقبت نِقبةً وتعمم الرجل عِمةً

لا تمش مِشيَة المُختال.

لا تجلس جِلْسَةَ المُتكبِّر.

لا تنظُر نِظْرة الحائر.

ولا تكون الهيئة من غير الثلاثي وإنما يُدلّ عليها بوصْف المصدرأو إضافته نحو: أضرب العمال اضراباً شاملاً.

تساقطت القذائف تساقط المطر.

تمرين:

صغ مصدر الهيئة مما يلي:

سار، أشرق، مات،صادق ، وثبَ،هـزَّ،مشى، هفا.

. المصدر الصناعي .

المصدر الصناعي: هومصدرٌ يُصاغ ُبزيادةِ ياء مُشددة وتاء تأنيث ساكنة في آخر اللفظ. مثل: اشتراك: اشتراكيّة، بشر:بشريّة. وطن: وطنيّة،انسان انسانيّة. جاهل:جاهليّة،مسؤول: مسؤوليّة. أسْبق: أسْبقيّة.

.ملحوظة: ليس كل ما زيد عليه ياء مُشددة وتاء التأ نيث مصدراً صناعيا، فقد يكون اسماً منسوباً مؤنثاً.لأنه يشُترط في المصدر الصناعي أن لايُذكر معه الموصوف لفظاً ولاتقديراً فإن ذُكر الموصوف معه أو قُدّركان اسمه منسوبا لا غير.

مثال: أُحبّ البضائع الوطنيّة. كلمة الوطنيّة هنا ليست مصدراً صناعيّا؛ وإنما هي اسم منسوب مؤنث لأنها تصف كلمة البضائع.

لكن لو قلنا: الوطنيّة ُتتطلّبُ تضحية. فالوطنيّة في هذه الجملة مصدرٌ صناعي.

تدريبات:

١: هات مصادر الأفعال التالية مع الشكل التام:

انطلق، أسِفَ، صرخَ،قاتلَ،سئم ، ضاربَ، قرأ، مزحَ، وثبَ،أقامَ.

٢: هات وزن المصادر التالية:

سياسة، جحود، استخراج، إياب، تهلكة،خياطة، جماح، تزلزل.

٣: هات المصدر والمصدر الميمي واسمي المرّة والهيئة من الأفعال التالية:

واعدَ،أقالَ، تمشى، استمدّ، قوّل ، ماشى، اتّعد، استقال، قاولَ، تمدّد.

٤: اقرأ الآيات الآتية من سورة البقرة (١٥٩- ١٦٢)ثم استخرج الأفعال الواردة فيها وهات مصادرها.

(إِنَّ الَّذِينَ يَكْتُمُونَ مَا أَنزَلْنَا مِنَ الْبَيِّنَاتِ وَالْهُدَى مِن بَعْدِ مَا بَيَّنَّاهُ لِلنَّاسِ فِي الْكِتَابِ
أُولَئِكَ يَلْعَنُهُمُ اللَّهُ وَيَلْعَنُهُمُ اللاَّعِنُونَ (١٥٩) إِلاَّ الَّذِينَ تَابُوا وَأَصْلَحُوا وَبَيَّنُوا
فَأُولَئِكَ أَتُوبُ عَلَيْهِمْ وَأَنَا التَّوَّابُ الرَّحِيمُ (١٦٠) إِنَّ الَّذِينَ كَفَرُوا وَمَاتُوا وَهُمْ كُفَّارٌ
أُولَئِكَ عَلَيْهِمْ لَعْنَةُ اللَّهِ وَالْمَلاَئِكَةِ وَالنَّاسِ أَجْمَعِينَ (١٦١) خَالِدِينَ فِيهَا لاَ يُخَفَّفُ
عَنْهُمُ الْعَذَابُ وَلاَ هُمْ يُنظَرُونَ(١٦٢)).

. المشتقات .

المُشتق (مُفـْتعَل)اسم أخذ من مصدر، فكأنه يُشق عنهُ فيظهر.

وفائدتهُ تتمثل إغناء اللغة بطائفة من المفردات التي مـن شـأنها أن تسـد العجـز في مجال الاصطلاحات التي يقتضيها التوجه الحضاري للأمة.

والفرق ما بين المصدر والمشتق يتمثل في أ ن المصدر يـدل عـلى الحـدث وحسـب،أمّا المشتق فيدل على الحدث والمسمى من فاعل أو مفعول أو مكان أو نحو ذلك.

والمشتقات أنواع نفصلها فيما يلي:

١- اسم الفاعل.

٢- اسم المفعول.

٣- صيغة المبالغة.

٤- الصفة المشبهة.

٥- اسم الآلة.

٦- اسما الزمان والمكان.

اسم الفاعل

اسم الفاعل اسم مُشتقٌ من الفعل للدلالة على وصف مَن فعَل الفِعل.

أوهو صفة تؤخذ من الفعل المعلوم لتدل على معنى وقع من الموصـوف بهـا أو قـام به على وجه الحدوث لا الثبوت.

فكلمة قارىء اسم فاعل من الفعل قرأوتدل على وصف الذي قام بالقراءة.

صياغته:

١- يصاغ اسم الفاعل من الفعل الثلاثي على وزن (فاعِل)مثل:

كتبَ:كاتِب،عمِلَ: عامِل،أخذ- آخذ،سأل – سائل، وقف- واقف.

- إذا كان الفعل أجوفاً ،وعينه ألف قُلِبت هذه الألف همزة في اسم الفاعل، مثل: صامَ:صائم،قالَ: قائل، نال:نائِل.

أمّا إذا كانت عين الفعل واواً أو ياء تبقى كما هي في اسم الفاعل.

مثل: عور- عاور، حيدَ -حايد

- إذا كان الفعل ناقصاً تقلب الألف اللينة في آخره ياء،مثل:

دعا: داعٍ ، قضى- القاضي (قاضٍ) رضي - راضٍ ، سعى ساعٍ .

- فإذا نُوِّن تحذ ف ياؤه في حالتي الرفع والجرّوتبقى في حالة النصب، مثل: هذا داعٍ للخيرِ،مررتُ بداعٍ للخير ،رأيتُ داعياً للخير.

- إذا كانت فاء الفعل همزة،مثل: أخَذ ، أمرَ: نمدها في اسم الفاعل:آخِذ،آمِر.

٢- من غير الثلاثي: نأتي بمضارعه المبني للمعلوم،ثمَّ نُبدل حرف المضارعة ميماً مضمومة ونكسر ما قبل الآخرمثل:

١- استغفرَ- يستغفِرُ – مُسْتغفِر.

٢- تعلّم - يتعلّمُ – مُتعلِّم

٣- ألّف – يؤلفُ - مُؤلِف.

٤- اكتشف – يكتشفُ - مُكتشِف.

٥- زلزل – يزلزلُ - مُزلزِل.

ملحوظات على اسم الفاعل:

١- إذا كان الحرف الذي قبل الآخر ألفاً فإنهُ يبقى كما هو قي اسم الفاعل مثل: (إختار يختارُ واسم الفاعل مُختار-إصطاف يصطافُ واسم الفاعل مُصطاف) ووزن اسم الفاعل هنا(مُفتعل).

٢- هناك أفعال اشتق منها اسم الفاعل تختلف عن القواعد السابقة فقد جاءت على وزن فاعل أو بفتح ما قبل آخره على غير القيا س. ومثال ذلك(أمحل فهو ماحل) والقياس مُمحِل، وأعشب المكان فهو عاشب والقياس مُعشب.

ومثال ما فتح قبل آخره في اسم الفاعل شذوذاً:أسهب الخطيب فهو مُسهَب والقياس مُسهِب بكسر ما قبل آخره.

. **فوائد:**

اسم الفاعل يعمل عمل الفعل الذي اشتق منه، لازماً كان ذاك الفعل أو متعدياً.

تقول: الكاتبون دروسَهم مُجتهدون

فـ(دروسَ)منصوب باسم الفاعل كاتبون.

وتقول سعيدٌ مجتهدٌ ولدُه.

فولدُه مرفوع باسم الفاعل مُجتهدٌ.

تزاد تاء التأنيث في آخر اسم الفاعل للدلالة على تأنيث الوصف.

لكن إذاكان الوصف مما تختص به المرأة فلا تزاد التاء فيه نحو: امرأة حائض ومرضع وحامل.

أمّا إذا كانت بمعنى الحمل الحقيقي فإنها تؤنث فتقول: المرأة حاملة حقيبتها.

تمرين:

صغ اسم الفاعل من الأفعال التالية:

وهبَ، جال، شكر، اجتهدَ، استيقظ

إعراب نموذجي:

المؤمن تارك صحبة الأشرار

المؤمنُ: مبتدأ مرفوع وعلامة رفعه الضمة.

تاركٌ: خبر المبتدأ مرفوع وعلامة رفعه الضمة.

صحبة: مفعول به منصوب وعلامة نصبه الفتحة، وهو مضاف.

الأشرار: مضاف إليه مجرور وعلامة جره الكسرة.

أعرب:

الفارس ناهبٌ جوادُهُ الأرضَ.

اسم المفعول

اسم المفعول وهو اسم مشتق من الفعل المضارع المبني للمجهول للدلالة على مَنْ أو ما يقعَ عليه الفعل.وهو يفترق عن اسم الفاعل في أن الأخير مشتق من الفعل المعلوم.

مثل: الكتاب مَقروءٌ.

فمقروءتدل على حدث القراءةوعلى ما قُرىء.

صياغته:

١- من الثلاثي: يُصاغ من الثلاثي الصحيح على وزن (مفعول)، مثل: شكرَ:مَشكور،سأل:مسؤول، عَدّ: معْدود.

*أمّا إذاكان الفعل أجوفاً (أي معتل العين)نردّ الألف إلى أصلهاونحذف منه واو مفعول، مثل: باع : يبيعُ:مَبيع.قالَ:يقولُ مَقول. صان مصون.

*إذا كان الفعل ناقصاً، نأتي بالمضارع من الفعل، ثم نضع مكان حرف المضارعة ميماً مفتوحة،ونُضعِّف الحرف الآخير(حرف العلة)مثل:

قضى - يقضي - مَقضِيّ، دعا - يدعو - مَدعُوّ.

٢- من غير الثلاثي: على وزن مضارعه، نأتي بالمضارع ثمّ نُبدِّلُ حرف المضارعة ميماً مضمومة ونفتح ما قبل الآخر، مثل:استغفرَ يَستغفرُ مُستغْفَر.

قدّسَ - يُقدّس - مُقدّ َس. بارك يُباركُ - مُبارَك. أهملَ، يُهمِلُ مُهْمَل.

- لا يصاغ اسم المفعول من الفعل اللازم إلاّ مع تتمة كالظرف أوالجار والمجرور. مثل: يئسَ منه: ميؤوس منه، اكتوى به: مُكتوى به.أشارعليه: مُشارٌ عليه، نام فوق السرير: السريرمَنومٌ فوقه.

- تأتي بعض الكلمات على وزن(فعيل) مثل: جريح، ذبيح وهي بمعنى مفعول (جريح مجروح) و(ذبيح: مذبوح)فتكون نائباً عن اسم المفعول.

- اسم المفعول يؤخذ من حيث وظيفته النحويّة - نائب فاعل لكونه مشتق من الفعل المبني للمجهول.

- قد يكون اسم المفعول مجرّد من(أل)نحو: (سميرٌ مهضومٌ حقـُّهُ)
- قد يكون مقرونا (بأ ل)، نحو: (سمير المهضومُ حقـُّهُ صابرٌ).

تمارين:

١-استخرج مما يلي اسم المفعول:

أ-غطّت السيول الأرض المزرعة بالحبوب بعدَ أن هبّت عليها رياح شمالية مُفعَمةٌ بالصقيع.

ب- قيل لأعرابي: ما المروءة؟ قال: طعامٌ مأكولٌ،ونائلٌ مبذولٌ،وبِشرٌ مقبول.

ج- كلّ محجوبٍ مرغوبٌ.

٢- صغ اسم المفعول من الأفعال التالية:

حفظ ، طوى، أقامَ، ارتدّ، استقبل، احتفل ،أدار.

٣- حوّل الأفعال المبنيّة للمجهول إلى اسم مفعول وغيّر ما يلزم.

مثال: مُنِحَ المُجْتهدُ جائزةً ـــــ المجتهِدُ ممنوحٌ جائزةً.

- سُمِعَ الحديثُ

- اعتبرت المطالعةُ خيرَ سلوى.

- ذُكِرت أسماءُ هؤلاء الأبطال في كتب التاريخ.

- هذا عملٌ عُرِفَ قدرُهُ.

إعراب نموذجي:

الفلاح محروسةٌ أرضهُ

الفلاحُ: مبتدأ مرفوع وعلامة رفعه الضمة.

محروسة: خبر المبتدأ مرفوع وعلامة رفعه الضمة.

أرضه: نائب فاعل مرفوع وعلامة رفعه الضمة وهو مضاف. والهاء: ضميرمتصل مبني على الضم في محل جر بالإضافة.

أعرب:

الأشجارُ مكسورةٌ أغصانها.

الكتابُ مُتّخَذٌ صديقاً.

صيغة المبالغة

أوزان المبالغة هي صفا تٌ بمعنى اسم الفاعل تدل على زيادة وتكثير وصف في الموصوف. ولا تشتق إلاّ من الفعل الثلاثي وأشهر أوزانها:

١- فَعّال: غفّار،ضرّاب، سفّاح،نوّام. كذّاب.
٢- مِفْعال: مِقدام،مضياع،مِنْحار،مِطعان.
٣- فَعُول: غفور،صدوق،كذوب.
٤- فعيل: رحيم،فهيم،عليم،سميع.
٥- فَعِل: حَذِر،فَهِم،حَذِق،فَطِن. (الأوزان الخمسة السابقة، هي أشهر أوزان المبالغة وأكثرها استخداماً)
٦- فاعول: فاروق، ساطور.
٧- مِفعيل: مِعطير،منطيق.
٨- فُعال:عُجاب،عُضال.
٩- فُعّال::كُبّار.
١٠- فعّالة: علاّمة.
١١- فُعَلَة: هُمَزة،لُمَزة.
١٢- فِعّيل:صِدّيق، قِدّيس.
١٣- فيعول: قيّوم، حيسوب.

. ملحوظة: الأصل في صيغة (فعّال) من صيغ المبالغة.
إلاّ أنها تستعمل أيضًا بمعنى صاحب الحَدَث وعلى الأخص الحِرَف فنقول نجّار وخبّاز ونسّاج وطحّان.

الصفة المشبهة باسم الفاعل

الصفة المشبّهة باسم الفاعل هي اسم مُشتق من الفعل الثلاثي اللازم(أي الذي ليس له مفعول به للدلالة في موصوفها على معنى ثابت فيه، غير مرتبط بزمان معيّن، نحو: (أنت جميل المُحيّا، طاهر النفس، معتدل القامة، أبيض اللون، ريّان القلب، بطل شهم).

ومن أشهر أوزانه:

١- تُشتق الصفة المشبهة من الفعل إذا كان على وزن (فَعِل) على ثلاثة أوزان:

أ- فَعِل:فيما دلّ على حُزنٍ أو فرَح والمؤنث منه على وزن فَعِلَة.
فرِحَ - فرِحَة.

ب-أفعل ومؤنثه فعلاء: أبيض بيضاء، أعرج عرجاء، أكحل كحلاء، أحورحوراء.

ج- فعلان ومُؤنثه فَعْلى، فيما دلّ على خُلو أو امتلاء.
عطِشَ عطشان عَطشى، شبِعَ شبعان شبعى.

٢- إذا كان الفعل على وزن فَعُل:تُشتق الصفة المشبهة على أوزان شتى أشهرها:

أ- فعيل:كنبيل وحكيم وبخيل.
ب- فَعَل: كحَسن وبطل.
ج- فَعِل: كخشن وشرِه.
د-فعْل: ضخم،سهْل.
ه- فُعُل:جُنُب.
و- فَعُول: وقور.
ز- فِعْل: مِلح،جِبْس،خِصب.
ح- فُعال:شُجاع، زُلال.
ط- فَعَال: جَبان.

. **فائدة**: أحياناً يحد ث التشابه بين صيغة المبالغة والصفة المشبّهة وغالبا في وزنيّ (فعيل وفعِل) وللتمييز بينهما تذكّر أنّ:
صيغة المبالغة تصاغ من الفعل المُتعدّي والصفة المشبهة تُبنى أو تصاغ من الفعل اللازم.
*وكذلك للتمييز بين الصفة المشبّهة واسم الفاعل،نتيجة للتشابه بينهما فعلينا أن نُدرك أنّ الصفة المشبهة تدلّ على ثبوت الصفة بصاحبها غالباً بينما اسم الفاعل يدل على الحدوث والتغيّر فالصّفة ليست ملازمة.

تمارين:

١- صغ الصفة المشبهة مما يلي:
عطِشَ، انتفخَ، عَذُبَ، حَوِلَ، عَمِيَ.

٢- استخرج الصفات المشبهة مما يلي:
...... رأيتهُ على قارعة الطريق ؛ فارعةٌ قامته ،جميلٌ مبسمهُ، بهيّةٌ طلعتهُ؛ تشعر وأنت بقربه كأنكَ أمامَ شخصٍ كريمةٍ نفسُهُ،صافيةٌ نواياه، يُبدي لك اهتماماً صادقاً منبعُه ، فيجعلك تنجذبُ إليه انجذاباً.

إعراب نموذجي:

زرتُ مسجداً فسيحةً أرجاؤهُ.
زرتُ: فعل ماض مبني على السكون لاتصاله بتاء الضمير،
والتاء: ضمير متصل مبني على الضم في محل رفع فاعل.
مسجداً: مفعول به منصوب وعلامة نصبه الفتحة.
فسيحة: نعت (مسجداً) منصوب وعلامة نصبه الفتحة.
أرجاؤهُ: فاعل (فسيحة) مرفوع وعلامة رفعه الضمة، وهو مضاف،والهاء: ضمير متصل مبني على السكون في محل جرّبالإضافة.

أعرب:

- البحرُ شديدةٌ ملوحتُهُ.
- السلحفاة بطيء سيرُها.

اسم الآلة

اسم الآلة: اسم مشتق للدلالة على أداة (الآلة) التي يؤدى بها الفعل ولا يُشتق إلا من الفعل الثلاثي المتعدي، ومِن أوزانه:

١- مِفْعَل، مثل: مِبْرَد،مِشرَط، مِغْزَل.

٢- مِفْعال، مثل: مِنْشار،مِحْراث، مِلْقاط.

٣- مِفْعَلَة،مثل: مِطْرَقة،مِلْعقة،مِكنَسة.

(وأجاز المَجْمَع اللغوي أوزاناً أُخرى) منها:

أ- فعّالة، مثل: غسّالة، شوّاية،سمّاعة.

ب- فاعلة، مثل: ساقية.

ج- فاعول، مثل: صاروخ،ساطور،حاسوب.

وهناك أسماء آلات على وزن اسم الفاعل وصيغ المبالغة؛إذ يذكر الناس اسم الآلة بصيغ اسم الفاعل وصيغ المبالغة مثل:

مجفِّف الشّعر، مُحرك السيارة،راجمة.

* هناك نوع آخر من أسماء الآلة غير مُشتق،وإنما وضعه العرب على غير قياس، مثل: فأس، قلم، سكّين،قدّوم، شوكة،سيف.

اسما الزمان والمكان

اسم المكان:هو صيغة تدلّ على موضع وقوع الفعل نحو(مَطْبخ).
اسم الزمان: هو ما دلَّ على وقت وقوع الفعل نحو (مَغرِب).
إذاً فهما اسمان مصوغان من المصدر للدلالةعلى زمان الفعل أو مكانه.

طريقة صياغتهما:

١- **يصاغان من الفعل الثلاثي على وزن:**

أ- (مَفْعَل) إذا كان الفعل ناقصا، مثن: (مَجرى، مَلهى)،أو كان الحرف الثاني من فعله المُضارع مضموما، مثل: (مَنْظر، مَدْخَل) فمضارعهما(ينظُر، يدخُل) أو مَفتوحا، مثل: ملْعَب(المضارع يلعَب) - مَصْنَع (المضارع يصنَع).

ب -على وزن (مَفْعِل)إذا كان الفعل(مِثالاً) صحيح الآخر، مثل: (ورَدَ مَوْرِد،وقف مَوْقف) وفي الفعل الأجوف وعينه ياء مثل: (باع مَبيع، صافَ مَصيف) أو صحيح الآخر مكسور الحرف الثاني في المُضارع، مثل: (هَبَطَ مَهْبِط،جلسَ مَجلِس)

٢- **يصاغان من غير الثلاثي على وزن (اسم المفعول)**

بإبدال حرف المضارعة ميماً مضمومة وفتح ما قبل الآخر.
مثل: أخرج مُخْرَج،استقبلَ مُسْتقبَل، تنَزَّهَ مُتنَزَّه.
ومثل: مجتمع -مستودع- مستوصف- مستشفى.

*** كلمات شاذة،**

مشرق مسجد،مَسكِن،مَنْبِت.
قد تدخل تاء التأنيث على اسماء المكان،مثل: مطبعة، مدرسة،مؤسسة مَطحنة،مَسمكة،مَلحمة.

اسم التفضيل

اسم التفضيل:صفة تؤخذ من الفعل على وزن (أفعَلْ) لِتد لَّ على أنَّ شيئين اشتركا في صفة، وزاد أحدهما على الآخرفيها، مثل: (يزيدٌ أعْلمُ من عصام).-(بيتُكَ أكبرُ مِن بيتي) فالأوّل الذي زاد يسمّى: المُفضّل، وهو يزيد في الجملة الأولى وبيتك في الجملة الثا نية، والثاني يُسمّى: المفضول، وهو عصام في الأولى وبيتي في الثانية ,وأمّا اسم التفضيل فهو(أعلم) في الأولى و(أكبر) في الثانية.

*يأتي اسم التفضيل على وزن أفعَل.

تستخدم كلمتا خير،شر، اسميّ تفضيل والسياق يدل على معنى التفضيل فيهما، مثال: قال تعالى:[وتزودوا فإنّ خير الزّاد التقوى] وقال تعالى:[أوُلئك هُمْ شرُّ البَرِيَّة]

شروط صياغة اسم التفضيل من الفعل مُباشرة:

١- أن يكون له فعل نحو أكبر،أكثر،أسرع.

٢- أن يكون ثلاثياً (ليس رباعياً أو أكثر)

٣- أن يكون متصرّفاً غير جامد؛ أي يأتي منه المضارع والأمر، أمّا الفعل الجامد، مثل(نِعمَ،بئسَ،عسى، ليسَ)فلا يُصاغ منه اسم التفضيل.

٤- أن يكون قابلاً للتفاوت؛ أي الزيادة والنقصان، أمّا الذي لا تفاوت فيه فلا يأتي منه اسم التفضيل، مثل: (مات، غَرِقَ، فنِي)فهذه الأفعال غير قابلة للتفاوت. فلا يجوز أن نقول فلانٌ أموتُ من فلان فلا مفاضلة في الموت لأن الموت واحد.

٥- أن يكون مبنيّاً للمعلوم، أمّا إذا كان مبنيّاً للمجهول فلا يأتي منه اسم التفضيل، مثل: (فُهِمَ،عُلِمَ).

٦- أن يكون الفعل تاماً فلا يُشتق من الأفعال الناقصة مثل كان وأخواتها.

٧- أن يكون الفعل مُثبتاً غير منفي فلا يُصاغ من المنفي مثل:(لم يكبر،لم يعلم).

٨- ليس الوصف منه على وزن أفعل الذي مؤنثه فعلاء،ولا يصاغ مما د لّ على لون أو عيب فلا يصاغ من عَرجَ،هيف لأن المؤنث منها عرجاء وهيفاء ومثل: أزْرق زرقاء.

التفضيل مما لم يستوفِ الشروط:

لا تفضيل مُطلقا من الأفعال الجامدة والأفعال غير القابلة للتفضيل، وأما التفضيل من سائر ما لم يستوف الشروط فيتوصل إليه بأن يؤتى **بمصدره منصوباً** بعد(أشدَّ) أو (أكثر) او نحوهما، تقول:هو أشدّ ُإيماناً ، وأكثرُ سواداً ،وأبلغُ عوراً، وأوفرُ كُحلاً .وأشد حُمرةً.

أحوال اسم التفضيل

لاسم التفضيل ثلاث حالات:

١- تجرّدهُ من(ألْ) والإضافة.

إذا تجرّد من (أل) والإضافة فلا بد من إفراده وتذكيره في جميع أحواله وأن يقترن ب (من)الجارّة، جارّة للمُفضل عليه، تقول:

(خالدٌأفضل من حسن وبلقيسُ أفضلُ من سعاد، وهاتان أجود من هاتين والمجاهدون أفضل من المتقاعسين).

٢- واقترانه(بأ لْ).

وفي هذه الحالة له حكمان:

ا- أن يكون مطابقاً لموصوفه في الإفراد والتثنية والجمع والتذكير والتأنيث، فتقول:هو الأفضل وهي الفضلى والرأي الأمثل والطريقة المثلى، هم الأفضلون وهنّ الفضليات.

امتناع اقترانه ب(من) نحو:خالد الأكبر،وخالد وأحمد الأكبران وهم الأكبرون وسعاد الكبرى وسعاد وخلود الكبريان وهنّ الكبريا ت.

إضافة إلى معرفة أو إلى نكرة:

إذا أضيف إلى معرفة امتنع وصله ب(مِن) وهنا تجوز فيه المطابقة وعدمها وذلك إذا قُصِدَ به التفضيل.فلك أن تقول: (عائشة أفضل النساء أو فُضلاهنَّ)

الزيدان أفضل أو أفضلا الناس.

العاملون أفضل النا س أوأفاضلهم.

أمّا إذا أضيف إلى نكرة وجب إفرده وتذكيره وامتنع اقترانه (بمن)، تقول: زيدٌأطمع رجلٍ وبلقيس أفضلُ كاتبةٍ وهذان أفضل لاعبيْن وهاتان أفضل لاعبتيْن والمجاهدون أفضلُ رجالٍ والمتعلمات أفضلُ نساء.

عمل اسم التّفضيل:

يرفع اسم التفضيل الضمير المستترفي كل لغة

نحو: الفهدُ أسرعُ من النمر.ففاعل أسرعَ ضمير مستتر وجوباً تقديرهُ هو يعود على الفهد.

يُنصب الاسم الواقع بعد أفعل التفضيل على التمييز متى كان فاعلاً في المعنى نحو(أنتَ أكثرُ عِلماً) وإن لم يصح جعله فاعلاً كان مجروراً بالمضاف نحو (أنتَ أفضلُ رجلٍ).

جموع القلة والكثرة

قسم جمع التكسير إلى قسمين :

أ- جموع قِلـّة

ب- جموع كثرة.

١- **جموع قِلـّة**،وهو ما دلّ على العدد من(٣-١٠)وتأتي على أوزان أربعة:

(فِعْلَـة، نحـو: فِتيَـة) و(أفعـال،نحو: أقفـال) و(أفـْعُل، نحـو: أبْحُـر)و(أفـْعِلَة، مثـل أرْغِفَـة).

١- صيغة أفعل: ويأتي قياساً في نوعين:

أ- في كـل اسـم مفـرد عـلى وزن(فعـل)لـيس معتـل الوسـط وليسـت فـاؤه واواً ولا مضعّفا ومثال ذلك: (نهر -أنهر- فلس أفلس -دلو أدل -نجم أنجم)

ولا يصح منه مثـل (ضـخم - وكهـل - لأنهـما صـفتان ولا بيـت وسـوط لأنـه معتـل الوسط ولا عم وجدّ لأنه مضعّف.

ب- الاسم الرباعي المؤنث بدون علامـة التأنيـث (المؤنـث المعنـوي)وقبـل آخـره حرف مدّ(ألف- واو- ياء) وذلك مثل ذراع أذرع وعقاب وأعقب.

٢- وزن أفعال (الصيغة الثانية لجموع القلة):

وهذا وزن قياس في كل اسم ثلاثي لاتنطبق عليه الشروط السابقة في وزن(أفعـل) أمّـا أن يكون معتل العين مثل (ذيل وجمعه أذيال وحول وجمعـه أحـوال ويـوم- وأيـام- ثوب - أثواب - باب -أبواب)- يكون معتل الفاء بالواو مثل (وهم -أوهـام - وقـف - أوقاف وصف- أوصاف).

- أو يكون مضعّفاً مثل (جد- أجـداد- عـم- أعـمام - بـر- أبـرار).- أو لم يكـن سـاكن العين في وزن(فَعَل) مثل (قلم- أقلام- علم -أعلام - عنب - أعناب)

وسمع صفة مثل: حر - أحرار - ميت- أمـوات. ومـن السـماعي مـا جـاء عـلى وزن فِعل مثل: (حِلف - أحلاف - حزب - أحزاب)

٣- وزن (أفعِلة) لجمع القلة ويأتي في حالتين قيا سياً.

(أ) كل اسم مفرد مذكر رباعي قبل آخره حرف مدّ مذكر لا مؤنث مثل (خمار - أخمرة - فؤاد- أفئدة - طعام - أطعِمة -عمود- أعمدة - سنان- أسنّة).

(ب) كل اسم على وزن فعال أو أفعال - سواء كانت العين واللام من جنس واحد أو كانت لامه معتلة ومثال ذلك: (زمان - أزمنة - رغيف- أرغفة- إناء - آنية - رداء - أردية).

٤- وزن (فعلة) لجمع القلة.

وهذا الوزن قليل بالنسبة للصيغ الثلاث السابقة وليس قياسا ولذلك لم يعد (ابو بكلة السراج) من صيغ الجمع وسمّاها اسم جمع ولكن غيره من النحاة على أنها جمع سماعي لا قياسي ويحفظ في أشهر الأوزان الآتية:

أ- يأتي من فَعل مثل (فتى- فتية - أخ- أخوة)

ب- يأتي من فَعْل مثل (شيخ- شيخة- ثور- ثيرة)

ج- يأتي من فعيل مثل (صبي - صبية- جليل - جلة)

د- وزن فعال مثل (غزال -غزلة)

هـ- وزن فُعال مثل (غلام - غلمة).

٢- **جموع كثرة**، وأوزانها سماعيّة، وتدل على العدد من(٣-إلى ما فوق) ومن أوزانها (فُعْل، مثل:حُمْر)و(فُعَّل، مثل:رُكّع)و(فُعلاء، مثل:فُرَقاء) (مفاعيل، مثل: مَقادير).

أوزان جموع الكثرة

ولجموع الكثرة ستة عشروزناً وهي:

١- فُعْل: كحُمْرٍ وعُورٍ

وهو جمع لما كان صفة مشبهة، على وزن أفعل أو فعلاء كأحمر وحمراء وحمْروأعور وعوراء وعورٍ. وما كان منه كأبيض مما عينه ياء، كُسرَ أوّله في الجمع:كبِيض.

٢- فُعُلٌ: كصُبُرٍ وكتبٍ وذُرُع ويقاس في شيئين:

أ- وصف على فعول بفتح فضم نحو صبوروجمعها(صُبُرٌ عند اللقاء).

ب- كل اسم رباعي لامه صحيحة قبلها مدةمثل: عماد - عُمُد، سرير- سُرُر.

فإن كانت المدة ألفاً والاسم مُضعفاً فقياسه على وزن أفعلة نحو هلال، أهِلَّة.

٣- فُعَل: كغرفٍ وحُججٍ وكُبرٍوهو جمع لشيئين الأول اسم على وزن (فُعْلة) كغرفة وغرف.

والثاني صفة على وزن فُعلى مؤنث أفعل ككبرى وكُبَر وصُغرى وصُغَر.

٤- فِعَلٌ: كقطع وحِجج: وهو جمع على وزن فِعلة كقطعة وقِطعٍ وحجة وحِجَج ولحية لِحى.

٥- فُعلة: وهو جمع لصفة مُعتلة اللام، لمذكر عاقل على وزن (فاعل)كهادٍ وهداةٍ وقاضٍ وقُضاة وغازٍ وغُزاة.

٦- فَعَلَة: وهو جمع لصفة، صحيحة اللام، لمذكر عاقل على وزن (فاعل) كساحر وسَحرةوسافر وسفرة.

٧- فَعْلى وهو جمع لصفة على وزن(فعيل) تدل على هلك أو توجع أو آفة كمريض مرضى وجريح جرحى وأسير أسرى.

٨- فِعَلة: وهو جمع لاسم ثلاثي صحيح اللام على وزن(فُعْل) كدُرج ودِرجة ودبّ ودبَبَة.

٩- فُعَّلٌ وهو مقيس في كل وصف صحيح اللام على وزن فاعل أو فاعِلة مثل: نائم- نائِمة وجمعُها نُوَّم، راكع - راكِعةوجمعها رُكّع، وصائم- صائِمة وجمعها صُوَّم.

١٠- فُعّال وهو مقيس في كل وصف صحيح اللام المذكر على وزن فاعل مثل: صائم - صُوّام، قارىء - قُرّاء،وندر مجيئه من معتل اللام،كغازٍ وغُزّاء.

١١- فِعال وهو قياسي في صيَغ أوزان كثيرة أشهرها:-

أ- فَعْل وفَعْلة اسمين أو وصفين مثل: صعب- صعاب، قصعة- قصاع.

ب- فَعَل وفَعَلة، اسمين مثل: جَمَل – جمال،ثمَرة - ثمار.

ج- فِعْل وَفُعْل اسمين مثل: ذئب – ذئا ب، رُمح- رماح.

د- صفة صحيحة اللام، على وزن فعيل و فعيلة: مثل: كريم وكريمة وجمعها كرام.

هـ - صفة على وزن فعْلان أو فَعْلى أو فَعْلانة مثل:

عطشان وعطْشى وعطشانة وعِطاش.

وندمان وندمى وندام،وندمان وندمانة ونِدامٍ.

١٢- فُعول وصيغها القياسية كثيرة وأشهرها:

أ- في الاسم الذي على وزن فَعِل مثل: نمِرعلى(نُمُر)(بضمّتين)للضرورة، كأنه اختصرنُمُوراً.

ب- اسم على وزن (فَعْل) ليست عينهُ واواً: كقلب وقُلوب وليث وليوث.

ج- اسم على وزن(فِعْلٍ) كحِمل وحُمول،وظِلّ وظُلول.

د- اسمٌ على وزن(فُعْلٍ) ليس معتل العين ولا اللام ولا مضاعفاً: كبُرد – برود، جند- جنود.وشذ جمع (حُصّ)على حُصوص.لأنه مضاعف.

١٣- فِعْلان قياسي في عدة صِيغ أشهرها:

أ- الاسم الذي على وزن فُعَل مثل:صُرَد – صِرْدان(اسم طائر كبير الرأس) ومثل:جُرذ – جِرذان.

ب- اسم على وزن فُعْل مثل: عود عيدان،حوت حيتان.

ج- اسم على وزن فُعال مثل: غُلام غِلْمان، غراب غرْبان.

د- اسم على وزن (فَعلٍ) ثانيه ألفُ أصلها الواو مثل: تاجٍ وتيجان، جارٍ وجيران وقاعٍ وقِيعان.

- جموع غير هذه الأربعة، على (فِعلان) فهو على خلاف القياس:

كصنو وصنوان، غزال وغزلان وخروف وخرفان.

١٤- فُعْلان وله عدة صِيغ أشهرها:

أ- على وزن فَعْل مثل ظَهْر- ظُهران،رَكْب - رُكبان.

ب- اسم على وزن فَعيل مثل: قضيبٍ- قُضبان،رغيفٍ رُغفان.

ج- اسم على وزن فَعَلٍ في اسم صحيح العين مثل: حَمَلٍ - حُمْلان.

*ما ورد من غير هذه الثلاثة،مجموعاً على (فُعلان)فهو علي غير القياس مثل: واحد ووحدان وجدار وجدران و ذ ئب وذؤبان.

١٥- فُعَلاء ويأتي قياساً في:-

أ- فعيل غير مضعَّف وغير معتلة اللام دالة على سجية مدح أو ذم مثل: كريم- كُرماء، سميح - سُمحاء،رفيق - رُفقاء،بخيل - بُخلاء.

ب- صفة لمذكر عاقل، على وزن (فاعل)دالة على سجيّة مدح أو ذم مثل:شاعر- شعراء، عالم علماء،جاهل جُهلاء.وشذَّ جمع جبانٍ على جُبَناء

١٦- أفعلاء وهو قياسي في كل وصف على وزن فعيل معتلة اللام. أو مضاعفةٍ. فالمعتلة مثل: نبي وأنبياءوصفي وأصفياء.والمُضاعفة مثل: شديدٍ وأشدّاءَ،وعزيزٍ وأعزّاءِ، وذليلٍ وأذِلاءَ.

١٧- صيغ منتهى الجموع، وهو: (كل جمع بعد ألف تكسيره حرفان أو ثلاثة أوسطها ساكن)، ولها تسعة عشر وزناً وهي:

فعاليل: (سكّين: سكاكين).

فعالِل: (درهم: دراهم).

أفاعِل: (أحسن: أحاسن).

أفاعيل: (أسلوب: أساليب).

تفاعِل: (تجِبة: تجارب).

تفاعيل: (تعليم: تعاليم).

مفاعل: (ملعَب: ملاعِب).

مَفاعيل: (مزمار: مزامير).

فواعِل: (فارس: فوارس).
فواعيل: (طاووس: طواويس).
فعائِل: صحيفة صحا ئف).
فعالى: (عذراء: عذارى).
فعالي: (صحراء: صحاري).
فُعالى: (سكران: سكارى).
فَعالِيّ: (كرسي: كراسي).
فَياعل: (صِرف: صيارِف).
فياعِيل: (ديجور (الظلمة) دياجير)
يفاعِل: (يحمد: اسم رجل: يحامد).
يفاعيل: (ينبوع: ينا بيع).

التصغير

التصغير هو زيادة ياء ساكنة بعد ثاني الاسم المعرب للدلالة على التقليل أوالتحقير أوالتحبب نحو(دُرَيْهمات، شويْعِر، بُنَـيّ)

* حكم الاسم المُصغّرأنْ يُضم أوله ويفتح ثا نيه نحوَك رجُل: (رُجَيْل) وعبد(عُبَيْد).

* إن كان الاسم من الرباعي فصاعِداً يُكسَر فيه الحرف الواقع بعد ياء التصغير نحو دِرهم (دُرَيْهِم).ما لم يَكن مُتصلاً بعلامة التأنيث (كمُهيرَةوسُليْمى وسُوَيْداء) تصغير مهرة وسلمى وسوداء.أوبألف جمع (كأويقات)تصغير أوقات.أوبألف ونون زائدتين في عَلَم أو صفة(كسُليْمان وسُكَيْران) تصغير سلْمان وسَكران. فإنه في كل ذلك لا يتغير عمّا كان له من الحكم قبل التصغير.

*إذا كان ثاني الاسم حرف عِلة مُنقلباً عن غيره رُدَّ إلى أصله فنقول في تصغيرباب وناب وموسِروميزان ودينار(أصله دنَّار) (بُوَيْب ونُيَيْب ومييْسر ومويزين ود نيْنير.

وشذ (عُيَيد))تصغير عيد. واقياس عُوَيد لأن ياءهُ مقلوبة عن واو.

إلاّالألف المنقلبة عن همزةوالألف الزائدة فتقلبان واواً(أُوَيْصال وخويدم) في تصغير آصال وخادم.

*إذا صُغِّر ما ثالثه ألف أو واوقُلبت كل واحدة منهما ياء وأدغِمَت في ياء التصغيرنحو(مُرَيِّم وجُمَيِّل) في تصغير مريم وجميل.

*إذا صُغِّرما رابعه واو أوألف قُلبَت كل واحدة منهما ياء لسكونها بعد كسرة فتقول في تصغير عصفورومفتاح(عُصَيْفير ومفيْتيح).

* **المؤنث المعنوي:**

١- إذا كان ثلاثياً تظهر في تصغيره التاء المقدرة. إذا كان موصوفاً فيقال في تصغير شمس وأرض (شُمَ يْسَة وأُرَيْضَة)

٢أمّا إذا كان رباعياً فإنه يُصغـّر بدون التاء نحو: مَرْيَم (مُرِيِّم)

- إذا صُغـّر الاسم المحذوف منه:

إن كان باقياً على حرفينمن أُصوله رُدّ إليه المحذوف في التصغيرنحو أب(أُبيّ) (أُبيْوٌ)وأخ(أُخيّ) (أُخيْوٌ)

وإن كان عوّض فيه عن المحذوف بهمزة وصل حذف العوض ورُدّ المحذوف نحو: ابن(بُنيّ) (بُنيْوٌ)واسم (سُمَيّ) وسُميْوٌ)

وإن كان العوض تـاء التأنيـث يُـرد المحـذوف ولا يُحـذف العـوض فيُقـال(وُزيْنـة) في تصغير زِنـَة.

أمّا إذا كان العوض تاء مُجرّدةفتبدل بتاء مربوطة نحو: أُخت (أُخَيّة)وبنت (بُنَيَّة).

. النســب .

هو إلحاق آخرالاسم ياءً مُشدَّدةً(يّ) مكسوراً ما قبلها للدَّلالة على شيءٍ إلى آخر.
والـذي تلحقـه يـاء النسـب يُسـمى منسـوباً: كهاشـمِيّ وفلسـطينِيّ وبـيروتِيّ، يفيـد الاختصار والتخصيص.

وللنسب ثلاث عناصرهي: المنسوب إليه،والمنسوب وياء النسـب، وحركـات الإعـراب تظهر في الاسم المنسوب على ياءِ النسب.

وحكم النسبة أن يُجرّد المنسوب إليه من تاء التأنيـث وعلامـا ت التثنيـة ويُكسرـ مـا قبل ياء النسـب مُطلقـاً مثـل نـاصرِيّ نسـبة إلى نـاصرة وعراقِـيّ نسـبة إلى العـراق والعراقيين ومتجَرِيّ نسبة إلى مَتاجِروكما أسلفنا في تعريف النسب.

<u>النسب إلى المختوم بتاء التأ نيث</u>

الاسم المختوم بتاء التأنيث تُحذف منـه التـاء عنـد النسـب إليـه مثـل: القـاهرة: قـاهرِيّ، فاكهة: فاكِهِيّ،فاطمة فاطمِيّ، طلحة:طَلحِيّ، هندسة: هندَسِيّ. الكوفة: كوفِيّ

<u>النسب إلى الممدود</u>

عند النسب إلى الممدود ينظر إلى همزته: فإن كانت للتأنيث قُلبت واواً مثـل: صـحراء: صحراوِيّ،حوراء: حوْرا وِيّ ن حمراء: حمراوِيّ، بيضاء: بيضاوِيّ.

وإن كانت أصلية بقيت على حالها مثل: إنشاء: إنشائِيّ، وقرّاء: قُرّائِيّ، ابتداء: ابتدائِيّ.

وإن كانت منقلبة عن أصلٍ جازَإبقاؤها وقلبُها واواً مثل: كساء: كِسائِيّ كِساوِيّ. شفاءٌ: شفائِيّ شِفاوِيّ، حِرباء: حربائِيّ حِرباوِيّ، بناء: بنائِيّ بناوِيّ (بالهمز أفصح).

<u>النسب إلى المقصور</u>

عند النسب إلى المقصورنُظِرَ في أَلِفِه:فإن كانت ثا لثة قُلبت واواًمثل: قِنا: قِنَوِيّ عصا: عصَوِيّ، فتى: فتَـوِيّ.

وإن كانت رابعة و**ثانيه** ساكن جاز حذف الألف وقلبها واو مثل: بِنها: بِنْهـيّ أو بِنْهَوِيّ.
ملْهى: مَلْهـِيّ ومَلهَوِيّ،حُبلى:حُبلِيٌّ وحُبْلوِيّ.
وإن كانت رابعة وثانيه متحرّك أو خامسة أو سادسة وجبَ حذفها مثل: كَسَلا: كَسَلِيّ،
مُصطفى: مٌصطفيّ، مُستشفى: مُستشفِيّ.

<u>النسب إلى المنقوص</u>

* إذا أريد النسب إلى المنقوص يُنظر في يائه: فإن كانت ثالثـة قـُلبت واواً وفـتح مـا قبلها،
مثل: الصَّدِي: الصَّدوِيّ،العَمِي: العَمَوِيّ، الشجي: الشجوِيّ.
*وإن كانت رابعة جاز حذفها أو قلبها واواً مع فتح ما قبلها،مثل:
الدَّاعِيّ أو الدَّاعَوِيّ،
السَّامي: السَّامِيّ أو السَّاموِيّ. وفي النسب إلى تربية: التـَّربِيُّ، التـَّرْبَوِيُّ.
*وإن كانت خامسة أو سادسة وجبَ حذفها، مثل: المُهتدِي: المهتـَدِيّ
المرتجى: المُرتـَجِـيّ،المُستقصِيّ المُسْتقصِيّ.

<u>النسبُ إلى ما فيه ياءٌ مُشدَّدةٌ</u>

للاسْم المختوم بياء مُشددة عند النسب إليه أحكام ثلاثة:

- فإن كانت الياء المشـددة بعـد <u>حـرف واحـد</u> رُدَّت اليـاء الأولى إلى أصـلها وقـُلبت الثانية.

واواً وفـُتح ما قبلها مثل:حَيّ: حَيَوِيّ، طـَيّ: طـَوَوِيّ(قـُلبت الثا نية واواً وفُـتحت الأولى ورددتها إلى واو إن كان أصلها الواو.
* وإن كانت مسبوقة بحرفين مثل: عَلِيّ عَلَوِيّ،ونبيّ نبوِيّ،قـُصَيّ: قـُصَوِيّ.
حذفت الياء الأولى وقلبت الثانية واواً وفُتِحَ ما قبلها.
* وإن كانت بعد ثلاثة أحرف أو أكثر حُذفت مثل: مَقضِيّ:مَقضِيّ، بُحتـُري:بُحتـُرِيّ.
* الاسم الذي في وسطه ياء مُشددة مكسـورة إذا نُسِـبَ إليـه حـُذ فـت يـاؤه الثانيـة مثل:طيّب: طيْبِيّ، ليّن: ليْنِيّ، كثير:كثـْيرِيّ.

. الاسم المقصور والمنقوص والممدود .

الاسم المقصور:

هو الاسم المعرب الذي في آخره ألف لازمة، وتقدر عليه الحركات الثلاث، لأن الألف لا تقبل الحركة مُطلقاً، ولذلك نعربه بحركة مُقدرة منع من ظهورها التعذر،أي استحالة وجود الحركة مع الألف، فنقول:

جاءَ فتىً: فاعل مرفوع وعلامة رفعه الضمة المقدرة منع من ظهورها التعذر.

رأيتُ فتىً:مفعول به منصوب وعلامة نصبه الفتحة المقدرة منع من ظهورها التعذر.

مررْتُ بالفتى: مجرور بالباء وعلامة جرّه كسرة مقدرة منع من ظهوره التعذر.

وإذا كان الاسم المقصورممنوعاً من الصرف فإنه لا يُنَوّن، مع جرّه وعلامة جره الفتحة كما هو مُتّبع فنقول: مررتُ بموسى.

بموسى: مجرور وعلامة جره الفتحة المقدرة منع من ظهورها التعذر.

*ألف المقصور لاتكون أصلية وإنما إمّا منقلبة عن واو(كالعصا)وإما منقلبة عن ياء(كالمنتدى)، وإمّا مزيد للتأنيث(كالحبلى).

*يُثنى المقصُور بزيادةِ ألفٍ ونونٍ في حالةِ الرفعِ مثل: عَصوان،رحَيان.

وياء ونون قي حالتي النصبِ والجرّ مع قلب الألف ياء إن كانت رابعة فصاعداً، وردّهاإلى أصلها إن كانت ثالثة/ مثل: فتوى- فتويان، مصطفى - مصطفيان، مستدعي- مستدعيان.

- يجمع المقصور جمع مذكر سالما ًبزيادة (واو ونون أو ياء ونون في آخره مع حذف ألفه وإبقاء الفتحة قبل الواو أو الياء) مُصْطفَونَ،مُسْتَدعَونَ.

- يجمع المقصور جمع مؤنث سالماً بزيادة ألف وتاء في آخره، ويُتَّبعُ في جمعِه ما اتبعَ في تثنيته مثل:

فتوى فتويات بقلب الألف ياء وعصوات ورحيات بردّ الألف إلى أصلها.

الاسم المنقوص

الاسم المنقوص:هو اسم معرب آخره ياء لازمة، غير مشددة قبلها كسرة، نحو: محامِي وقاضِي، الراعي، الساعي، الماضي.

إعراب الاسم المنقوص:

وهذا الاسم تُقدر عليه حركتان فقط هما الضمة في حالة الرفع والكسرة في حالة الجر.

أمّا في حالة النصب فينصب وعلامة نصبه الفتحة الظاهرة على آخره.

الرفع:

قال تعالى:﴿عَالِمُ الْغَيْبِ وَالشَّهَادَةِ الْكَبِيرُ الْمُتَعَالِ(٩)﴾[الرعد٩]

المُتعال :خبر لمبتدأسبقه مرفوع وعلامة رفعه الضمة المقدّرة على الياء (وحُذفت لملاءمة الوزن والإيقاع في الآية).

النصب:

قال تعالى:﴿يَوْمَئِذٍ يَتَّبِعُونَ الدَّاعِيَ لَا عِوَجَ لَهُ وَخَشَعَتِ الْأَصْوَاتُ لِلرَّحْمَنِ فَلَا تَسْمَعُ إِلَّا هَمْسًا(١٠٨)﴾(طه١٠٨)

الدّاعيَ: مفعول به منصوب وعلامة نصبه الفتحة الظاهرة.

الجرّ:

أُعجبت بالداعي إلى الخير.

الداعي: اسم مجروربالباء وعلامة جرّه الكسرة المقدرة على آخره.

*<u>**يثنى المنقوص**</u> بزيادة ألف ونون في حالة الرفع وياء ونون في حالتي النصب والجرّ،مع رد يائه إن كانت محذوفة مثل: داعيان أو داعييْن، مناديان أو منادييْن.

*<u>**يُجْمع الاسم المنقوص**</u> جمْعَ مذكر سالماً بزيادة واو ونون أو ياء ونون في آخره،مع حذف يائه وضم ما قبل الواووكسرما قبل الياء للمناسبة

مثل:الرّاعُونَ أو الرّاعين، الباغُون أو الباغين، داعُون أو داعِينَ، مُنادُونَ أو مُنادين

*تحذف ياء المنقوص المجرد من أل والإضافة، رفعاً وجراً ويعوّض عنها بتنوين يُسمى تنوين العوض نحو:

جاء قاضٍ. فاعل مرفوع وعلامة رفعه ضمة مقدرة على الياء المحذوفة منع من ظهورها الثقل،

وقفتُ في مكانٍ عالٍ. مجرور وعلامة جره كسرة مقدرة على الياء المحذوفة، منع من ظهورها الثقل.

*يتم تثبيتها نصباً نحو: استشرتُ مُحاميا.مفعول به منصوب وعلامة نصبه الفتحة الظاهرة.

فإن اقترن المنقوصُ بأل أو أ ضيفَ ثبتت ياؤه رفعاً ونصباً وجراً نحو:

فاز النادي الأهلي على نادي الزمالك،وغلب نادي النجمة نادي المحبّة

جاء القاضي.: فاعل مرفوع وعلامة رفعه ضمة مقدرة منع من ظهورها الثقل.

رأيتُ القاضِيَ.: مفعول به منصوب وعلامة نصبه الفتحة الظاهرة.

مررتُ بالقاضي. مجرور وعلامة جره كسرة منع من ظهورها الثقل.

كيف نجمعه جمع مؤنث سالم

لا يتغير فيه شيء كالتثنية

قاضية -قاضِيا ت، محامية – محامِيات. ساعية ساعِيات.

. الممدود .

اسم معرب آخره همزة قبلها ألف زائدة كالكساء والرداء وسماء وصحراء.

وهو نوعان:

١- سماعي لا تضبطه قواعد قياسية مثل سناء، حذاء.

٢- قياسي وتضبطه مجموعة من القواعد.

أ- أن يكون مصدراً للفعل الماضي معتل الآخربالألف والفعل على وزن أفعل مثل(أعطى مصدره إعطاء وألقى مصدره إلقاء).

ب- أن يكون مصدر لفعل خماسي أو سداسي مبدوء بهمزة وصل، شريطة أن يكون الفعل معتل الآخرمثل: استدعى - استدعاء، ابتغى ابتغاء.

ج- أن يكون المصدر على وزن فُعال من فعل ثلاثي ماضيه معتل وزن فـَعَل مثل: عوى عُواء، نبحَ نـُباح.

د- أن يكون مفرداً لجمع تكسير على وزن أفعِلة بشرط أن يكون المفرد مختوما بهمزة قبلها حرف علة مثل: كساء أكسية، بناء أبنية.

هـ - أن يكون مصدراً على وزن تفعال أو صيغة مبالغة على وزن فـُعال أو مفعال مثل: تعداء مصدر عدا وعداء صيغة مبالغة من عدا، ومِعطاء صيغة مبالغة من أعطى.وهمزة الممدود قد تكون أصليّة نحو: بدّاء، وقد تكون مبدلة من واو نحو: (صفاء). وقد تكون مبدلة من ياء نحو: بناء، وقد تكون مزيدة للتأنيث مثل: شقراء.

- تظهر على الاسم الممدود حركات الإعراب الثلاث.

يؤمن العلماءُ بقضاءِ الله وقدره،ويقدِّمون دعاءَهُ على كلِّ دعاءٍ.

لاحظ أنّ (العلماءُ)جاءت فاعلاً مرفوعاً بضمة ظاهرة، و(قضاء)
جاءت مجرورة بكسرة ظاهرة، أمّا (دعاءَ) فقد جاءت
مفعولا به وبفتحة ظاهرة أيضاً.

كيف نثني الممدود

لهمزة الممدود عند التثنية ثلاث حالات هي:

١- يجب بقاء الهمزة إن كانت أصليّة مثل: قرّاء - قرّاءان.إنشاء - إنشاءان. لأن الجذر نشأ.

٢- يجب قلب الهمزة واواً إن كانت زائدة للتأ نيث، مثل:
بيضاء - بيضاوان

٣- يجوز بقاؤها ويجوز قلبها واواً إن كانت مبدلة من حرف أصلي مثل: سماء - سماءان وسماوان من سمو بناء: بنايان من بَني

كيف نجمعه جمع مذكر سالم:

يجري على همزته ما يجري في التثنية.

١- فيجب بقاؤها إن كانت أصلية:بداء - بداء وون، قرّاء قرّاءون:
الهمزة أصلية (بدأ) (قرأ)

٢- يجب قلبها واواً إن كانت زائدة للتأ نيث مثل: حمراء- حمراوون. (عَلمِيّة)، خضراء خضراوون: الهمزة زائدة (حمر،خَضُرَ)

٣- يجوز إبقاؤها وقلبها واواً إن كانت مبدلة كاسم العلم (رضاء) فيكون جمعه رضاءون أو رضاوون. بناء، بناءون وبناوون.

كيف نجمعه جمع مؤنث سالم:

يجري على همزته ما جرى سابقاً مثل:

١- قراءات، بداءات.

٢- حمراوات وصحراوات.

٣- رضاءات ورضاوات.

تمرين

أ- اجمع الكلمات الآتية جمعَ مذكر سالم، واضبط ما قبل الواو أو الياء بالشكل:
عدّاء مُنتقى مُوالٍ أعلى ناجٍ.
ب-اجمع الكلمات الآتية جمع مؤنث سالماً.
شكوى قناة سُعدى وفاة
سفلى عُليا أُخرى خنفساء.
ج- اشرح البيت الآتي ثم اعربه:
أعزّو مكان في الدُّنا سرجُ سابحٍ وخيرُ جَليس في الزمان كتاب

. الهمـزة .

الهمزة إمّا أن تقع في أول الكلمة أو تكون متوسطة أو متطرفة.
وفيما يلي القواعد التي تحكم كل من هذه الحالات.

الهمزة التي تقع في أول الكلمة

الهمزة التي تقع في أول الكلمة نوعان: همزة وصل وهمزة قطع.

همزة القطع:

همزة القطع هي الهمزة التي تثبت في النطق دائما سواء أكانت في بدء الكلام
أم في درجه.وهي ترسم ألفًا مهموزة. وتأتي همزة القطع في:

١-   أول الفعل الماضي الرباعي وأمره ومصدره.

مثل: أنصف - أنصف- إنصاف.

٢-   أول الحروف.

مثل: إنْ- أن- إلى -أو(ما عدا (ال) فهمزتها همزة وصل).

٣-   أول الأسماء.

مثل: أحمد -إمام أرض -اسلوب (ما عدا ابن،ابنة، امرؤ، امرأة،
اثنان، ثنتان،اسم، ايم اللـه) فهمزتها همزة وصل.

همزة الوصل:

همزة الوصل هي ألف مجردة من الهمزة تزاد في أول الكلمة ليتوصل بها إلى النطـق
بالساكن. وهي تنطق لفظًاإذا جاءت في أول الكلام وتسقط في النطق إذا جاءت في
درجه.

وتأتي همزة الوصل في:

١-   أول الفعل الماضي الخماسي والسداسي وأمرهما ومصدرهما.
وتكون حركتها مكسورة إذا جاءت في أول الكلام.

مثل: اعتاد -اعتد- اعتياد (خماسي)

استعان – استعن-استعانة (سداسي)

٢- أمر الفعل الثلاثي. وتكون حركتها مكسورة إذا جاءت في أول الكلام، إلاّ في أمر الثلاثي الذي قبل آخره ضمة فتكون مضمومة.
مثل: اسمع- اعمل- ارمِ ارضَ.
أُشكر-أُذكر-أُدخل-أُعفُ.
٣- حرف التعريف ((أل))
مثل: اشتهرت الخنساء بالشعر(ال: همزتها همزة وصل).
٤- الأسماء الآتية:
ابن-ابنة-امرؤ-امرأة،اثنان - ثنتان - اسم -ايم اللـه.

٢- الهمزة المتوسطة

ترسم الهمزة المتوسطة على الياء إذا كانت:
مكسورة مثل: لئيم-جرائم- طائرة
ما قبلها مكسور مثل:بئس - تعبئة- مئات
ما قبلها ياء ساكنة مثل: هنِيئا - تضيئه- مريئا
مضمومة ممدودة متصلة مسئول- مشئوم - شئون.

ترسم الهمزة المتوسطةعلى الواوإذا كانت:
مضمومة بعد فتح مثل: يؤُول- هؤلاء
مضمومة بعد ساكن مثل: داؤك- سيناؤنا - ذكاؤه
مفتوحة بعد ضم مثل: يُؤَجل- رؤساء- فؤاد.
ساكنة بعد ضم مثل: بُؤرة - مُؤمن مُؤتمر.

رسم الهمزة المتوسطة على الألف إذا كانت:
مفتوحة بعد فتح مثل: مفاجَأة - ارتـأى - كـأن
مفتوحة بعد ساكن صحيح مثل: مسْألة - فجْأة - ظمْأى
ساكنة بعد فتح مثل: رَأْس مَأ ساة - تـأ خير

ترسم الهمزة المتوسطة مفردة إذا كانت:

مفتوحة بعد الألف مثل: تفاءَل كفاءَة

مفتوحة بعد واو ساكنة مثل: سموْءَل

ممدودة بالضم ولا يمكن اتصالها بما قبلها: ابدءُوا

الهمزة المتطرّفة

ترسم الهمزة المتطرفة:

على الألف إذا فتح ما قبلها مثل: يلجَأ- أسوَأ - نبَأ

على الياء إذا كسر ما قبلها مثل: ناشِيء- ملاجِيء- شاطِيء

على الواو إذا ضم ما قبلها مثل: امرُؤ - يجرُؤ

مفردة إذا سكن ما قبلها مثل: جزْء - دفْء- عبْء- إنشاء - صحراء

. علامات الترقيم .

ما هو الترقيم ؟

وضع رموز اصطلاحيّة معينة بين الجمل أو الكلمات لتحقيق أغراض تتصل بتيسير عملية الإفهام من جانب الكاتب، والفهم من جانب القارىء.

مثل: تحديد مواضع الوقف، والفصل بين أجزاء الكلام، والإشارة إلى انفعال الكاتب في سياق الاستفهام أو التعجب،.....

ومن علامات الترقيم:

اولاً: الفاصلة أو الفصلة (،)وأهم مواضع استعمالها:

ا- توضع بين الجمل التي يتكوّن من مجموعها كلام تام في معنى معين.

مثال: يساعد امداد الريف بالكهرباء على الاستقرار، ورفع مستوى المعيشة، ويشجع على إنشاء المصانع، ويقلص الهجرة من الريف إلى المدن.

ب- توضع بين أنواع الشيء وأقسامه.

مثال: الكلمة ثلاثة أقسام: اسم،وفعل، وحرف.

ج- بين الكلمات المرتبطة بكلمات أخرى.

مثال: كلّ فرد في الأمة مجنّد لخدمة أمته: المعلم في صفه، والطالب في مدرسته، والفلاح في حقله، والعامل في مصنعه.

د- بعد لفظ المنادى.

مثال: يا رسول الله، كن شفيعي يوم القيامة.

ثانيا ً: النقطة(.).وأهم مواضع استعمالها:

أ- توضع بعد نهاية الجملة التي تم معناها،لتبدأ بعدها جملة تطرق معنى جديداً.

مثال:قال علي بن أبي طالب - رضي الله عنه-: أوّل عوض الحليم عن حلمه أنّ الناس أنصاره.وحدّ الحِلْم ضَبْطُ النفس عند الغضب. وأسباب الحلم الباعثة على ضبط النفس كثيرة.

ب- توضع في نهاية الفقرات.

ثالثاً:النقطتان الرأسيتان (:). وأهم مواضع استعمالاتها:

أ- توضعان بين لفظ القول والكلام المقول، أو ما يشبههما في المعنى.

أمثلة:

١- قيل لإياس بن معاوية: ما فيك عيب إلاّ كثرة الكلام. فقال: أفتسمعون صواباً أم خطأ ؟ قالوا: بل نسمع صواباً. قال: زيادة الخير خير.

٢-هذه نصيحتي إليكم: لا تسمعوا إلى مقالة السوء، ولا تجروا وراء الإشاعات، ولتكن ألسنتكم من وراء عقولكم.

ب- توضعان بين الشيء وأنواعه وأقسامه.

مثال: السنة أربعة فصول: الصيف،والخريف، والشتاء، والربيع.

ج- توضعان قبل الأمثلة التي تساق لتوضيح قاعدة.

مثال: تحذف نون المثنى عند إضافته، مثل: يد الزرافة أطول من رجليها.

في جسم الإنسان بعض المعادن، مثل: الحديد، والفسفور،والكبريت.

رابعاً: علامة الاستفهام(؟).

توضع بعد الجملة الاستفهامية سواء أكانت أداة استفهام مذكورة أم محذوفة.

أمثلة: (أَلَا تُحِبُّونَ أَنْ يَغْفِرَ اللَّهُ لَكُمْ) (النور: من الآية٢٢)

تنام مبكراً أم متأخراً؟

خامسا: علامة التعجب (!).

توضع بعد الجمل التي تعبّر عن الانفعالات النفسية،مثل: التعجب أو الفرح أو الحزن،أو الدعاء،ونحو ذلك.مثل:

ما أقسى ظلم القريب !

يا لجمال الخضرة!

رعى الله العرب!

وا معتصماه!

سادساً: المزدوجان أو علامة التنصيص(()).
يوضع بين قوسيها المزدوجين كل ما ينقله الكاتب من كلام غيره وما فيه من علامات الترقيم.
مثال:
حكي عن الأحنف بن قيس أنه قال: ((ما عاداني أحدٌ قط إلا أخذت في أمره بإحدى ثلاث خصال: إن كان أعلى منّي عرفت قدره، وإن كان دوني رفعت قدري عنه، وإن كان نظيري تفضلت عليه)).
سابعاً: ()ويستعملان:
١- لشرح كلمة في الجملة مثل: أمير الشعراء (أحمد شوقي) من أشهر شعراء العرب المعاصرين.
٢- للاحتراس أو منع اللبس مثل: المهذّب(بفتح الذال) يُحترم.
ثامناً: (...) وتدل على كلام محذوف أو الخ.
تاسعاً: الشرطة أو العارضة (-) وتوضع:
١- بين العدد والمعدود مثل: أركان الإسلام خمسة - شهادة أن لا إله إلا الله، اقامة الصلاة...الخ.
٢- في ابتداء وانتهاء الجملة الاعتراضية مثل:
كان عمر بن الخطاب- رضي الله عنه - عادلاً.
٣- بين المبتدأ والخبرإذا طال الكلام بينهما مثل: الانسان الذي يعمل بجد ونشاط ويخلص للعمل الذي يقومبه، ويكون واثقاً من نفسه مستقيماً في آرائه- هو النموج الذي يحتذى به.
عاشراً:
القوسان المعقوفان [ ]و يستعملان في تصحيح خطأ وقع عند الكتابة مثل:
قال المؤلف: (لا يستطيع المرء التفوّق إلاّ بالجَد [والصحيح الجِد بكسر الجيم] والمثابرة).

نماذج من الإعراب

۞ - بِسْمِ اللَّهِ الرَّحْمَنِ الرَّحِيمِ (١) الْحَمْدُ لِلَّهِ رَبِّ الْعَالَمِينَ (٢)
(سورة الفاتحة، ١-٢)

اسم: مسبوق بحرف الجر الباء مجرور وعلامة جره الكسرة.
اللـه: مضاف إليه مجرور وعلامة جره الكسرة
الرحمن: نعت لله مجرور وعلامة جره الكسرة.
الرحيم: نعت لله مجرور وعلامة جره الكسرة.
لله: مسبوق بحرف الجرّاللام - مجرور وعلامة جره الكسرة.
ربِّ: نعت لله مجرور وعلامة جره الكسرة.
العالمين: مضاف إليه مجرور وعلامة جره الياء لأنه ملحق بجمع المذكر السالم.

۞ - (إِنَّ الْحَسَنَاتِ يُذْهِبْنَ السَّيِّئَاتِ) (سورة هود، ١١٤)

الحسنات: اسم إنّ منصوب وعلامة نصبه الكسرة لأنه جمع مؤنث سالم.
السيئاتِ: مفعول به منصوب وعلامة نصبه الكسرة لأنه جمع مؤنث سالم.

۞ - (اهْدِنَا الصِّرَاطَ الْمُسْتَقِيمَ (٦) صِرَاطَ الَّذِينَ أَنْعَمْتَ عَلَيْهِمْ)
(سورة الفاتحة، ٦-٧)

الصراط: مفعول به ثان منصوب وعلامة نصبه الفتحة.
المستقيم: نعت حقيقي لصراط منصوب وعلامة نصبه الفتحة.
صراط: بدل منصوب وعلامة نصبه الفتحة.

۞ - (إِنَّا أَرْسَلْنَاكَ بِالْحَقِّ بَشِيرًا وَنَذِيرًا) (سورة البقرة، ١١٩)

بشيرا: حال منصوبة وعلامة نصبها الفتحة.
نذيرًا: معطوف على الحال منصوب وعلامة نصبه الفتحة.

✍- إِنَّ مَعَ الْعُسْرِ يُسْرًا (سورة الشرح، ٦)

يسرا: اسم إنّ مؤخر منصوب وعلامة نصبه الفتحة - والخبر مقدّم وهو شبه الجملة مع العسر.

✍ وَإِنْ تَعُدُّوا نِعْمَةَ اللَّهِ لَا تُحْصُوهَا (سورة النحل،١٨)

تعدوا: فعل مضارع مجزوم وعلامة جزمه حذف النون والواو فاعل تحصوا: فعل مضارع مجزوم وعلامة جزمه حذف النون والواو فاعل.

✍وُلِدَ الهدى فالكائنات ضياء وفم السماء تبسّمٌ وثناءُ

وُلدَ: فعل ماض مبني للمجهول مبني على الفتح. الهدى: نائب فاعل مرفوع وعلامة رفعه الضمة المقدرة على الألف للتعذر. فالكائناتُ: الفاء حرف عطف.الكائنات مبتدأ مرفوع وعلامة رفعه الضمة. ضياءُ: خبر المبتدأ مرفوع وعلامة رفعه الضمة. وفم : الواو حرف عطف - فم مبتدأ مرفوع وعلامة رفعه الضمة. الزمان :مضاف إليه مجرور وعلامة جره الكسرة. تبسمٌ: خبر المبتدأ مرفوع وعلامة رفعه الضمة. وثناءُ:الواوحرف عطف-ثناء معطوف على تبسم، مرفوع وعلامة رفعه الضمة.

✍ريمٌ على القاع بين البان والعلم أحلّ سفك دمي في الأشهر الحُرُم

ريمٌ: مبتدأ مرفوع بالضمة الظاهرة.(والذي سوّغ الابتداء بالنكرةهنا وصفها بشبه الجملة الآتي.) على: حرف جر مبني على السكون لا محل له من الإعراب. القاع: مجرور بعلى وعلامة جرّه الكسرة الظاهرة. وشبه الجملة متعلق بمحذوف صفة في محل رفع. بين: ظرف مكان منصوب وعلامة نصبه الفتحة الظاهرة. و شبه الجملة متعلق بمحذوف صفة ثانية في محل رفع.

البان: مضاف إليه مجرور وعلامة جره الكسرة الظاهرة.
والعلم: الواو حرف عطف مبني على الفتح لا محل له من الإعراب.
العلم: معطوف مجرور وعلامة جره الكسرة الظاهرة.
أحلّ: فعل ماض مبني على الفتح، والفاعل ضمير مستتر تقديره هو.والجملة من الفعل والفاعل في محل رفع خبر المبتدأ.
سفكَ:مفعول به منصوب وعلامة نصبه الفتحة الظاهرة على آخره وهو مضاف.
دمي:دم:مضاف إليه مجرور وعلامة جره الكسرة المقدرة منع من ظهورها حركة المناسبة،والياء ضمير متصل مبني على السكون في محل جر مضاف إليه.
في: حرف جر مبني على السكون لا محل له من الإعراب.
الأشهر: مجرور بفي وعلامة جره الكسرة الظاهرة. وشبه الجملة متعلق بالفعل: أحلّ أو بالمصدر: سفك.
الحرم : صفة مجرورة وعلامة جره الكسرة الظاهرة.

لمّا رنا حدّثتني النفسُ قــائلة يا ويح جنبِكَ بالسهم المُصيب رمي

لمّا:ظرف زمان مبني على السكون في محل نصب.وشبه الجملة متعلق بالفعل:حدّثَ.
رنا: فعل ماض مبني على فتح مقدر منع من ظهوره التعذروالفاعل ضمير مستتر جوازا تقديره هو.
والجملة من الفعل والفاعل في محل جر مضاف إليه، بإضافة الظرف إليها.
حدّثتني: فعل ماض مبني على الفتح، والتاء للتأنيث حرف مبني على السكون لامحل له من الإعراب، والنون للوقاية حرف مبني على الكسر لا محل له من الإعراب، والياء ضمير متصل مبني على السكون في محل نصب مفعول به.
النفس: فاعل مرفوع وعلامة رفعه الضمة الظاهرة.
قائلة: حال منصوب وعلامة نصبه الفتحة الظاهرة.(والحال هنا مؤكد للفعل حدّث، كما في قوله تعالى: وتبسّمَ ضاحكاً).

يا: حرف ندبة مبني على السكون لا محل له من الإعراب
ويح: منادى منصوب وعلامة نصبه الفتحة الظاهرة، لأنه مضا ف
جنبك: جنب مضاف إليه مجرور وعلامة جره الكسرة الظاهرة، والكاف ضمير متصل مبني على الفتح في محل جر مضاف إلي
بالسهم: الباء حرف جرمبني على الكسر لا محل له من الإعراب، والسهم مجرور بالباء وعلامة جره الكسرة الظاهرة.
وشبه الجملة متعلق بويح. (كلمة(ويح)) مصدر فعله مهمل أي لم يستعمل العرب فعلاً من لفظه، وهذه الكلمة يغلب على استعمالها في الترحم وإظهار الشفقة.
المُصيب: صفة مجرورة وعلامة جرها الكسرة الظاهرة.
رمي: فعل ماض للمجهول مبني على الفتح، وقد سُكن للقافية. ونائب الفاعل ضمير مستترجوازا تقديره هو.
الجملة من الفعل ونائب الفاعل في محل نصب حال من السهم.

- وَآتِ ذَا الْقُرْبَى حَقَّهُ وَالْمِسْكِينَ وَابْنَ السَّبِيلِ وَلَا تُبَذِّرْ تَبْذِيرًا(٢٦) (آية٢٦، الإسراء)

إِنَّ الْمُبَذِّرِينَ كَانُوا إِخْوَانَ الشَّيَاطِينِ وَكَانَ الشَّيْطَانُ لِرَبِّهِ كَفُورًا(٢٧) (آية٢٧، الإسراء)

وآت: الواو: بحسب ما قبلها - آت : فعل أمر مبني على حذف حرف العلة.والفاعل ضمير مستتر تقديره أنت
ذا:مفعول به منصوب وعلامة نصبه الألف لأنه من الأسماء الخمسة وهو مضاف
القربى: مضاف إليه مجرور وعلامة جره الكسرة المقدرة على الألف للتعذر.
حقهُ: حق مفعول به ثان والهاء ضمير متصل مبني في محل جر مضاف إليه.
المسكين:الواو حرف عطف-المسكين معطوف على منصوب، منصوب وعلامة نصبه الفتحة.
وابن: الواو حرف عطف.
ابن: معطوف على منصوب، منصوب وعلامة نصبه الفتحة.

السبيل: مضاف إليه مجرور وعلامة جره الكسرة.
ولا: الواو حرف عطف.
لا: حرف نهي وجزم
تبذرْ: فعل مضارع مجزوم بالسكون.والفاعل ضمير مستتر تقديرهُ أنتَ.
تبذيرا: مفعول مطلق منصوب وعلامة نصبه الفتحة (مؤكد).
إنّ: حرف توكيد ونصب.
المبذرينَ: اسم إنّ منصوب وعلامة نصبه الياء لأنه جمع مذكر سالم.
كانوا: كان فعل ماض ناقص.والواو واو الجماعة ضمير مبني في محل رفع اسم كان.
إخوان: خبر كان منصوب وعلامة نصبه الفتحة.
والجملة من الفعل الماضي الناقص واسمه وخبره في محل رفع خبر إنّ.
الشياطين: مضاف إليه مجرور وعلامة جره الكسرة.

((سورة الهُمَزة)) وَيْلٌ لِكُلِّ هُمَزَةٍ لُمَزَةٍ (١) الَّذِي جَمَعَ مَالًا وَعَدَّدَهُ (٢) يَحْسَبُ أَنَّ مَالَهُ أَخْلَدَهُ (٣)كَلَّا لَيُنْبَذَنَّ فِي الْحُطَمَةِ (٤) وَمَا أَدْرَاكَ مَا الْحُطَمَةُ (٥) نَارُ اللَّهِ الْمُوقَدَةُ (٦) الَّتِي تَطَّلِعُ عَلَى الْأَفْئِدَةِ (٧) إِنَّهَا عَلَيْهِمْ مُؤْصَدَةٌ (٨) فِي عَمَدٍ مُمَدَّدَةٍ))

* ويلٌ: مبتدأ مرفوع بالضمة، وأجيز الابتداء بها على الرغم من كونها نكرة ؛ لأنها تدل على الدعاء.
*لكل همزة: جار ومجرور في محل رفع خبر، و(كل) مضاف، و(همزة) مضاف إليه.
*لمزة: صفة مجرورة وعلامة جرها الكسرة، لأن الصفة تتبع الموصوف.
* الذي: اسم موصول مبني على السكون، ويجوز فيها إعرابان:
- أن يكون في محل جر بدل من (كل).
- أن يكون في محل نصب على الذم، أي: أذم الذي.

*جمعَ: فعل ماض مبني على الفتح والفاعل ضمير مستتر تقديره (هو)،والجملة لا محل لها من الإعراب صلة الموصول.
* مالاً: مفعول به منصوب وعلامة نصبه الفتحة.
* وعدّده: الواو حرف عطف مبني لا محل له من الإعراب.
(عدّد)فعل ماض مبني على الفتح، والفاعل ضمير مستتر تقديره هو،و(الهاء)ضمير مبني في محل نصب مفعول به. والجملة معطوفة على جملة (جمع مالاً) لا محل لها من الإعراب.
* يحسبُ: فعل مضارع مرفوع وعلامة رفعه الضمة الظاهرة. وهو متعد إلى مفعولين أصلهما المبتدأ والخبر، وفاعله ضمير مستتر تقديره (هو). والجملة في محل نصب حال، صاحبها الفاعل المستتر بالفعل جمع .
*أن: حرف توكيد ونصب مبني على الفتح لا محل له من الإعراب.
*مالهُ: اسم (أنّ) منصوب وعلامة نصبه الفتحة، و(مال) مضاف و(الهاء) مضاف إليه.
*أخلده: فعل ماض مبني على الفتح، والفاعل ضمير مستتر تقديره (هو)، و(الهاء)ضمير مبني في محل نصب حال، والجملة الفعلية في محل رفع خبر(أنّ)، والمصدر المؤول (أنّ ماله أخلده) سدّ مسد مفعولي (يحسب).
*كلا : حرف ردع وزجر مبني على السكون لا محل له من الإعراب.
* ليُنبَذنّ: فعل مضارع مبني للمجهول مبني على الفتح لاتصاله بنون التوكيد الثقيلة، ونائب الفاعل ضمير مستتر تقديره (هو). واللام للابتداء واقعة في جواب قسم مقدّر.
* في الحطمة: جار ومجرور متعلق بالفعل (ينبذ)
* وما: الواو حرف عطف مبني على السكون لا محل له من الإعراب و(ما) اسم استفهام مبني على السكون في محل رفع مبتدأ.
*أدراكَ: فعل ماض مبني على الفتح المقدّر، متعد لثلاثة مفاعيل.
والكاف ضمير مبني على الفتح في محل نصب مفعول به أول. والفاعل ضمير مستتر تقديرهُ (أنتَ)، والجملة في محل رفع خبر.

*ما الحطمة: (ما) اسم استفهام مبني على السكون في محل رفع مبتدأ. و(الحطمة) خبر مرفوع وعلامة رفعه الضمة الظاهرة،والجملةالاسمية سدّت مسد المفعولين الثاني والثالث للفعل (أدرى).

*نار الله: خبر لمبتدأ محذوف تقديره (هي)، و(نار) مضاف، و(الله) مضاف إليه مجرور وعلامة جره الكسرة. والجملة الاسمية(هي نار الله) في محل نصب حال صاحبها الخبر (الحُطمَة).

* الموقدة: صفة أولى لـ(نار الله) مرفوعة بالضمة.

* التي: اسم موصول مبني على السكون في محل رفع صفة ثانية لـ(نار الله).

* تطّلعُ: فعل مضارع مرفوع بالضمة الظاهرة، والفاعل ضمير مستتر تقديره (هي)، والجملة الفعلية لامحل لها من الإعراب صلة الموصول.

* على الأفئِدة: جار ومجرور متعلق باسم المفعول (تطّلع).

*إنها عليهم مؤصدة:

* إنّ: حرف توكيد ونصب مبني على الفتح لا محل له من الإعراب.و(ها) ضمير مبني على السكون في محل نصب اسم (إنّ).

* عليهم: جار ومجرور متعلق باسم المفعول (مؤصدة).

* مؤصدة: خبر إنّ مرفوع وعلامة رفعه الضمة والجملة الاسمية (إنها...مؤصدة) في محل نصب حال من الفاعل (هي) المستتر بالفعل (تطلع).

*في عمد ممددة:

(في عمد) جار ومجرور ويجوز فيه:

أ- أن يكون في محل نصب حال من الضمير(هم) في(عليهم).

ومن النحاة من يُقدّر حالاً محذوفاً يتعلق به شبه الجملة، والتقدير: حال كونهم موثقين في عمد ممددة.

ب-أن يكون في محل رفع خبر لمبتدأ محذوف والتقدير: هم في عَمَد.

ج-أن يكون في محل رفع صفة لـ(موصدة)

* ممددة: صفة مجرورة وعلامة درها الكسرة لـ(عَمَد).

✍ (سورة النصر) ((إِذَا جَاءَ نَصْرُ اللَّهِ وَالْفَتْحُ (١) وَرَأَيْتَ النَّاسَ يَدْخُلُونَ فِي دِينِ اللَّهِ أَفْوَاجًا (٢) فَسَبِّحْ بِحَمْدِ رَبِّكَ وَاسْتَغْفِرْهُ إِنَّهُ كَانَ تَوَّابًا(٣))) (سورة النصر، ١-٣)

إذا: ظرف للزمان المستقبل متضمن معنى الشرط.
جاء: فعل ماض ناقص مبني على الفتح.وهو فعل الشرط.
نصرُ: فاعل مرفوع وعلامة رفعه الضمة الظاهرة، وهو مضاف.
الـلـه: لفظ الجلالة مضاف إليه مجرورعلامة جره الكسرة.
والفتح: الواو حرف عطف والفتح اسم معطوف مرفوع وعلامة رفعه الضمة الظاهرة
ورأيتَ: الواو حرف عطف مبني و(رأى)فعل ماض مبني على السكون لاتصاله بتاء الفاعل المتحركة. و(التاء)ضميرمتصل،مبني في محل رفع فاعل.
الناسَ: مفعول به منصوب وعلامة نصبه الفتحة.
يدخلون: فعل مضارع مرفوع بثبوت النون لأنه من الأفعال الخمسة، و(واوالجماعة) ضمير مبني في محل رفع فاعل، والجملة الفعلية في محل نصب حال صاحبها المفعول به (الناس).
في دين: جار ومجرورمتعلق ب(يدخلون).
الـلـه: لفظ الجلالة مضاف إليه مجرور وعلامة جره الكسرة.
أفواجاً: حال منصوبة وعلامة نصبها الفتحة، وصاحبها الفاعل (واو الجماعة).
فسبّح: الفاء واقعة في جواب الشرط،و(سبّح) فعل أمر مبني على السكون لأنه صحيح الآخر: وهو فعل جواب الشرط، والفاعل ضمير مستتر تقديره(أنت).واقتران الجواب بالفاء لأنه جملة طلبية.
بحمد: جار ومجرور متعلق بـ (سبّح)

ربّك: رب مضاف إليه مجروروعلامة جرّه الكسرة،والكاف ضـمير مبنـي في محـل جـر مضاف إليه.
واستغفرهُ: الواو حرف عطف.و(استغفر)فعل أمر مبني على السكون، و(الهاء)ضـمير مبني في محل نصب مفعـول بـه، والفاعـل ضـمير مسـتتر تقـديرهُ(أنـت). والجملـة معطوفة على جملة (سبّح بحمد ربّك).
إنّهُ: إنّ حرف توكيد ونصب مبني.و(الهاء)ضمير مبني في محل نصب اسم إنّ.
كان: فعل ماض ناقص مبني على الفتح.والاسم محذوف تقديره (هو).
توّابا: خبر كان منصوب وعلامة نصبه الفتحة.
والجملة (كان توّابا) في محل رفع خبر(إنّ).

✍ قطعة نثرية: إنّ قيـادة المشروعات الكـبرى قيـادة ناجحـة في مجتمـع ينـاضـل ويجدد نسيج حياته محتاجةٌ أن يرعى أن يرعى أبنـاءُ الشـعب منفعـة الـوطن وأن يؤمنوا بأن في الإسراف إهدارًا لثروته:

إنّ: حرف توكيدونصب(حرف ناسخ)
قيادة: اسم إنّ منصوب وعلامة نصبه الفتحة.
المشروعات: مضاف إليه مجرور وعلامة جره الكسرة.
الكبرى: نعت مجرور وعلامة جره الكسرة المقدرة على الألف للتعذر.
قيادةً: مفعول مطلق منصوب وعلامة نصبه الفتحة.
ناجحة: نعت منصوب وعلامة نصبه الفتحة.
في: حرف جرّ
مجتمع : اسم مجرور بفي وعلامة جره الكسرة.
يناضل: فعل مضارع مرفوع وعلامة رفعه الضمة. والفاعل ضمير مستتر تقـديره هـو.
والجملة من الفعل والفاعل في محل جر نعت لمجتمع.
ويجدد: الواو حرف عطف

يجدد فعل مضارع مرفوع وعلامة رفعه الضمة معطوف، والفاعل ضمير مستتر تقديره هو.
نسيج: مفعول به منصوب وعلامة نصبه الفتحة.
حياته: حياة مضاف إليه مجرور بالكسرة والهاءضمير مبني على الكسر في محل جر مضاف إليه.
محتاجةٌ: خبر إنّ مر فوع وعلامة رفعه الضمة.
أنْ: حرف مصدري ونصب.
يرعى:فعل مضارع منصوب بأن وعلامة نصبه الفتحة المقدرة على الألف للتعذر.
أبناءُ: فاعل مرفوع وعلامة رفعه الضمة.
الشعب : مضاف إليه مجرور وعلامة جره الكسرة.
منفعة: مفعول به منصوب وعلامة نصبه الفتحة.
الوطن : مضاف إليه مجرور وعلامة جره الكسرة.
وأن: الواو حرف عطف- أن حرف مصدري ونصب.
يؤمنوا: فعل مضارع منصوب بحذف النون وواو الجماعة فاعل.
بأن: الباء حرف جر- أن حرف ناسخ.
في الإسراف: جار ومجرور خبر أنّ مقدم.
اهدارًا: اسم أنّ مؤخر منصوب وعلامة نصبه الفتحة.
لثروته: اللام حرف جر - ثروة مجرور باللام وعلامة جره الكسرة والهاء ضمير مبني على الكسر في محل جر مضاف إليه.

🙠 المصادر والمراجع 🙠

١- القرآن الكريم.

٢ - مصطفى الغلاييني،جامع الدروس العربية، ط ١،منشورات المكتبة العصرية، بيروت،١٤٠١هـ /١٩٨١م.

٣- محمد عبد الرحيم عدس/ الواضح في قواعد النحو والصرف،ط ١٩٩١/١م.

٤- علي الجارم ومصطفى أمين،النحو الواضح،ط ٢٦،دار المعارف،القاهرة،١٩٦٩م.

٥-أحمد محمد متولي،تيسير النحو والصرف،ط ١،١٤٢٩هـ-٢٠٠٨م

٦- د.عبدة الراجحي، التطبيق النحوي،١٩٩٣،دار المعرفة الجامعية، إسكندرية.

٧- يوسف عطا الطريفي،الموسوعة المختارة في النحو والصرف والبلاغة والعروض، ط ٢، دار الإسراء، ٢٠٠٩.

٨- المعلم رشيد الشرتوني،مبادئ العربية في الصرف والنحو،ط ١٦

٩-ابن عقيل،بهاء الدين عبد الله بن عقيل،شرح ابن عقيل على ألفية بن مالك، تحقيق محمد محيي الدين عبد الحميد،ط١٤، مطبعة السعادة،مصر١٣٨٢ ٥/ ١٩٦٤م

١٠- علي الجارم ومصطفى أمين، النحو الواضح في قواعد اللغة العربية، دار اليوسف للطباعة والنشروالتوزيع،٢٠٠٤م.

١١-عيسى إبراهيم السعدي، المورد الشافي،آيات وعبرورأي ونحو،ط ١/ ٢٠٠٨ المعتز للنشر والتوزيع، دارغيداء للنشر والتوزيع - عمان.

١٢- قواعد اللغة العربية للصف التاسع/وزارة التربية والتعليم إدارة المناهج والكتب المدرسية / عمان الأردن/ ط١-١٩٩٩.

١٣- قواعد اللغة العربية للصف الثامن/ وزارة التربية والتعليم إدارة الماهج والكتب المدرسية / ط١ /عمان/ ١٩٩٤.

١٤-رحاب الحوامدة، الكتاب الميسر في قواعد اللغة العربية /دار يافا العلمية للنش والتوزيع / ط١-٢٠٠٧.

١٥- محمد عواد الحموز، الرشيد في النحو العربي /دار صفا للنشر والتوزيع/ط١-٢٠٠٢.

١٦- الدكتور شرف الدين علي الراجحي/البسيط في علم الصرف/إدارة المعرفة الجامعية ط١ ١٩٨٥.

١٧- بشار محمد ابو نصير المصاروة/الجامع لصفوة القواعد النحوية والصرفية والبلاغية والإملائية والمعجمية- ط١-٢٠٠٣,

١٨-أ.جاسر البلعا وي /المفاتيح الذهبية في النحو والإعراب وأوزان الصرف/ دار الأسرة للنشروالتوزيع /ط ١. ٢٠٠٦,

١٩-الدكتور منصور الغول/النحو التطبيقي الوافي الميسر/ دار يافا العلمية للنشر والتوزيع ط١. ٢٠٠٩.

٢٠- محمد علي عتيلي / البيان في النحو والصرف:دراسة شاملة مبسطة/ عمان ٢٠٠٥.

٢١-الدكتور أمين علي السيد/ في علم النحو/ج١/ دار المعارف ط٥ ١٩٨٢.

٢٢ -أ.د.أحمد حسن حامد/أ.د.يحيى عبدالرؤوف جبر/ الدار الوطنية للترجمة والطباعة والنشروالتوزيع نابلس ١٩٩٤.

٢٣- راجي الأسمر/ النحو العربي الواضح للمرحلة الثانوية /١-٣/المكتبة الثقافية بيروت ط١/١٩٩٨.

٢٤- فؤاد نعمة/ ملخص قواعد اللغة العربية- ط٢٣دار الحكمة لندن ٢٠٠٥,

٢٥- أ.د. عمران اسماعيل فيتور/ الوجيز في قواعد اللغة العربية والإملاء/ط٢/دارالمناهج للنشر والتوزيع.